小学校
新指導要録
改訂のポイント

石井英真・西岡加名恵・田中耕治［編著］

知識・技能

思考・判断・表現

主体的に学習に
取り組む態度

新**3**観点による
資質・能力の評価がわかる！

日本標準

はじめに

　資質・能力ベースの新学習指導要領を受けて，現場では，「主体的・対話的で深い学び」に向けた授業改善や，「社会に開かれた教育課程」を実現するカリキュラム・マネジメントなど，さまざまな取り組みが進められている。しかし，そうした取り組みが持続し実を結ぶかどうかは，最終的にその成果がどう評価されるかによる。学力観は評価において具体化されるのであって，資質・能力の三つの柱の内実は，その評価のあり方によって実質的に規定される。

　「児童生徒の学習評価に関するワーキンググループ」では，新学習指導要領に対応する学習評価のあり方について議論がなされた。そこでは，資質・能力の三つの柱に即した観点別学習状況の評価のあり方など，新学習指導要領の趣旨をどう具体化するかという点のみならず，情意領域の評価のあり方，総合評定の是非，評価観の転換など，そもそもの評価システムのあり方に関する議論もなされた。ワーキンググループがまとめた「児童生徒の学習評価の在り方について（報告）」(2019年1月，以下「報告」)には，最終的に具体的な形としては結実しなかった意見も含め，審議過程で提出された論点やさまざまな可能性も盛り込まれている。

　また，今回の学習評価改革は，概念的知識の重要性，「真正の評価（authentic assessment）」としてのパフォーマンス評価の考え方，学習者自身による学習のかじ取り（自己調整）を重視する新しい形成的評価の考え方など，近年の教育評価研究の知見をふまえたものとなっている。そして，新学習指導要領全面実施に向けた取り組みのなかで，こうした新しい評価の考え方をふまえた実践も現場において模索が始まっている。

　本書は，「報告」に盛り込まれた論点や実践の可能性を読み解き，学習評価改革と指導要録改訂の方向性を明らかにする。また，学習評価改革の背景にある，近年の教育評価研究の知見や諸外国の動向も紹介するとともに，パフォーマンス評価等に関わる日本の先進的な取り組みの成果をふまえつつ，各教科・領域における評価のあり方についても述べる。

　「働き方改革」が叫ばれるなか，学習評価改革がさらなる現場の負担（徒労感）を増やすのではなく，カリキュラムや授業の改善を進めることと評価が自然と接続し，子どもたちの学びの変容が可視化されることで新しい挑戦の手ごたえが得られるような，「働きがい」改革につながる道筋を読者が見いだせるものとなっていることを願う。

　本書を手がかりに，評価を生かした授業改善を楽しんで進めてもらえたらと思う。

　2019年7月

石井英真

小学校 新指導要録 改訂のポイント

はじめに　　　　　　　　　　　　　　　　　　　石井英真 …………… 3

小学校児童指導要録（参考様式）記入例 ……………………………………… 8

第Ⅰ部
指導要録改訂の方向性と今後の評価のあり方　15

1 新指導要録の提起する学習評価改革　　　　　石井英真 ………… 16

2 「資質・能力」論と評価の改善　　　　　　　　次橋秀樹 ………… 24

3 「主体的・対話的で深い学び」とパフォーマンス評価
　　　　　　　　　　　　　　　　　　　　　　西岡加名恵 ………… 28

4 新指導要録の様式と通知表のあり方　　　　　福嶋祐貴 ………… 38

　コラム 各国の評価事情1　アメリカⅠ　続く標準テスト体制と州独自の教育評価改革
　　　　　　　　　　　　　　　　　　　　　　遠藤貴広 ………… 44

　コラム 各国の評価事情2　アメリカⅡ　標準テストへの批判から生まれた新たな評価方法の模索
　　　　　　　　　　　　　　　　　　　　　　山本はるか ………… 46

第Ⅱ部
新指導要録と指導に生かす評価のあり方　49

1 国語　総合的で主体的な思考を評価する国語科のパフォーマンス課題
　　　　　　　　　　　　　　　　　　　　　　八田幸恵 ………… 50

目次

2 社会 評価規準を具体化，焦点化し，「覚える」から「考える」社会科へ
　　　　　　　　　　　　　　　　　　　　　　　　　赤沢早人 ………… 56

3 算数 算数科における資質・能力を可視化する評価課題とその指導
　　　　　　　　　　　　　　　　　　　　　　　　　大下卓司 ………… 62

4 理科 資質・能力を育むカリキュラムと授業の改善に向けた評価のあり方
　　　　　　　　　　　　　　　　　　　　　　　　　大貫 守 ………… 68

5 生活 ポートフォリオ評価とパフォーマンス評価で豊かな評価の原体験を
　　　　　　　　　　　　　　　　　　　　　　　　　若林身歌 ………… 74

コラム 各国の評価事情3 イギリス 2014年改訂ナショナル・カリキュラム以降の動向
　　　　　　　　　　　　　　　　　　　　　　　　　本宮裕示郎 ………… 78

6 音楽 観点別の評価と観点には示しきれないものの評価
　　　　　　　　　　　　　　　　　　　　　　　　　小山英恵 ………… 80

7 図画工作 ルーブリックを活用した評価の取り組み　　徳永俊太 ………… 84

8 家庭 「生活をよりよくしようと工夫する資質・能力」を育てる
　　　　　　　　　　　　　　　　　　　　　　　　　森 枝美 ………… 88

9 体育 「知識・技能」と「思考・判断・表現」を共に育てる
　　　　ルーブリックの活用へ　　　　　　　　　　　徳島祐彌 ………… 92

10 外国語活動・外国語 相手や状況・場面に応じたコミュニケーションの
　　　　力をどう評価するか　　　　　　　　　　　　赤沢真世 ………… 96

11 特別の教科 道徳 道徳科の評価の充実から「指導と評価の一体化」をめざす
　　　　　　　　　　　　　　　　　　　　　　　　　荒木寿友 ………… 102

コラム 各国の評価事情4 オーストラリア ナショナル・カリキュラムと全国学力調査
　　　　　　　　　　　　　　　　　　　　　　　　　木村 裕 ………… 108

目次

12 総合的な学習の時間 形式にとらわれず内容豊かな探究を
　　　　　　　　　　　　　　　　　　　　　中西修一朗 ……… 110

13 特別活動 目標を見定めた評価を　　　　　中西修一朗 ……… 116

14 行動 学校における創意工夫を実現する　　川地亜弥子 ……… 120

15 総合所見及び指導上参考となる諸事項
「総合所見及び指導上参考となる諸事項」を生かした「個人内評価」の共有を
　　　　　　　　　　　　　　　　　　　　　二宮衆一 ………… 124

16 特別支援教育 特別支援教育における学びと評価のあり方
　　　　　　　　　　　　　　　　　　　羽山裕子・窪田知子 ………… 128

コラム 各国の評価事情5 **韓国**　国の教育改革における教育評価の取り組み
　　　　　　　　　　　　　　　　　　　　　趙 卿我 ………… 134

コラム 各国の評価事情6 **スウェーデン**　入試がない国の評価事情　本所 恵 ………… 136

第Ⅲ部
評価をめぐる最新のトピック　　139

1 入試制度改革のなかの評価　　　　　　　樋口とみ子 ……… 140

2 eポートフォリオと学びの履歴の評価　　樋口太郎 ………… 144

コラム 各国の評価事情7 **中国**　試験のための評価から「総合素質評価」へ
　　　　　　　　　　　　　　　　　　　　　鄭 谷心 ………… 150

3 教師の力量と評価能力の育成　　　　　　吉永紀子 ………… 152

| **4** | カリキュラム・マネジメントと教育評価の役割 　　奥村好美 ………… 156

コラム 各国の評価事情8 ドイツ　記述式評価の実践と課題 　　伊藤実歩子 ………… 162
コラム 各国の評価事情9 フランス　無理せず学習や指導の改善に生かす評価簿

　　　　　　　　　　　　　　　　　　　　　　　　　　　　細尾萌子 ………… 164

第Ⅳ部
指導要録のあゆみとこれから　167

指導要録のあゆみとこれから　　田中耕治 ………… 168
　　戦後児童指導要録の特徴 ……………………………………………………… 174
　　戦後児童指導要録に関する改訂委員一覧 …………………………………… 176

［巻末資料］　179

○児童生徒の学習評価の在り方について（報告）
○小学校，中学校，高等学校及び特別支援学校等における児童生徒の学習評価及び指導要録の
　改善等について（通知）

小学校児童指導要録（参考様式）記入例

様式1（学籍に関する記録）

- 学籍に関する記録は、原則として学年当初および事由発生時に記入する。
- 現住所等、変更の予想されるものは欄の上部に寄せて記入。

学齢簿の記載にもとづき記入。

家庭調査票などで間違いに気づいたときは、教育委員会と連絡をとって訂正。

> 様式1は、正式には上下つながっていますが、わかりやすくするために分割して掲載しています。→本書 p.240 参照。

区分	学年	1	2	3	4	5	6
	学級	2					
	整理番号	21					

学籍の記録

児童	ふりがな	ひょうじゅん いちろう	性別	男
	氏名	**標準 一郎**		
	生年月日	平成26年 6月 1日生		
	現住所	**東京都杉並区○○1丁目2番3号**		

保護者	ふりがな	ひょうじゅん かずお
	氏名	**標準 和夫**
	現住所	児童の欄に同じ

入学前の経歴	**平成30年4月から令和2年3月まで ○○幼稚園在園**

→ 在籍していた幼稚園、保育所等の名称、在籍期間等を記入。

入学・編入学	令和2年4月1日 第1学年 入学 <del>第 学年編入学</del>
	入学した年月日。
	年 月 日 第 学年
転入学	転入学年月日、学年、前の学校名、所在地、転入の事由。
	（ 年 月 日）
転学・退学等	年 月 日
	→本書 p.203 参照。
卒業	年 月 日
	校長が卒業を認定した年月日。
進学先	進学先の学校名、所在地。

→ 外国の学校等から編入学した場合に記入。

学校名及び所在地 (分校名・所在地等)	杉並区立標準小学校 東京都杉並区〇〇3丁目31番18号		
年度\区分\学年	令和2年度	年度	年度
	1	2	3
校長氏名印	鈴木 太郎 ㊞		
学級担任者氏名印	佐藤 美子 ㊞		
年度\区分\学年	年度	年度	年度
	4	5	6
校長氏名印			
学級担任者氏名印			

- 氏名は学年当初に記入。ゴム印使用可。
- 押印は原則として学年末にする。
- 同一年度内に校長や学級担任者が代わった場合は下に併記。

記載については本書 p.203～p.204「小学校,中学校,高等学校及び特別支援学校等における児童生徒の学習評価及び指導要録の改善等について(通知)」の別紙1「小学校及び特別支援学校小学部の指導要録に記載する事項等」(以下「別紙1」とする) の [1] 学籍に関する記録 参照。

- 掲載したのは文部科学省から示された「参考様式」である。
- これをもとに各教育委員会が、様式や記入の詳細などを決める。

小学校児童指導要録(参考様式)記入例

- ●児童氏名、学校名は指導要録作成時に記入。
- ●指導に関する記録は、原則として学年末に記入。

様式2-1（指導に関する記録）

区分	学年	1	2	3	4	5	6
学級		2	2	3	3	2	2
整理番号		21	21	20	20	22	22

児童氏名	学校名
標 一郎	杉並区立標準小学校

様式2-1は、正式には上下つながっていますが、わかりやすくするために分割して掲載しています。また、読みやすくするために、仕切り線を一部変更しています。→本書p.240参照。

各 教 科 の 学 習 の 記 録

教科	観 点	学年	1	2	3	4	5	6
国語	知識・技能		B	B	A	A	A	A
	思考・判断・表現		B	A	A	A	A	A
	主体的に学習に取り組む態度		B	A	A	A	A	A
	評定				3	3	3	3
社会	知識・技能							
	思考・判断・表現							
	主体的に学習に取り組む態度							
	評定							
理科	知識・技能							
	思考・判断・表現							
	主体的に学習に取り組む態度							
	評定							
生活	知識・技能							
	思考・判断・表現							
	主体的に学習に取り組む態度							
	評定							

❶教科と観点別学習状況の評定を記入する欄を記入するよう変更。

観点別学習状況をもとに、学習指導要領等に示す各教科の目標に照らし、その実現状況を総括的に評価し記入する。

学習指導要領等に示す各教科の目標に照らして、その実現状況を観点ごとに評価する。「十分満足できる」状況と判断されるものをA、「おおむね満足できる」状況と判断されるものをB、「努力を要する」状況と判断されるものをCのように区別して評価を記入する。

「十分満足できる」状況と判断されるものを3、「おおむね満足できる」状況と判断されるものを2、「努力を要する」状況と判断されるものを1のように区別して評価を記入する。

特 別 の 教 科 道 徳

学年	学習状況及び道徳性に係る成長の様子
1	自分がたくさんの人々の世話になっていることに気づきました。学校で世話をしてくれる用務員さんに自分から感謝の気持ちを伝えていました。
2	
3	
4	
5	
6	

❹「特別の教科 道徳」の評価欄が新設。

道徳科の評価については、学習活動における児童の学習状況や道徳性に係る成長の様子を個人内評価として文章で端的に記述する。

外 国 語 活 動 の 記 録

学年	知識・技能	思考・判断・表現	主体的に学習に取り組む態度
3	世界にはさまざまな言語があることに気づき、名前を言って挨拶をし合っていた。		
4			

❺教科と同様の3観点が例示された。

外国語活動の記録については、評価の観点を記入したうえで、それらの観点に照らして、児童にどのような力が身についたかを文章で端的に記述する。

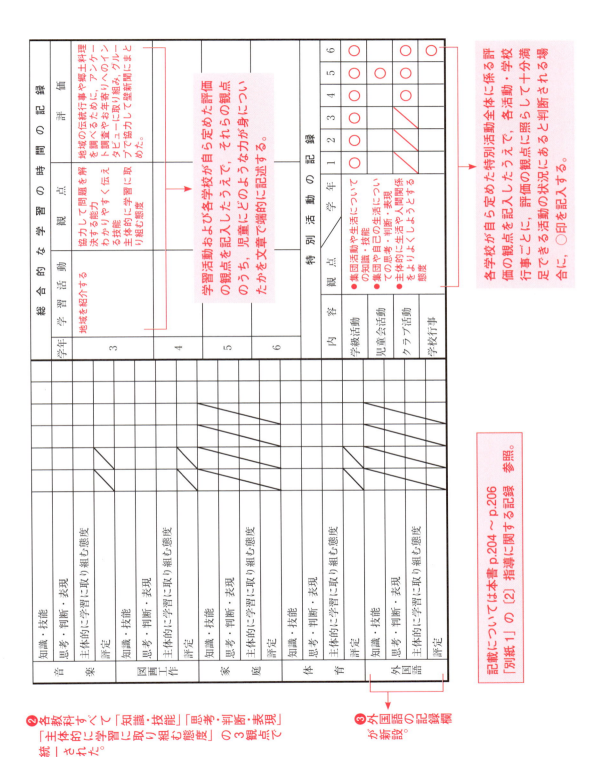

小学校児童指導要録（参考様式）記入例

様式 2-2（指導に関する記録）

児童氏名	標準 一郎

様式 2-2 は、正式には上下でつながっていますが、わかりやすくするために分割して掲載しています。→本書 p.241 参照。

各学校において、自らの教育目標に沿って項目を追加できる。

各項目の趣旨に照らして十分満足できる状況にあると判断される場合に、○印を記入する。

行動の記録

項　目	学年 1	2	3	4	5	6	項　目	学年 1	2	3	4	5	6
基本的な生活習慣	○	○	○	○	○	○	思いやり・協力		○	○	○		
健康・体力の向上				○			生命尊重・自然愛護			○	○		
自主・自律					○		勤労・奉仕					○	○
責任感							公正・公平						
創意工夫					○	○	公共心・公徳心				○	○	

総合所見及び指導上参考となる諸事項

第1学年	● プリントやノートを丁寧に扱い、文字も整えて書くように心がけていた。 ● 本が好きで、図書室からたびたび借りていた。絵本だけでなく、読みごたえのある物語の本も好んで読んでいた。 ● 特別活動に関する所見 入学当初は消極的な様子も見られたが、学校での生活や学習を重ねるにしたがって、積極性が育ってきた。
第2学年	児童の成長の状況を総合的にとらえるため、以下の事項等を文章で箇条書き等により端的に記述すること。 とくに【4】のうち、児童の特徴、特技や学校外の活動等については、今後の学習指導等を進めていくうえで必要な情報に精選して記述する。 【1】各教科や外国語活動、総合的な学習の時間の学習に関する所見 【2】特別活動に関する所見 【3】行動に関する所見 【4】児童の特徴・特技、学校内外におけるボランティア活動など社会奉仕体験活動、表彰を受けた行為や活動、学力について標準化された検査の結果等指導上参考となる諸事項 【5】児童の成長の状況に関わる総合的な所見 記入に際しては、児童の優れている点や長所、進歩の状況などに留意する。ただし、児童の努力を要する点などについても、その後の指導において配慮を要するものがあれば端的に記入する。
第3学年	
第4学年	

出 欠 の 記 録

区分\学年	授業日数	出席停止・出席しなければならない日数 忌引等の日数	欠席日数	出席日数	備考
1	204	0	4	200	欠席 4（風邪のため）
2					
3					
4					
5					
6					

記載については本書 p.206～p.207 ［別紙１］の［2］指導に関する記録 参照。

(1) 授業日数
　児童の属する学年について授業を実施した年間の総日数を記入する。臨時に、学校の全部又は学年の全部の休業を行うこととした日数は授業日数には含めない。

(2) 出席停止・忌引等の日数
　以下の日数を合算して記入する。
　［1］出席停止日数、入院の場合の日数
　［2］臨時に学年の中の一部の休業を行った場合の日数
　［3］忌引日数
　［4］非常変災等、校長が出席しなくてもよいと認めた日数
　［5］その他教育上とくに必要な場合で、校長が出席しなくてもよいと認めた日数

(3) 出席しなければならない日数
　授業日数から出席停止・忌引等の日数を差し引いた日数

(4) 欠席日数
　出席しなければならない日数のうち病気又はその他の事故で児童が欠席した日数を記入する。

(5) 出席日数
　出席しなければならない日数から欠席日数を差し引いた日数を記入する。

(6) 備考
　出席停止・忌引等の日数に関する特記事項、欠席理由の主なもの、遅刻、早退等の状況その他の出欠に関する特記事項等を記入する。

指導要録各欄の記入時期

要録各欄		時期	入学時	学年初め	学年末	卒業時	事由発生時*
様式1 学籍に関する記録	1. 学級及び整理番号(様式2にも記入欄あり)			○			
	2. 児童氏名(様式2にも記入欄あり)・性別・生年月日・現住所		○				
	3. 保護者氏名・現住所		○				
	4. 入学前の経歴		○				
	5. 入学・編入学等		○				
	6. 転入学						○
	7. 転学・退学等						○
	8. 卒業					○	
	9. 進学先					○	
	10. 学校名(様式2にも記入欄あり)及び所在地		○				
	11. 年度			○			
	12. ①校長氏名印（氏名のみ）			○			
	②校長氏名印（押印）				○		
	13. ①学級担任者氏名印（氏名のみ）			○			
	②学級担任者氏名印（押印）				○		
様式2 指導に関する記録	1. 各教科の学習の記録				○		
	2. 特別の教科　道徳				○		
	3. 外国語活動の記録				○		
	4. 総合的な学習の時間の記録				○		
	5. 特別活動の記録				○		
	6. 行動の記録				○		
	7. 総合所見及び指導上参考となる諸事項				○		
	8. 出欠の記録				○		

＊その他，必要な事項について記入する。

第Ⅰ部
指導要録改訂の方向性と今後の評価のあり方

1 新指導要録の提起する学習評価改革

石井英真
●いしい　てるまさ

京都大学大学院教育学研究科准教授
専攻：教育方法学（学力論）
中央教育審議会初等中等教育分科会教育課程部会
児童生徒の学習評価に関するワーキンググループ委員

1. 評価観の転換
―― 判定ベースから対話ベースへ

　2019年1月，中央教育審議会初等中等教育分科会教育課程部会より「児童生徒の学習評価の在り方について（報告）」（以下「報告」）が公表され，指導要録改訂等の方針が示された。今回の学習評価改革は，新学習指導要領の資質・能力ベースの改革を評価においても貫徹しようとするものである。具体的には，小・中学校で実施されている観点別評価を高校でも本格的に実施すること（一貫改革），また，資質・能力の三つの柱に対応して観点を再構成すること（一体改革）が提起された。

　「主体的・対話的で深い学び」を通じて育まれる資質・能力の評価について，資質・能力の三つの柱との整合性をもたせるべく，現行の4観点による観点別評価は，3観点（①知識・技能，②思考・判断・表現，③主体的に学習に取り組む態度）に改められる。そして，資質・能力をバランスよく評価するために，知識量を問うペーパーテストのみならず，論述やレポートの作成，発表，グループでの話し合い，作品の制作や表現等の多様な活動を通した評価（パフォーマンス評価）を用いるなど，多面的・多角的な評価が必要とされている。

　このように書くと，現場からは，思考力・判断力・表現力，さらには主体的に学習に取り組む態度なんて，どうやって客観的に測るのか，そもそも評価なんてできるのか，評価に時間を取られて授業がおろそかになる，といった声が聞こえてきそうである。評価に関する議論の混

乱を解きほぐし，現場の負担を減らす方向で評価改革を進めていくうえでも，まずは「評価」概念そのものを整理しておく必要がある。

評価という仕事の負担感の大部分は，総括的評価（最終的な学習成果の判定（評定）のための評価）と形成的評価（指導を改善し子どもを伸ばすために行われる評価）とを混同していることによる。思考力・判断力・表現力を育成するために授業過程での子どもたちの活動やコミュニケーションをしっかり観察（評価）しなければならないのは確かだが，それは形成的評価として意識すべきものである。総括的評価の材料なら，子ども一人ひとりについて，確かな根拠をもとに客観的に評価することが求められるが，形成的評価なら，指導の改善につながる程度の厳密さで，ポイントになる子どもを机間指導でチェックしたり，子どもたちとやり取りしたりすることを通して，子どもたちの理解状況や没入度合いなどを直観的に把握するので十分である。このように，形成的評価と総括的評価を区別することで，評価に関わる負担を軽減することができるとともに，もともと授業のなかで無自覚に行われてきた子どもの学習状況の把握場面を形成的評価として意識することは，授業改善に直結するだろう。

こうして，観点別評価の徹底と再構成のみならず，「報告」では，評価の改善機能の強調や現場主義の重視など，評価という営みのイメージ自体の転換をはかる視点も盛り込まれている。審議過程で「（総合）評定」欄の廃止の可能性が議論されたことも，評価観の転換と関わっており，「報告」では，分析評定である観点別評価の重視が提起され，教師の指導改善のみならず学習者自身の学習改善につなげる必要性も強調されている。また，指導要録の所見欄を簡素化したり，通知表等による「指導に関する記録」の代替を認めたりするなど，「学習評価改革＝指導要録改訂」という前提も問い直されつつある。そして，国立教育政策研究所による参考資料のあり方についても，電話帳のような評価規準表ではなく，各自治体や各学校がテストや課題や規準・基準を協働で作っていくための事例集や手引書として構想する方向性が示されており，統一様式や評価表を提示することよりも，現場を尊重し教師や教師集団の評価実践を励ます方向性を見てとることもできる。いかに客観的に測定・評定するかのみにとらわれがちな判定ベースの評価から，いかに子どもを伸ばすかを第一に考えるコミュニケーション（対話）ベースの評価へと評価観の転換が求められている。

2. 新3観点による評価のあり方
──学力の三層構造を意識する

新たな3観点による評価のあり方について，「報告」では，「知識・技能」において，事実的で断片的な知識の暗記再生だけでなく概念理解を重視すること，「主体的に学習に取り組む態度」を授業態度ではなくメタ認知的な自己調整としてとらえなおし，知識・技能や思考・判断・表現と切り離さずに評価することなどが示されている。すべての観点において，思考・判断・表現的な側面が強まったように見えるが，そこでめざされている学力像をとらえ，評価方法へと具体化していくうえで，学力の三層構造を念頭において考えてみるとよいだろう。

教科の学力の質は以下の3つのレベルでとらえることができる。個別の知識・技能の習得状況を問う「知っている・できる」レベル（例：三権分立の三権を答えられる）であれば，穴埋め問題や選択式の問題など，客観テストで評価できる。しかし，概念の意味理解を問う「わかる」レベル（例：三権分立が確立していない場合，ど

表1-1 現行の4観点の評価実践の傾向

能力・学習活動の階層レベル（カリキュラムの構造）		資質・能力の要素（目標の柱）			
		知識	スキル		情意（関心・意欲・態度・人格特性）
			認知的スキル	社会的スキル	
教科等の枠づけの中での学習	知識の獲得と定着（知っている・できる）	事実的知識，技能（個別的スキル）　**知識・理解　技能**	記憶と再生，機械的実行と自動化	学び合い，知識の共同構築	達成による自己効力感
	知識の意味理解と洗練（わかる）	概念的知識，方略（複合的プロセス）　**思考・判断・表現**	解釈，関連付け，構造化，比較・分類，帰納的・演繹的推論		内容の価値に即した内発的動機，教科への関心・意欲　**関心・意欲・態度**
	知識の有意味な使用と創造（使える）	見方・考え方（原理と一般化，方法論）を軸とした領域固有の知識の複合体	知的問題解決，意思決定，仮説的推論を含む証明・実験・調査，知やモノの創発（批判的思考や創造的思考が深く関わる）	プロジェクトベースの対話（コミュニケーション）と協働	活動の社会的レリバンスに即した内発的動機，教科観・教科学習観（知的性向・態度）

「関心・意欲・態度」が表からはみ出しているのは，本来学力評価の範囲外にある，授業態度などの「入口の情意」を評価対象にしていることを表すためである。

のような問題が生じるのかを説明できる）については，知識同士のつながりとイメージが大事であり，ある概念について例を挙げて説明することを求めたり，頭のなかの構造やイメージを絵やマインドマップに表現させてみたり，適用問題を解かせたりするような機会がないと判断できない。さらに，実生活・実社会の文脈における知識・技能の総合的な活用力を問う「使える」レベル（例：三権分立という観点から見たときに，自国や他国の状況を解釈し問題点等を指摘できる）は，実際にやらせてみないと評価できない。そうして実際に思考を伴う実践をやらせてみてそれができる力（実力）を評価するのが，パフォーマンス評価である。

現行の観点別評価では，「知識・理解」「技能」について，断片的知識（「知っている・できる」レベル）を穴埋めや選択式などの客観テストで問い，「思考・判断・表現」については，主に概念の意味理解（「わかる」レベル）を適用問題や短めの記述式の問題で問うようなテストが作成される一方で，「関心・意欲・態度」については，後述するように，子どもたちのやる気を見るテスト以外の材料をもとに評価されているように思われる（表1-1）。

資質・能力ベースの新学習指導要領がめざすのは，「真正の学習（authentic learning）」（学校外や将来の生活で遭遇する本物の，あるいは本物のエッセンスを保持した活動）を通じて「使える」レベルの知識とスキルと情意を一体的に育成していくことである。新指導要録の観点別評価では，「知識・技能」について，理解を伴って中心概念を習得することを重視して，「知っている・できる」レベルのみならず「わかる」レベルも含むようテスト問題を工夫することが，そして，「思考・判断・表現」については，「わかる」レベルの思考を問う問題に加え，全国学力・学習状況調査のB問題のように，「使える」レベルの思考を意識した記述式問題を盛り込ん

表1-2 新しい評価実践の方向性

能力・学習活動の階層レベル（カリキュラムの構造）		資質・能力の要素（目標の柱）			
		知識	スキル		情意（関心・意欲・態度・人格特性）
			認知的スキル	社会的スキル	
教科等の枠づけの中での学習	知識の獲得と定着（知っている・できる）	事実的知識，技能（個別的スキル）	記憶と再生，機械的実行と自動化	学び合い，知識の共同構築	達成による自己効力感
	知識の意味理解と洗練（わかる）	概念的知識，方略（複合的プロセス）	解釈，関連付け，構造化，比較・分類，帰納的・演繹的推論		内容の価値に即した内発的動機，教科への関心・意欲
	知識の有意味な使用と創造（使える）	見方・考え方（原理と一般化，方法論）を軸とした領域固有の知識の複合体	知的問題解決，意思決定，仮説的推論を含む証明・実験・調査，知やモノの創発（批判的思考や創造的思考が深く関わる）	プロジェクトベースの対話（コミュニケーション）と協働	活動の社会的レリバンスに即した内発的動機，教科観，教科学習観（知的性向・態度）

（図中）知識・技能／主体的に学習に取り組む態度／思考・判断・表現／豊かなテスト／豊かなタスク

子どもたちの資質・能力が発揮され，それをめぐって豊かなコミュニケーションが自ずと生じる舞台としての，豊かなテストとタスク（子どもの学びを可視化するメディア）を設計する。

でいくこと，また，後述するように，「主体的に学習に取り組む態度」も併せて評価できるような，問いと答えの間の長い思考を試すテスト以外の課題を工夫することが求められる（表1-2）。

3. 情意領域の評価をめぐる諸問題

「関心・意欲・態度」の評価は，さまざまな問題を抱えてきた。それは多くの場合，挙手回数を数えたり，授業中の言動を記録に残したり，ノートや提出物を点検したりといった具合に，取り組みの積極性や努力度やまじめさ（授業態度）を対象としており，主観的にならないようにと，教師は証拠集めに追われがちであった。一方，子どもの側からすると，テストの点数が良くても授業態度が悪いといい成績をもらえな

いので，やる気をアピールし，器用にふるまえる子が得をするといった具合に，評価が生徒指導的な機能を果たしてきた。そして保護者は，観点別評価やそれをもとにした総合評定や内申点に不透明性や不公平感を感じ，学校に不信を抱くといった問題も生じている。

こうした状況の背景には，態度主義の学力観の問題，形成的評価と総括的評価を混同した観点別評価の運用の問題，そして，観点別評価と総合評定という現行の評価制度に内在する構造的問題がある。

そもそも情意領域については，全人評価や価値の押しつけにつながるおそれがあるため，目標として掲げ（形成的に）評価はしても評定（成績づけ）することには慎重であるべきである。ただし，それが評定に用いられないならば，授業やカリキュラムの最終的な成果を判断する総括的評価も有効である。たとえば，単元の終了時にその単元で扱った社会問題に対してクラス

の大部分が望ましくない態度を抱いているなら，それはカリキュラムの改善を促す情報となる。そして，そうしたカリキュラム評価に必要なのは，質問紙などによる集団の傾向を示すデータのみである。実際，PISA調査などの大規模学力調査では，学習の背景を問う質問紙調査でそれはなされている。

　また，情意の中身を考える際には，学習への動機づけに関わる「入口の情意」（真面目さや積極性としての授業態度や興味・関心・意欲）と学習の結果生まれ学習を方向づける「出口の情意」（知的態度，思考の習慣，市民としての倫理・価値観など）とを区別する必要がある。授業態度などの入口の情意は，授業の前提条件として，教材の工夫や教師の働きかけによって喚起するべきものであり，授業の目標として掲げ系統的に育て客観的に評価するものというよりは，授業過程で学び手の表情や教室の雰囲気から感覚的にとらえられる部分も含めて，授業の進め方を調整する手がかりとして生かしていくものだろう。これに対し，批判的に思考しようとする態度や学び続けようとする意志などの出口の情意は，授業での学習を通してこそ子どものなかに生じて根づいていく価値ある変化であり，目標として掲げうる。

　現在の「関心・意欲・態度」の評価は，本来は目標というより教師の指導の手がかりとして生かすべき子どものやる気（「入口の情意」）を，形成的評価ではなく「評定」しようとしているために，教師の側は，「指導の評価化」に陥り，子どもの側も，全人評価による息苦しさを感じるようになっているわけである。しかも，本来評定が困難な情意を，他の観点と同様にABCの3段階で評定の対象としていること，そして，観点別評価による分析評定をしたうえで，さらに5段階で総合評定を行っていることにより，観点の重みづけや分析評定から総合評定への総括の問題が生じ，評価の仕事は事務作業化し，評定の透明性を確保することも難しくなっている。観点別評価において，情意については，個人内評価で一人ひとりの成長を記述する，「行動の記録」欄のように満足なレベルに達していれば○を記す，あるいは，ABCで評価しても総合評定には合算しないといった具合に，目標として掲げても評定せずということも考えられる。また，「（総合）評定」欄を廃止し分析評定で一本化する可能性もこれまで繰り返し議論されてきたところである。

　今回の指導要録改訂でも，「主体的に学習に取り組む態度」は3段階で評価（評定）されることとなり，「評定」欄も残る形にはなった。しかし，「報告」において，観点別評価も評定の一種であると記されるなど，形成的評価と総括的評価の区別を意識した記述がなされており，またそのうえで，先述のように，分析評定である観点別評価を重視していく方向性や，評価の改善機能（形成的評価）を重視していく方向性も打ち出されている。さらに，情意の評価のあり方について，授業態度の観察・記録にもとづく評価を克服していく手がかりも見いだすことができる。

4. 情意領域の評価のあり方
──「主体的に学習に取り組む態度」をどうとらえるか

　「主体的に学習に取り組む態度」の観点については，「出口の情意」としてそれをとらえていくことがまずは重要である。「報告」でも，資質・能力の三つの柱の一つとして示された「学びに向かう力・人間性等」について，そこには，「主体的に学習に取り組む態度」として，観点別評価で目標に準拠して評価できる部分と，感性や思いやり等，観点別評価や評定にはなじま

ず，個人内評価により個々人の良い点や可能性や変容について評価する部分があるとされており，情意の評価について対象限定がなされている。また，「主体的に学習に取り組む態度」については，「単に継続的な行動や積極的な発言等を行うなど，性格や行動面の傾向を評価するということではなく，各教科等の『主体的に学習に取り組む態度』に係る評価の観点の趣旨に照らして，知識及び技能を獲得したり，思考力，判断力，表現力等を身に付けたりするために，自らの学習状況を把握し，学習の進め方について試行錯誤するなど自らの学習を調整しながら，学ぼうとしているかどうかという意思的な側面を評価することが重要である」とされ（「報告」p. 10），そしてそれは，「① 知識及び技能を獲得したり，思考力，判断力，表現力等を身に付けたりすることに向けた粘り強い取組を行おうとする側面と，② ①の粘り強い取組を行う中で，自らの学習を調整しようとする側面」（同 p. 11）という2側面でとらえられるとされている（図1-1）。たんに継続的なやる気（側面①）を認め励ますだけでなく，教科として意味ある学びへの向かい方（側面②）ができているかどうかという，「出口の情意」を評価していく方向性が見てとれる。

図1-1 「主体的に学習に取り組む態度」の評価のイメージ

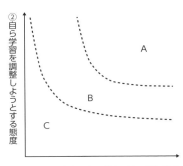

出典：中央教育審議会初等中等教育分科会教育課程部会，前掲「報告」p. 12, 図2。

しかし，「主体的に学習に取り組む態度」をメタ認知的な自己調整として規定することについて，メタ認知や自己調整という言葉が一人歩きして，教科内容の学び深めと切り離された一般的な粘り強さや学習方略としてとらえられると，ノートの取り方などを評定対象とし，器用に段取りよく勉強できる子に加点するだけの評価となりかねない。もともと自己調整学習の考え方は，学び上手な学習者は自分の学習のかじ取りの仕方（メタ認知的な自己調整）が上手であり，力の使い方が間違っていないといった，学習の効果における学びへの向かい方（学習方略やマインドセット）の重要性を提起するものである。そこには，効果的な勉強法のような側面と，思慮深く学び続ける力としてとらえられる側面とが混在している。目標として総括的評価の対象とすべきは後者の側面であり，各教科の目標に照らして，いわば教科の見方・考え方を働かせて学ぼうとしていることを重視する必要がある。前者は「入口の情意」として，ノートの取り方やポートフォリオ等による自己評価の仕方といった基本的な学び方の指導の留意点（形成的評価）として主に意識すべきであろう。

また，「報告」では，「主体的に学習に取り組む態度」のみを単体で取り出して評価することは適切でないとされており，「思考・判断・表現」等と一体的に評価していく方針が示されている。たとえば，ペーパーテスト以外の思考や意欲を試す課題について，「使える」レベルの学力を試す，問いと答えの間が長く試行錯誤のある学習活動（思考のみならず，粘り強く考える意欲や根拠にもとづいて考えようとする知的態度なども自ずと要求される）として設計し，その過程と成果物を通して，「思考・判断・表現」と「主体的に学習に取り組む態度」の両方を評価するわけである。美術・技術系や探究的な学びの評価でしばしばなされるように，その時点でうま

くできたり結果を残せたりした部分の評価とともに，そこに至る試行錯誤の過程で見せた粘り，あるいは筋（センス）の良さにその子の伸び代を見いだし，評価するという具合である。「報告」では，粘り強さ（側面①）だけではなく，一定水準の自己調整（側面②）も伴わないと，BやAという評価にならないとされているが，同時に，実際の教科等の学びのなかでは両側面が相互に関わり合って立ち現れるともされている。スマートで結果につながりやすい学び方をする子だけでなく，結果にすぐにはつながらないかもしれないが，泥臭く誠実に熟考する子も含めて，教科として意味ある学びへの向かい方として評価していく必要があるだろう。

5. 分析評定と総合評定の関係

　観点別評価から総合評定への総括に関わって，「報告」では，「知識・技能や思考・判断・表現の観点が十分満足できるものであれば，基本的には，学習の調整も適切に行われていると考えられる」（p.11）と述べ，「知識・技能」「思考・判断・表現」「主体的に学習に取り組む態度」の各観点の評価の結果が，「CCA」や「AAC」といったばらつきが出ることは基本的にはないとしている。これまでのように，他観点同様，単元ごとに素点や評定を積み上げて，合算して求めるのかどうかなど，具体的な手順については，現場の裁量にゆだねられている。

　積み上げて合算する場合，各観点の重みづけについては，1:1:1と機械的に考えることもできるが，4観点から3観点になっている点，そして，態度の観点が他の認知的観点と連動するものとされている点を考慮すれば，2:2:1と考えることもできる。なお，そもそも観点の重み

づけや総括の問題は，授業の現状やめざす授業像から考えるべきものである。断片的な知識を一方的に教え込む授業をしているのであれば，「知識・技能」の観点を重くせざるをえないだろうし，逆に，活動や議論を軸にした授業を行っているのにテストが穴埋め問題ばかりだと，子どもたちも承服しないだろう。

　しかし，積み上げて合算する方式は，態度観点を独立的に評価することと結びつきやすい点には注意が必要である。態度観点を，日々のまじめさや努力度としてとらえると，継続的に記録を集める発想になりやすい。しかし，「出口の情意」としてとらえれば，それは，ある程度の教科・領域固有性をもちつつ，単元を超えて育まれていく，より汎用的で長期的な育ちとみることができる。そこで，総括する段階で，他の観点がAAならA，CCならC，その他はBを基本にして，教科として意味ある学びへの向かい方が見られた場合，思考や意欲を試す課題への取り組みの姿を主なエビデンスとして，Aにしていくといった形も考えられるだろう。日々減点を気にする評価ではなく，がんばりへの救済でもなく，その時点でできた・できないに引きずられがちな認知的な観点ではすくい取りにくい，伸び代や実力を評価していくことが重要である。観点別評価の総括に関する部分は，手続き論としてのみ議論されがちであるが，それをうまくやり遂げられれば，態度の観点もAだろうし，それでその教科の総合評定で5か4をつけても，教師も子どもも納得できるような，そうした総括的で挑戦的な課題づくりという観点からも考えていく必要があるだろう。

6. 評価手順よりも学びが可視化される舞台づくりを
—— 豊かなテストとタスクの創造へ

　試合，コンペ，発表会など，現実世界の真正の活動には，その分野の実力を試すテスト以外の舞台（「見せ場（exhibition）」）が準備されている。そして，本番の試合や舞台のほうが，それに向けた練習よりも豊かでダイナミックである。だが，学校での学習は，豊かな授業（練習）と貧弱な評価（見せ場）という状況になっている。それもあって，「思考・判断・表現」等の「見えにくい学力」の評価は授業中のプロセスの評価（観察）で主に担われることになりがちで，授業において教師がつねに評価のためのデータ取りや学習状況の点検に追われる問題状況（「指導の評価化」）も生み出している。他方，単元末や学期末の総括的評価は，依然として知識・技能の習得状況を測るペーパーテストが中心で，そうした既存の方法を問い直し，「見えにくい学力」を新たに可視化する評価方法（舞台）の工夫は十分には行われているとはいえない。

　課題研究での論文作成・発表会や教科のパフォーマンス課題（例：町主催のセレモニーの企画案を町の職員に提案する社会科の課題，あるいは，栄養士になったつもりで食事制限の必要な人の献立表を作成する家庭科の課題）など，日々の授業で粘り強く思考し表現する活動を繰り返すなかで育った思考力や知的態度が試され可視化されるような，テスト以外の舞台を設定していくことが重要である。そうして知識を総合して協働で取り組むような挑戦的な課題を単元末や学期末に設定し，その課題の遂行に向けて，子どもたちの自己評価・相互評価を含む形成的評価を充実させて，子どもを伸ばしながらより豊かな質的エビデンスが残るようにしていく。豊かな評価方法（子どもの学びを可視化するメディア）は，学びのほかに面談の機会などを特別に設けなくても，形成的評価の場面を含んだ豊かなコミュニケーションを自ずと生み出し，質的なエビデンスの蓄積を厚くしていくのである。

・石井英真『今求められる学力と学びとは』日本標準，2015年。
・石井英真『増補版・現代アメリカにおける学力形成論の展開』東信堂，2015年。
・石井英真『中教審「答申」を読み解く』日本標準，2017年。
・西岡加名恵・石井英真・田中耕治編『新しい教育評価入門』有斐閣，2015年。

2 「資質・能力」論と評価の改善

次橋秀樹
●つぎはし　ひでき

京都大学大学院教育学研究科研究員
専攻：教育方法学（高大接続論）

1. 「資質・能力」論を明らかにする

（1）「資質・能力」論はどのように整理され，示され，導入されようとしているか

　2017年改訂学習指導要領では，目標としては「資質・能力の三つの柱」，方法としては「主体的・対話的で深い学び」（アクティブ・ラーニング）が示されている。

　「資質・能力の三つの柱」とは，①生きて働く「知識・技能」の習得（何を理解しているか，何ができるか），②未知の状況にも対応できる「思考力・判断力・表現力等」の育成（理解していること・できることをどう使うか），③学びを人生や社会に生かそうとする「学びに向かう力・人間性等」の涵養（どのように社会・世界と関わり，よりよい人生を送るか），である（図2-1）。なお，「資質・能力の三つの柱」という表現自体は学習指導要領の文中には見られないが，2015年に中央教育審議会教育課程企画特別部会が「論点整理」で用いて以降，教育目標を説明する公的文書で広く用いられている。

　これら三つの柱については，「偏りなく」（学習指導要領），「バランスの取れた」（「児童生徒の学習評価の在り方について（報告）」2019年1月21日）育成を図ることが強調されている。そのためにも，指導上の目標として掲げるだけでなく，評価改革とも連動させている。

　評価方法としては，パフォーマンス評価などを取り入れてペーパーテストの結果にとどまらない多面的・多角的な評価を行うことが勧めら

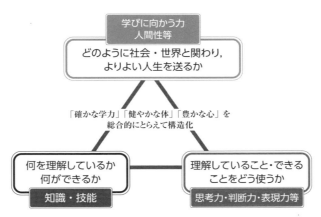

図2-1 資質・能力の三つの柱

出典：文部科学省「新しい学習指導要領の考え方―中央教育審議会の議論から改訂そして実施へ―」2017年，p.15より。

れている。また，観点別学習状況の評価（観点別評価）について，指導要録における観点を再整理したり，高等学校の指導要録にも新たに導入したりするなど，とくに大きな期待が寄せられているのも今回の評価改革の特徴といえよう。

指導要録で「資質・能力の三つの柱」にもとづいた観点別評価を徹底すれば，教育現場はこれを受け流すことはできない。指導要録については，作成が法的に義務づけられていること，近年はシステム的にも通知表との連動が進んでいること，中学校や高等学校ではとくに進学のための調査書とも連動していること，という点で教育現場に対する影響力は大きい。

現場への影響力を意識した評価改革といえば，入試改革も同時に進められている。とくに日本の中学校や高等学校のカリキュラムに強い影響力をもつのは，入試である。まず，選抜に用いる調査書では評定（総合評定）だけでなく，観点別評価を含めた評価を参考とすることが求められている。さらに，ペーパーテストに偏らない入試方法の多様化や，試験問題そのものにおいても記述式問題を増やすことでより思考力・判断力・表現力を問うことのできるような出題をすることが大学入試などでもめざされている。

以上のように，「資質・能力の三つの柱」は，学習指導要領上でも学びの中心に据えられ，偏りのない育成がめざされている。これを評価面では指導要録や入試において制度的にも用いることで，徹底が図られようとしているのである。

(2)「資質・能力」論の背景

教育目標を「資質・能力」や「コンピテンシー」のように汎用的で通教科的な要素でとらえることは，2000年代初頭より日本のみならず世界的な潮流にもなっている。

日本では2003年と2006年のPISA（OECDが15歳の生徒を対象に3年ごとに行う国際的な学力調査）結果で国際的な順位を下げたことによるいわゆるPISAショックがあった。このPISAが強調するのも知識の再生力より活用力であり，つまりは「資質・能力」に位置づけられるものである。

このようななかで，2007年の学校教育法改正では，前年の教育基本法改正で明確にされた教育理念にもとづき，学校での教育目標として，「生きる力」と総称される，「確かな学力」「豊かな人間性」「健康・体力」が示された。このうち，「確かな学力」は，①知識・技能，②思

考力・判断力・表現力等，③主体的に学習に取り組む態度，の「学力の三要素」から構成されるとされた。

これが2016年12月21日の中央教育審議会「幼稚園，小学校，中学校，高等学校及び特別支援学校の学習指導要領等の改善及び必要な方策等について（答申）」において「資質・能力の三つの柱」として整理して示され，2017年改訂学習指導要領でも明記されることとなった。さらに，今回の指導要録改訂にも三つの柱に対応した評価の3観点として反映されることになっている。

このような「資質・能力」を重視する傾向の背景を大局的に見れば，現代の社会変化のなかで，子どもたちが身につけていくべきとされる力も変わり，再定義する必要が生じているということがまず根本にある。

たとえばICTを用いて瞬時に膨大な情報やAIや専門家が導き出す回答に容易にアクセスできるようになれば，個々人が身につけるべき知識・技能の意味合いは従来のものと変わるだけでなく，求められる労働者像・市民像も変わってくる。また，グローバル化や国境を超える環境・資源の問題などに対しては，特定の国家において，特定の発展段階に応じた教育だけを行えばよいということもない。

さらに，こういった経済的要請，社会的・政治的要請に加えて，「資質・能力」論の背景には学習に関する諸科学の進展があるとも指摘されている。たとえば，学習における転移やメタ認知の効用，構成主義的な考え方による理解の方法がそれにあたる。これらの社会的背景や学問的背景が「資質・能力」論を支え，教育目標を拡張させている。

2. 「資質・能力」を評価するとはどういうことか
――「資質・能力」と指導の改善の関係

(1)「資質・能力」を目標として設定することの意義

「資質・能力」を学習指導要領において三つの柱として整理し，評価においても3観点で具体的に示したことにより，バランスのみならずそれぞれの役割も改めて意識されることになる。

「資質・能力」としての知識が位置づけられると，必然的にそれがたんなる知識ではなく，「資質・能力」としてふさわしい知識かどうかの問い直しを受けることになる。これまでは同じ知識であっても，本書第Ⅰ部の1で説明されているような階層化（知っている／わかる／使える）が不十分なまま受け止められている場合があった。これを各教科の「見方・考え方」に応じて体系化・統合して「わかる」，「使える」レベルまで高めることが求められるのであり，学びの質の向上が期待される。

とくに，「使える」レベルまで求めるということは，実際の文脈に則すなど状況の設定（学びの真正性）も重要になる。社会で求められる力を普段の学びのなかで意識することで，子どもたちにとっては学びの有意味性をも感じることができるようになるだろう。

また，学力をより汎用的で包括的な「資質・能力」，つまりは教科を超えた要素でとらえ，これを評価するということは，学校種や教科を超えた連携を促したり，広い視野に立ってカリキュラム・マネジメントをしやすくするという効果が期待できる。

たとえば，同じ地域内の小学校・中学校・高等学校で一貫して環境教育に力を入れながら，

「自ら考え, 動く力」を身につけさせたい「資質・能力」として, いわば背骨のように設定し, 教師間で共有できれば, 学年・学校種を超えた長期的な指導の計画と実施が可能になる。さらに, 授業研究会がさまざまな教科で行われたとしても, 自分たちの学校がめざす「資質・能力」の育成のために有効かどうかという通教科的でぶれにくい共通の視点で誰もが授業を問い直すことができる。

このように, 「資質・能力」をベースに, 校内での授業改善のみならず, 学校教育と実社会がつながりつつ地域・保護者などが学校に広く関わる(「社会に開かれた教育課程」)ための共通のプラット・フォームが生まれるのである。

(2)「資質・能力」論の課題

一方で, 「資質・能力」には目標論としての課題もある。「資質・能力」の育成が世界的な潮流であり, 汎用的であるがゆえに, 各学校や各教師のレベルでの目標としては問い直されにくい点をまず指摘することができる。先述したように, 「資質・能力」の設定にあたっては, 社会の影響を大きく受けているが, これを各学校において独立した立場から, みずからの地域や目の前の子どもたちを前にして問い直す契機をもつべきであろう。たとえば経済界の要求に持続可能性の視点から疑いをもったり, 世界市民か地域市民か, リーダーシップかパートナーシップかといった対抗軸で考えたり, 自分たちの学校がいま優先すべき「資質・能力」はどれかを考えたりする, などが考えられる。また, 本書第Ⅰ部の1でも述べられているように, 情意領域の目標設定と評価の難しさの点での問題もある。

これに加えて, 具体的な評価実施段階での課題もある。「資質・能力の三つの柱」を意識した授業づくりや, 評価のタイミング・重みづけは一様ではないが, 機械的にとらえられてしまいがちな点である。1回の授業や1つの単元で三つの柱を同時かつ均等に詰め込んで評価するのではなく, 単元によって評価の重みづけを変えたりするなど年間を通した指導のなかで柔軟に育成を考えてよいだろう。指導要録の評定もいわゆる評定平均ならぬ観点平均として「足して3で割る」と単純に考えるものではなく, 評価を行う学校あるいは教育委員会(設置者)が教育目標の重みづけをふまえて基準を考えるべきである。

ただし, 入学者の選抜を行う側からすれば出身学校や地域によって評定や観点別評価のルールが異なればそれだけ判断が難しくなる。現行の入試では, 選抜側が教科の配点比を設定したり, 総合点でのみ評価することにすでに慣れている。このようななかでは, 選抜側にも下級学校の観点別評価が納得できるもので, かつこれを見取る意思がなければ評価改革は入試の面で滞る危惧もある。

三つの柱を「主体的・対話的で深い学び」によって偏りなく育てる授業を行い, 適切な評価方法を用い, さらにこれを選抜でも評価するとなると, それだけの手間と時間がかかる。現在はまさに評価観の転換期にあり, 多様な評価方法にたいする知識と実践経験はまだ蓄積と発展の途上にある。カリキュラム・マネジメントとともに評価スキルの向上が局面打開のカギともなるだろうが, スキル向上と効率のいずれの面においても教師が共同して評価に取り組むことが有効である。このような視点からも, 本書の第Ⅱ部の例を参考にされたい。

・グループ・ディダクティカ編『深い学びを紡ぎだす』勁草書房, 2019年。
・西岡加名恵『教科と総合学習のカリキュラム設計』図書文化, 2016年。

3 「主体的・対話的で深い学び」とパフォーマンス評価

西岡加名恵
●にしおか　かなえ

京都大学大学院教育学研究科教授
専攻：教育方法学（カリキュラム論，教育評価論）

1. 「資質・能力」の育成とパフォーマンス評価

(1)「主体的・対話的で深い学び」の視点

　2017年改訂学習指導要領は，三つの柱でとらえられる「資質・能力」を育成するという方針を打ち出した（前章参照）。また，学習指導要領改訂を受けて，2019年3月には文部科学省より「小学校，中学校，高等学校及び特別支援学校等における児童生徒の学習評価及び指導要録の改善等について（通知）」が示された（以下「通知」）。そのなかでは，「学習指導」と「学習評価」が「カリキュラム・マネジメント」の中核的な役割を担っていること，「主体的・対話的で深い学び」の視点から授業改善をはかるうえでも学習評価が重要な役割を担っていることが改めて確認されている。さらに，学習評価についてさまざまな問題が指摘されていることを受けて，「これまで慣行として行われてきたことも，必要性・妥当性が認められないものは見直していく」という方針が打ち出されている。

　そこで本稿では，子どもの学習と教師の指導の改善につながるような評価のあり方について，考えてみよう。

　学習指導要領改訂の基本方針を示した中央教育審議会「幼稚園，小学校，中学校，高等学校及び特別支援学校の学習指導要領等の改善及び必要な方策等について（答申）」（2016年12月。以下「答申」）では，「資質・能力」の育成のために，「主体的・対話的で深い学び」（「アクティブ・ラーニング」）の視点からの学習過程の改善

資料3-1 「主体的・対話的で深い学び」の視点

「主体的・対話的で深い学び」の実現とは，以下の視点に立った授業改善を行うことで，学校教育における質の高い学びを実現し，学習内容を深く理解し，資質・能力を身に付け，生涯にわたって能動的（アクティブ）に学び続けるようにすることである。

① 学ぶことに興味や関心を持ち，自己のキャリア形成の方向性と関連付けながら，見通しを持って粘り強く取り組み，自己の学習活動を振り返って次につなげる「主体的な学び」が実現できているか。［中略］

② 子供同士の協働，教職員や地域の人との対話，先哲の考え方を手掛かりに考えること等を通じ，自己の考えを広げ深める「対話的な学び」が実現できているか。［中略］

③ 習得・活用・探究という学びの過程の中で，各教科等の特質に応じた「見方・考え方」を働かせながら，知識を相互に関連付けてより深く理解したり，情報を精査して考えを形成したり，問題を見いだして解決策を考えたり，思いや考えを基に創造したりすることに向かう「深い学び」が実現できているか。［後略］

出典：中央教育審議会「幼稚園，小学校，中学校，高等学校及び特別支援学校の学習指導要領等の改善及び必要な方策等について（答申）」2016年12月．

が推奨された（資料3-1）。そこではまた，「主体的・対話的で深い学び」とは「特定の指導方法」ではなく，また「教員の意図性を否定することでもない」と注記されている。今回の学習指導要領改訂にあたって，当初，「アクティブ・ラーニング」を推進する方針が打ち出された際には，子どもたちが主体的で対話的な活動に取り組んでいたとしても，教科内容についての「深い学び」が実現されないのではないかという懸念が指摘された。それを受けて，実際の改訂では，「主体的・対話的」な学びとともに「深い学び」が強調されるに至った。

ここで「深い学び」に関連して，「各教科等の特質に応じた『見方・考え方』」が重視されている点にも注目しておきたい。学習指導要領改訂に先だって設置された「育成すべき資質・能力を踏まえた教育目標・内容と評価の在り方に関する検討会―論点整理―」（2014年3月）では，「教科等ならではの見方・考え方」について，「『エネルギーとは何か。電気とは何か。どのような性質を持っているのか』のような教科等の本質に関わる問いに答えるためのものの見方・考え方」が例示されている。つまり，教科の「見方・考え方」は，「本質的な問い」に対応するものとして構想されていたといえよう。

（2）パフォーマンス評価の推奨

さて「答申」では，「資質・能力のバランスのとれた学習評価を行っていくためには，指導と評価の一体化をはかる中で，論述やレポートの作成，発表，グループでの話合い，作品の制作等といった多様な活動に取り組ませるパフォーマンス評価などを取り入れ，ペーパーテストの結果にとどまらない，多面的・多角的な評価を行っていくことが必要である。さらには，総括的な評価のみならず，一人ひとりの学びの多様性に応じて，学習の過程における形成的な評価を行い，子どもたちの資質・能力がどのように伸びているかを，たとえば，日々の記録やポートフォリオなどを通じて，子どもたち自身が把握できるようにしていくことも考えられる」と述べられている。そこで本稿では，「資質・能力」の育成をはかるうえで，パフォーマンス評価をどのように活用すればよいのかについて

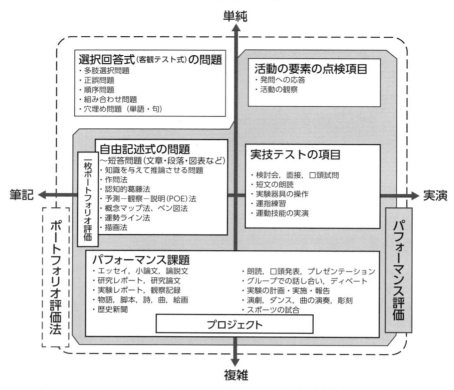

図3-1 学力評価の方法

出典：西岡加名恵『教科と総合学習のカリキュラム設計』図書文化，2016年，p.83。

提案しよう。

　なお，パフォーマンス評価とは，知識や技能を使いこなすことを求めるような評価方法の総称である（図3-1参照）。「答申」のなかで述べられているパフォーマンス評価は，実質的には，さまざまな知識やスキルを総合して使いこなすことを求めるような複雑な課題（パフォーマンス課題）を指している。パフォーマンス課題には，レポートなどのまとまった作品を求めるものや，プレゼンテーションなど一連のプロセスを実演することを求めるものがある。

　パフォーマンス課題というと，何か特別なことのように聞こえるかもしれない。しかしながら，資料3-2に示したような学習活動は，これまでも多くの教室で取り組まれてきたことだろう。これらの学習活動は，評価のための課題として位置づければ，パフォーマンス課題となりうる。その際には，どのような学力を評価するための課題なのかを明確にして取り組むことが重要となる（詳細は後述）。

　また，ポートフォリオとは，子どもの作品や自己評価の記録，教師の指導と評価の記録などをファイルや箱などに系統的に蓄積していくものを意味している。ポートフォリオ評価法とは，ポートフォリオ作りを通して，子どもが自らの学習のあり方について自己評価することを促すとともに，教師も子どもの学習活動と自らの教育活動を評価するアプローチである。子どもたち自身に学びを振り返る機会を与え，その後の見通しをもたせるうえで，ポートフォリオの重要性はますます増しているといえるだろう。

資料3-2　パフォーマンス課題となるような学習活動の例

- まとまった文章を書く。
- リーフレットを作る。
- プレゼンテーションをする。
- グループで話し合う。
- 学んだ知識・スキルを応用して問題解決に取り組む。
- 学んだ知識・スキルを用いて作品を作る。
- 証明する。
- 根拠を示しつつ主張を述べる。
- 現象を説明する。
- 実験を実施・計画・報告する。
- 観察記録を書く。
- 曲を演奏する。
- パフォーマンスをする。
- 試合をする。
- 企画を立てる。

2. 評価の観点と評価方法の対応

(1) 「観点別学習状況の評価」の3観点

次に、学習指導要領改訂に対応する指導要録改訂などについて議論した中央教育審議会初等中等教育分科会教育課程部会の「児童生徒の学習評価の在り方について（報告）」（2019年1月。以下「報告」）で示された基本的な考え方を確認していこう。

「報告」では、各教科の評価（「観点別学習状況の評価」と「評定」の両方）を「目標に準拠した評価」として行うことが、改めて確認されている。ただし、「資質・能力」の三つの柱のうち「学びに向かう力、人間性等」には、「感性、思いやり」など、「観点別学習状況の評価や評定」にはそぐわない内容も含まれている。そこで、「感性、思いやり」などについては、「児童生徒一人一人のよい点や可能性、進捗の状況」を評価する「個人内評価」として行うことが提唱されている（本書40ページ、図4-1参照）。

こうして、指導要録の「観点別学習状況の評価」の観点については、「知識・技能」、「思考・判断・表現」、「主体的に学習に取り組む態度」の3観点に整理されることとなる。この方針は、「通知」においても踏襲されている。また、高等学校についても、「観点別学習状況の評価」と「総括的に捉える評価」の両方を「目標に準拠した評価」として実施することを明確にした。今後は、高等学校においても、観点別評価の充実がはかられることだろう。

(2) 「知識・技能」、「思考・判断・表現」の評価

「報告」では、「知識・技能」の評価に関して、「他の学習や生活の場面でも活用できる程度に概念等を理解したり、技能を習得したりしているか」について評価することが強調されている。また、「思考・判断・表現」についての具体的な評価方法として、「論述やレポートの作成、発表、グループでの話合い、作品の制作や表現等の多様な活動」を取り入れることが例示されている。

この趣旨を実現するためには、図3-2のような「知の構造」を意識するとよい。各教科においては、その教科のなかで繰り返し問われるような、包括的な「本質的な問い」がある。資料3-3に示したような「本質的な問い」を探究するパフォーマンス課題に取り組むことで、「原理や一般化」に関する「永続的理解」（2017年改訂学習指導要領でいうところの、教科の「見方・考え方」）が身についていく。

たとえば算数の単元「面積」であれば、次のようなパフォーマンス課題が行われている。「11月のスマイル高倉に、いろんなお楽しみのコーナーがあって、『おもしろ科学実験＆工作』

図3-2 「知の構造」と評価方法・評価基準の対応

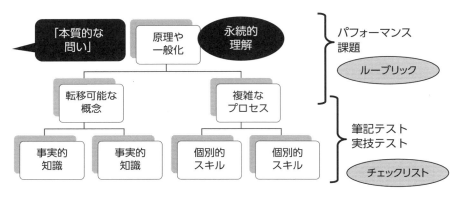

出典：西岡加名恵『教科と総合学習のカリキュラム設計』図書文化，2016年，p.82。

のコーナーをお母さんとかがするのだけど，コーナーを決める担当の人が，部屋を理科室でするか，理科室前の廊下［L字型の場所］ですがるか迷っています。いっぱい人が入ってほしいから，広いほうでしたいそうです。でも先生は，どちらが広いかわかりません。そこで，理科室と理科室前廊下，どちらが広いか求めて［説明しましょう］」[1]。この課題は，**資料3-3**に示した算数・数学の包括的な「本質的な問い」の①と②を探究することを迫るような，リアルな状況設定がされている。

このような課題に取り組むことで，「問題解決をするには，解決可能なスモールステップに分けることが必要である」，「どんなに広く複雑な図形の面積についても，三角形や長方形など既習の図形に分割することによって求めることができる」といった「見方・考え方（「原理や一般化」についての「永続的理解」）」を用いて思考・判断したことを表現することとなる。パフォーマンス課題は，まさしく「思考・判断・表現」を評価するうえで妥当な評価方法といえるだろう。

一方で，「知識・技能」の習得を確かめる筆記テストや実技テストの実施にあたっても，「知の構造」の最も低次に位置づく「事実的知識」

と「個別的スキル」だけでなく，「転移可能な概念」や「複雑なプロセス」を意識的に評価していくことが求められる。たとえば算数の例であれば，$1m^2$ が $10,000cm^2$ であることは，「事実的知識」として機械的に覚えさせるのではなく，$1m^2 = 1m \times 1m = 100cm \times 100cm$ という「概念」として理解させたいところだろう。また，「たて，よこ，辺」といった概念を適切に使いつつ，図と式と文が一致するような説明をするという「複雑なプロセス」も重要である。生きて働く学力を身につけさせるために，「転移可能な概念」や「複雑なプロセス」を「原理や一般化」と関連づけつつ学ばせることの重要性が，「報告」では指摘されているといえるだろう。

(3)「主体的に学習に取り組む態度」の評価

次に，「報告」では，「主体的に学習に取り組む態度」の評価について，次の2つの側面から評価することが提案されている。

「①　知識及び技能を獲得したり，思考力，判断力，表現力等を身に付けたりすることに向けた粘り強い取組を行おうとする側面と，

②　①の粘り強い取組を行う中で，自らの学習を調整しようとする側面」。

さらに，「この観点のみを取り出して，例え

資料3-3　包括的な「本質的な問い」の例

国語・英語	算数・数学
① どのようにコミュニケーションをすればよいのか？ ② どのように書けば／読めば／話せば／聞けば／話し合えばよいのか？ ③ この○○の主題／教訓は何か？	① 現実の問題を数学的に解決するには，どうすればよいのか？ ② どのように量を測ればよいのか？ ③ 自然や社会にある数量の関係をとらえ，未知の数量を予測するにはどうすればよいか？
社会，地歴・公民	**理科**
① よりよい社会（政治・経済）をつくるには，どうすればよいのか？ ② 人びとは，どのような地理的条件のもとで暮らしているのか？　それはなぜか？ ③ 社会は，どのような要因で変わっていくのか？	① 自然の事物や現象は，どのような仕組みになっているのか？ ② 科学的に探究するには，どうすればよいのか？

ば挙手の回数など，その形式的態度を評価することは適当ではなく，他の観点に関わる児童生徒の学習状況と照らし合わせながら学習や指導の改善を図ることが重要である」と確認されている。

実は，「答申」ではすでに，「学習指導要領改訂を受けて作成される，学習評価の工夫改善に関する参考資料」のなかで，「複数の観点を一体的に見取ることも考えられることなどが示されることが求められる」と述べられていた。たとえば，パフォーマンス課題に取り組むにあたっては，「思考・判断・表現」と「主体的に学習に取り組む態度」が表裏一体のものとして発揮される。先の算数の課題例でいえば，思考力・判断力・表現力とともに，問題解決するために試行錯誤しつつ粘り強く取り組んだり，自らの取り組みの良い点や問題点を的確に自己評価し，調整したりすることが必要となる。そこで，パフォーマンス課題を用いて，2つの観点を一体的に見取ることも考えられるのである。

(4) 評価を行う場面や頻度

「報告」では，「日々の授業の中では児童生徒の学習状況を把握して指導に生かすことに重点を置きつつ，『知識・技能』及び『思考・判断・表現』の評価の記録については，原則として単元や題材等のまとまりごとに，それぞれの実現状況が把握できる段階で評価を行うこととする」と述べられている。さらに，「単元や題材ごとにすべての観点別学習状況の評価の場面を設けるのではなく，複数の単元や題材にわたって長期的な視点で評価することを可能とすることも考えられる」とも述べられている。

2001年改訂指導要録において「目標に準拠した評価」が導入されて以来，学校現場では，丁寧に評価を行おうとするあまり，過度に多くの点検に追われ，先生方が「評価疲れ」を起こしている状況もみられる。各教科の目標や特質をふまえると，「知識・技能」の習得を中心にしたほうがよい単元や題材もあれば，「思考・判断・表現」の育成を主軸に置いたほうがよい単元や題材もある。指導要録の観点別学習状況の評価は，あくまで年間を通して記録されればよいのであるから，どの観点をどの単元や題材で評価するかについては，年間の見通しをふまえつつ計画することが有効であろう。

そもそも評価には,「診断的評価」(指導の前に学習者の実態を把握するための評価),「形成的評価」(指導の途中で指導と学習の改善に生かすための評価),「総括的評価」(指導の終了時に,学習の達成状況を把握し,記録に残すための評価)という,3つの機能がある。しかし学校現場では,これら3つの機能が十分に区別されていないために,たえず「成績づけ」に追われるような事態が生じている。どの場面での評価を成績づけに用いるのかを明確に区別することによって,評価を活かして指導の改善をはかることに注力しやすくなることが期待される。

3. 指導の組み立て方

(1) 導入の工夫

　次に,パフォーマンス課題を取り入れた単元において,どのように指導を組み立てればいいのかを検討しよう。ここでは,指導を組み立てるうえでのポイントとして,3点を指摘したい。

　第1のポイントは,指導の初めに見通しを示すことである。パフォーマンス課題は,通常,単元末のまとめの課題として位置づく。しかしながら,子どもたちには単元の早い段階で「単元末までには,この課題に取り組むよ」ということを示すほうがよい。

　先の算数の例のように,パフォーマンス課題の状況設定をリアルなものにしておくことは,子どもたちを動機づけるうえで意義がある。先の算数の課題は,実際の学校行事に関わる意思決定を助けるという状況設定によって,子どもたちのやる気を引き出している。

　これまでは,基礎を身につけたうえで応用の課題をさせるイメージが採用されがちだったのに対し,応用(課題)を見通しつつ,基礎を身につけさせるという発想に転換することで,基礎が身につきやすくなるという効果も期待される。現実に人々が直面しているような問題を示し,「この問題を解決するために必要な知識やスキルを身につけていくよ」と明示したうえで知識やスキルを伝え,考える機会を与えたほうが,子どもたちにとって学ぶ意義がよくわかり,記憶も定着しやすいことだろう。

　ただし,「本質的な問い」や課題の設定が子どもたちにとって馴染みのないものであれば,最初は,その問いや課題に取り組む意義が伝わるような導入の工夫も求められるだろう。

(2) 必要な知識・スキルを習得する機会を設ける

　第2に,パフォーマンス課題に取り組む際に必要となるような基礎(知識・スキルや理解)を身につけさせる指導を組み立てることが重要である。必要な要素(パーツ)を習得させたうえで総合化させたり,同じ課題に繰り返し取り組んでレベルアップをはかったりすることが求められる(図3-3参照)。

　たとえば,先の算数の課題の場合,子どもたちは,長方形・正方形の面積の求め方や,$1m^2$という新しい単位について学んでいる。さらに,L字型の複合図形の面積の求め方について考える機会を与えられている。戸惑う子どもたちに,教師は「ヒントカード」を与え,補助線を引くという発想を出合わせるなど,個別の支援も行われた。子どもたちがパフォーマンス課題に取り組む際には,これらのパーツを組み合わせて用いることとなる。個々の授業においても,課題に役立てるという見通しのもと,それぞれの時間の焦点を明確にすることが有効だろう。

　一方で,思考の過程や式の意義づけなどを言語的に表現する力を身につけさせるための指導

図3-3 単元の構造化

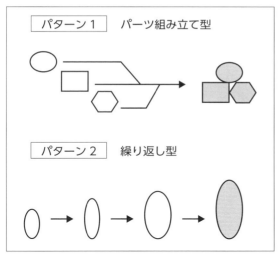

出典：西岡加名恵「『逆向き設計』とは何か」西岡加名恵編『「逆向き設計」で確かな学力を保障する』明治図書, 2008年, p. 12。なお, 網掛の部分にパフォーマンス課題が位置づく。

図3-4 思考ツールを活用している場面

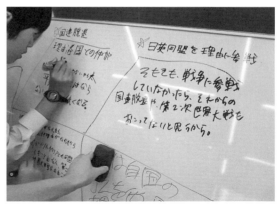

出典：久保田守先生の実践。田村学著・京都市立下京中学校編『深い学びを育てる思考ツールを活用した授業実践』小学館, 2018年, p. 35。

も，さまざまな場面で繰り返し行われた。「表現が不十分な時は，『それはどういうこと？』などと発問して言い直させたり，『なぜ？』『もう少しわかりやすく』などのコメントをノートに入れて返し，書き足しや修正を加えて再度提出したりする」[2]といった指導である。それにより，子どもたちは，考えを整理して，「まず」「次に」といった話型を用いて表現できる力を身につけていった。

このような「構造化」は，単元のなかだけでなく，単元間でもはかられうる。先の課題の例であれば，前の学年までで学んできたような概念（「辺」）やスキル（長さを測定する）が活用されている。また，言葉でわかりやすく表現する力は，算数のみならず，国語などの他教科でも育成がはかられるものである。パフォーマンス課題を位置づけるのは年に数個であったとしても，それらに関連する重要な概念やスキルを，他の単元や教科でも繰り返し指導することで，より効果的な指導が実現できると考えられる。

なお，思考の組み立て方を学ばせる際には，思考ツールを用いることも有効であろう。たとえば図3-4の授業場面では，「なぜ，戦争はなくならないのか？」という問いを探究してレポートを書くという課題に取り組む際に，生徒たちが思考ツールを活用しつつ考えを深めている。

(3) 自己評価力を身につけさせる

第3に，子どもたちに自己評価力を身につけさせる指導も重要である。すなわち，課題に取り組む子どもたち自身に，どのようなポイントに気をつけつつ取り組むことが重要なのかを理解させるような指導が求められる。

具体的には，作品や実演の例を比較するような検討会を行う，お互いの作品や実演について相互評価する機会を設ける，といった指導が行われている。たとえば図3-5の場面では，地理的分野のレポート課題に取り組んでいる生徒たちが，グループでお互いの草稿を検討し合うことで，改善すべき点を見つけ出している。

なお，自己評価力を身につけさせるために，評価基準表（ルーブリック）を示すという指導

図3-5 作品を練り直すために話し合う生徒たち

出典：熊本大学教育学部附属中学校・小田修平先生の実践。

が行われる場合もあるが、その場合も事例とともに示すなど、具体的なイメージをつかませる指導が有効である。

4. ルーブリック作りから指導の改善へ

ここで、指導を改善するために、ぜひお勧めしておきたいのが、ルーブリック作りである。ルーブリックとは、成功の度合いを示す数レベル程度の尺度と、それぞれのレベルに対応するパフォーマンスの特徴を説明する記述語から成る評価基準表である。

課題に対応するルーブリックは、典型的には次のような手順で作られる。まず、パフォーマンス課題を実施し、学習者の作品を集める。次に、それらの作品をレベル別に分類する。最後に、レベル別に分類された作品群を検討して、それぞれのレベルに求められる基準を明確にして、記述語を作成する。ルーブリックには、各レベルに対応する典型的な作品例を添付しておくと、記述語の意味がより明瞭になる。

このような手順でルーブリックを作ることで評価基準が明確になるとともに、子どもの理解の深まりやつまずきなどについても、明瞭にとらえることができる。場合によっては、課題が適切であったのかも検討の対象となるし、それ以前の単元やその後の単元でどのような指導が求められるのかも明瞭になる。子どもたちの学習の実態をふまえつつ、指導の改善をはかっていくことが重要である。

ルーブリック作りには、できれば教師たちが共同で取り組めば、有効な教員研修ともなる。典型的な作品例や適切な記述語について議論することで、より妥当な評価基準が明確になるとともに、教員間で共通理解することができるだろう。

5. ポートフォリオの活用

以上では各教科における評価を中心に扱ってきたが、「学びに向かう力、人間性等」の涵養まで視野に入れたカリキュラムを実現していくためには、「総合的な学習の時間」や「特別活動」などの重要性も、今後ますます高まっていくことが予想される。

昨今、入学者選抜等においても、多面的・多角的な評価が求められている（コラム参照）。多彩な学習場面の成果を蓄積するとともに、子どもたち自らが学習を振り返り、将来を見通すことを促すポートフォリオの活用も、いっそう、推進される必要があるだろう。

そこで最後に、ポートフォリオを実践するにあたってのポイントとして、次の3点を確認しておこう。

第1に、学習者と教師の間で、見通しを共有することである。ポートフォリオをなぜ作るのか、意義は何か、何を残すのか、いつ、どのくらいの期間をかけて作るのか、どう活用するの

かといった点について，共通理解したうえで取り組みはじめることが求められる。

第2に，蓄積した作品を編集する機会を設けることが必要である。これには，たとえば，資料を整理して目次を作り，「はじめに」と「おわりに」などを書いて冊子にまとめるという作業が考えられる。日常的に資料をためておくワーキング・ポートフォリオから永久保存版のパーマネント・ポートフォリオに必要な作品だけを取捨選択して移すという方法もある。なお，整理する必然性を増すという点では，ポートフォリオを見せる機会をつくり，そのための準備をするという形をとることが望ましいだろう。

第3に，定期的に，ポートフォリオ検討会を行うことが重要である。ポートフォリオ検討会とは，学習者と教師やその他の関係者がポートフォリオを用いつつ学習の状況について話し合う場を意味している。学習者にとって到達点と課題，次の目標を確認し，見通しをもつ機会となるだけでなく，学習の成果を披露する場にもなる。

1) 上杉里美「理科室と理科室前廊下，広いのはどっち？」田中耕治編著『パフォーマンス評価』ぎょうせい，2011年，pp.70-71。
2) 同上，p.71。
・西岡加名恵『教科と総合学習のカリキュラム設計』図書文化，2016年。
・西岡加名恵・石井英真編著『教科の「深い学び」を実現するパフォーマンス評価』日本標準，2019年。

コラム　大学入試におけるポートフォリオの活用例

　京都大学教育学部で導入された特色入試では，第1次選考で「学びの報告書」「学びの設計書」を審査する。「学びの報告書」には，関連する成果の資料をファイル1つ分，添付することができる（上の写真）。これは，実質的にはポートフォリオといえるだろう。高校時代にポートフォリオの作成に取り組んだ学生たちは，「さまざまな活動をまとめてみることで，活動の間にあったつながりや自分の特長に気づきました」（大平優斗さん・写真左），「自分が達成できたことや自分の価値観の変化にも気づき，将来，挑戦したいことを思い描くことができました」（小山田遥さん・写真右）と述べている。

4 新指導要録の様式と通知表のあり方

福嶋祐貴
●ふくしま　ゆうき
盛岡大学文学部児童教育学科助教
専攻：教育方法学（学習形態論，教育評価論）

1. 指導要録「参考様式」の改訂

　2019年の指導要録の改訂にともない，文部科学省が提示する「参考様式」にもいくつか変更点が見られる。その背景にあるのは，まず学習指導要領の改訂に代表される教育課程の枠組みの改革である。育成すべき資質・能力を柱とした一体改革によって，指導要録の書式のあり方も問い直されることになった。

　加えて，従来の指導要録が抱えていた課題の克服をめざした改善も行われている。たとえば，指導と評価の一体化というスローガンにもかかわらず，指導要録が必ずしも子どもの学習や教師の指導の改善に役立つものにはなりえていなかったという課題があった。とくに，「関心・意欲・態度」を重視して子どもに「評定」をつける場合，どのように学習と指導を改善していけばよいのかという具体的な方策が，子どもにも教師にもわかりづらくなっていた。

　また，今回の改訂には，近年の「働き方改革」に関係する議論において，教師の勤務実態が取り沙汰されてきたことも影響している。せっかく相当な時間をかけて作ったのに活用されないという事態を避けるために，必要性と妥当性に欠ける部分を取り除き，労力を削減しながら，指導要録を作成することの意義を実質化させなければならないというわけである。

　では，「参考様式」はどのように変更されているのであろうか。また，そうした変更点をどう受け止め，指導要録を作成していけばよいのであろうか。具体的にみていこう。

(1) 基本的な枠組みは踏襲

「指導に関する記録」の大きな枠組みとしては，基本的に従来のものが踏襲されている。この方針は，これまでの評価や学習・指導の改善といった取り組みをさらに定着させていくことを主眼としたものである。

「各教科の学習の記録」は，従来どおり「観点別学習状況」と「評定」について記入することになっている（1・2年生は「観点別学習状況」のみ）。従来独立していた「評定」欄は解体され，各教科の観点に並び立つ形で配置されるよう，変更が加えられている。これは，分析評定としての「観点別学習状況」の評価と，総合評定としての「評定」との関係およびその趣旨を，改めて意識するよう求める変更であるといえる。いずれも，目標達成状況に関して「十分満足できる」状況と判断されるもの，「おおむね満足できる」状況と判断されるもの，「努力を要する」状況と判断されるものという3段階で評価し，「観点別学習状況」ではそれらをA・B・C，「評定」では3・2・1として記入する。

「外国語活動」「総合的な学習の時間」「特別活動」のそれぞれの「記録」に関しても基本的には従来どおりであり，ここに「特別の教科道徳」の文章記述による評価欄が付け加わった形となっている。これらは「各教科」とは異なり，数値による評価がふさわしくないということで，設定された観点に照らしながら，子どもの学びの姿を具体的に文章で記入することになる（特別活動は観点に照らして十分満足できれば〇印を記入する形式）。

裏面も「行動の記録」「総合所見及び指導上参考となる諸事項」「出欠の記録」で構成されており，従来と同様である。したがって，「目標に準拠した評価」と「個人内評価」からなる指導要録の大枠は引き継がれていることになる。

その一方で，子どもの学習と教師の指導の改善につながる指導要録が追求されるなかで，細部にはいくつかの変更が加えられている。具体的には「観点」の内容と数，そして文章で記入する「記録」欄および「総合所見及び指導上参考となる諸事項」欄に見受けられる。

(2) 観点「主体的に学習に取り組む態度」

従来の指導要録では，「関心・意欲・態度」「思考・判断・表現」「技能」「知識・理解」という4観点が設定されていた。そのうえで，各教科についてそれぞれの特性をふまえた観点が示されていた。また，設置者が設定したこれらの観点に加えて，各学校において独自に観点を設定・記入することができるよう，空白の行が設けられていた。

今回の改訂では，育成すべき資質・能力の三つの柱（「知識及び技能」「思考力，判断力，表現力等」「学びに向かう力，人間性等」）に対応する形で，3観点が設定されている。すなわち，「知識・技能」「思考・判断・表現」「主体的に学習に取り組む態度」の3観点である。空白の行は参考様式上削除されており，各学校で観点を設定することは想定されなくなっている。

とりわけ注目されるのは，「主体的に学習に取り組む態度」である。これは，資質・能力の三つの柱の一つである「学びに向かう力，人間性等」のうち，観点と評定による目標に準拠した評価が適切であると考えられる部分として位置づけられている（図4-1参照。それ以外の部分は「総合所見及び指導上参考となる諸事項」に記入）。

従来の「関心・意欲・態度」の評価に対しては，「性格や行動面の傾向が一時的に表出された場面を捉える評価であるような誤解が払拭し切れていない」[1]という課題が報告されていた。つまり，授業中に何回挙手をしたか，何回発言

図 4 - 1　各教科における評価の基本構造

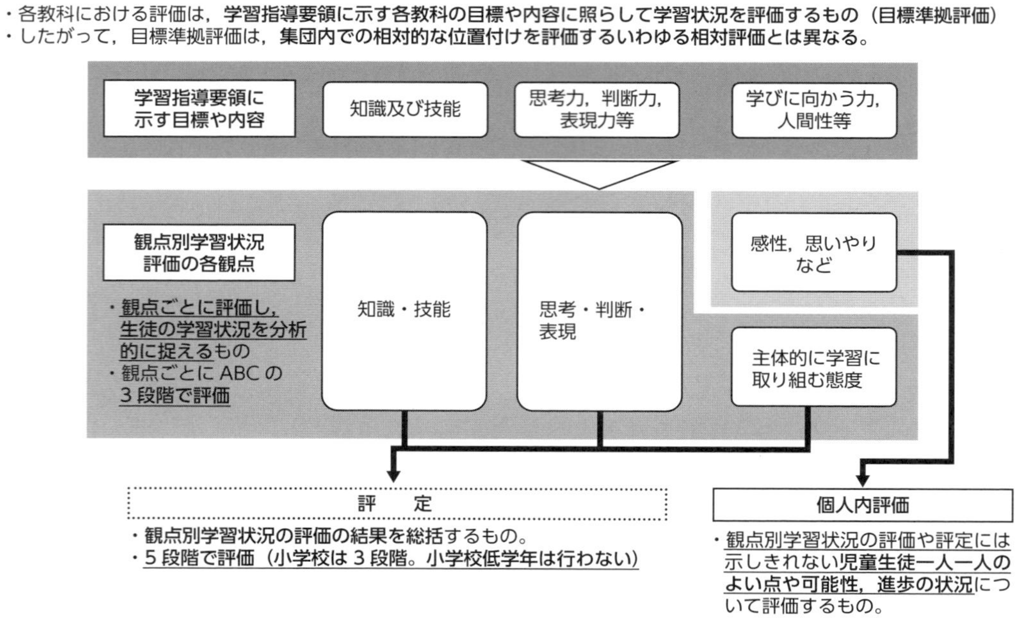

・各教科における評価は，学習指導要領に示す各教科の目標や内容に照らして学習状況を評価するもの（目標準拠評価）
・したがって，目標準拠評価は，集団内での相対的な位置付けを評価するいわゆる相対評価とは異なる。

| 学習指導要領に示す目標や内容 | 知識及び技能 | 思考力，判断力，表現力等 | 学びに向かう力，人間性等 |

観点別学習状況評価の各観点	知識・技能	思考・判断・表現	感性，思いやりなど
・観点ごとに評価し，生徒の学習状況を分析的に捉えるもの ・観点ごとに ABC の 3 段階で評価			主体的に学習に取り組む態度

評　定
・観点別学習状況の評価の結果を総括するもの。
・5 段階で評価（小学校は 3 段階。小学校低学年は行わない）

個人内評価
・観点別学習状況の評価や評定には示しきれない児童生徒一人一人のよい点や可能性，進歩の状況について評価するもの。

出典：中央教育審議会初等中等教育分科会教育課程部会　「児童生徒の学習評価の在り方について（報告）」2019 年 1 月 21 日，p.6。

したか，ノートを真面目にとっているか，居眠りせずに授業に臨んでいたかなどといった表面的な姿が，「関心・意欲・態度」として評価されていたということである。このようにとらえられた「関心・意欲・態度」は，学習と指導を支えるものではあっても，学習・指導の結果生じたものとは見なしにくい。そのため，そもそも「指導に関する記録」として記載するのが適切かどうかという問題も生じてしまう。

こうした課題を背景として取り入れられた「主体的に学習に取り組む態度」については，「①知識及び技能を獲得したり，思考力，判断力，表現力等を身に付けたりすることに向けた粘り強い取組を行おうとする側面」と「②①の粘り強い取組を行う中で，自らの学習を調整しようとする側面」[2]を評価することが求められる。この①と②は，たとえば粘り強さに欠ける状態で自己調整をし続けるということが一般的に想定されにくいために，一体のものとしてとらえるのがよい場合もあるとされる。さらに，これらについて特筆すべき事項が見られた場合には，「総合所見及び指導上参考となる諸事項」に記述するという手立ても講じられている。

(3) 3 観点への整理と重みづけ

「観点別学習状況」の評価を「評定」へと総括する方法については，新指導要録においても従来どおりそれぞれの学校が定めることとされている。「評定」算出にあたってそれぞれの観点をどれほど重視するかという重みづけも，各学校の方針に委ねられる。あるいは，比較可能性の保障を期するために，より広い地域で共通の算出方式を定めるということも考えられる。

いずれにせよ，この重みづけ次第では，従来の指導要録が抱えていた課題を十分に乗り越えられないおそれがある。たとえば，4 観点から

3観点に整理されたことにより，1つの観点の重みが相対的に大きくなる可能性がある。仮に，各観点を同等の重みとしてとらえた場合，従来情意面（関心・意欲・態度）の占める割合は4分の1（25％）であった（各学校で設定する観点を加えれば5分の1）。一方新指導要録では，「主体的に学習に取り組む態度」の割合は3分の1（33％）となり，情意面としては重みが増大することになる。こうなると，従来「関心・意欲・態度」の重視によって子どもの学習改善の方向性が見えにくくなっていたという問題が，むしろ深刻化してしまうおそれがある。このことから，「主体的に学習に取り組む態度」の評価は，「評定」算出に向けた各観点の重みづけの仕方と併せて検討すべきものであるといえる。

しかし，その重みづけの仕方にしても，純粋にこの観点を重視したいから比重を大きくしようといった判断を下すだけでは不十分である。たんに主体性を重んじるということで「主体的に学習に取り組む態度」の占める割合を大きくすると，教科の特性とは関係の薄い，表面的・形式的な学習方略に注目が集まってしまい，教科内容の学び深めが相対的に軽視されることになりかねない。

また，重みづけを検討する際に各観点を切り離して考えてしまうと，器用に学習を展開していく子どもに二重・三重に加点するという事態に陥る危険もある。そもそも想定されているような「主体的に学習に取り組む態度」を発揮する（あるいは発揮するようになる）子どもは，おそらく「知識・技能」「思考・判断・表現」の観点からも高く評価されるであろう。事実，「児童生徒の学習評価の在り方について（報告）」でも，「指導と評価の取組を重ねながら授業を展開することにより，単元末や学期末，学年末の結果として算出される3段階の観点別学習状況の評価については，観点ごとに大きな差は生じないものと考えられる」[3]と述べられている。

したがって重要なのは，観点の重みづけを検討する際に，根本にある学習プロセスを学校としてどう描くのかを慎重に考えることである。「主体的に学習に取り組む態度」の2つの側面の関係にとどまらず，目標・評価の観点としての「主体的に学習に取り組む態度」自体が「知識・技能」「思考・判断・表現」とどう結びつくのか，またその関係性にもとづき，学習プロセスをどう考えて指導を改善していくかといった問題を検討することによってこそ，新指導要録の3観点を適切にとらえることができる。

(4) 文章記述欄の様式の簡素化

「特別の教科　道徳」「外国語活動」「総合的な学習の時間」の指導の記録は，観点を設定したうえで，文章で記述する。また，観点にもとづく「目標に準拠した評価」では十分にとらえきれないような点についても，「総合所見及び指導上参考となる諸事項」欄に文章で記入することとなっている。今回の指導要録からは，このうち後者について，「主体的に学習に取り組む態度」の評価にあたって特筆すべき学習の姿や，観点別評価や評定には馴染まない「学びに向かう力，人間性等」（感性，思いやりなど）の実現状況なども記入すべきであるとされている。

こうした文章は，当然ながら教師が子ども一人ひとりについて記入していくものである。それには，ほとんどすべての教科・領域にわたって，日常的につけてきた記録などを駆使しながら，相当な労力を費やして記述する必要がある。記録をとるために指導に集中できないという問題や，これらの評価がその後の指導と学習に十分活用されていたとは言い切れないという課題も指摘されてきた。文章記述欄には，こうした「記録のための記録」ともいうべき問題が表れやすく，学習と指導の改善という目的の実現を

妨げることがあった。

こうした問題を受けて，今回の「参考様式」においては，「指導に関する記録」の簡素化が図られている。とくに，文章記述欄の様式は，従来のものと比べ大幅に簡素化されることとなった。たとえば「外国語活動の記録」については，設置者の設定した評価の観点に照らし，「児童の学習状況に顕著な事項がある場合などにその特徴を記入する」とされている点は従来と同様であるが，観点別に設けられていた記述欄が一本化されている。

「総合所見及び指導上参考となる諸事項」欄については，要点を箇条書きによって記入するなどして，「必要最小限」の記述を心がけることとされ，スペースの縮小も図られている。この欄において評価すべき内容の射程は先述のとおり広がったが，その一方で，ひとまとまりの文章として完成させる必要はなくなったというわけである。

ただしこうした簡素化によって，指導要録作成の労力が削減されたと認識するだけでは不十分である。文章記述欄の簡素化には，「記録のための記録」という事態を避け，形成的評価を充実させ，学習と指導の改善を確かなものにするという目的も含まれているからである。

明言されているように，これまで文章記述欄に書き込んでいた事項は，教師や学校のみならず，子どもや保護者にも適切な形で伝えられてこそ学習の改善のために機能する。つまり，指導要録に記すだけでとどめるべきではないということである。教師間・学校間の引き継ぎという点を考えれば，指導要録における記述も依然重要であるが，それをもとに子どもや保護者に評価のフィードバックを提供することも求められる。文章記述欄の簡素化は，けっしてそれだけで完結するものではなく，評価を介して子ども・保護者とコミュニケーションを行うことを要件とするものとして理解する必要がある。

評価を介したコミュニケーションにあたっては，通知表が重要な役割を果たす。続いて，通知表には指導要録改訂にともなってどのような変更が求められるのかを考えてみたい。

2. 通知表の機能と作成

(1) 子どもへのフィードバックの機会

指導要録は，開示請求の手続きがとられた場合を除いて，基本的に子どもや保護者が目にすることはない。そこで，指導要録のうち「指導に関する記録」に類似した形式をもつ通知表が，これまで学校−家庭間の連絡・通信の手段として機能してきた。

通知表には依然として法的規定がなく，作成するかどうかは学校に任されている。しかし，学習評価のあり方に関する議論のなかで，通知表は指導要録をある意味で補完する重要なツールとして位置づけられるようになっている。

通知表に期待されているのは，先述のとおり子どもおよび保護者とのコミュニケーションのための資料としての機能である。「学習としての評価」という評価観の重要性が認識されるなかで，子どもがもつ自己評価の力を，教師の目とすり合わせることで鍛えていくために，子どもが通知表を通じて実際に教師が行った評価・評定に触れることがますます重要となっている。また，保護者と情報共有を図り，より充実した指導と学習を実現していくためにも，通知表は重要な役割を果たすことになる。その際，観点別評価や評定の数値などについて，明快に説明できることが求められるであろう。

通知表を介したコミュニケーションは，教師

の評価の力量（鑑識眼）を鍛えていくことにもつながる。これまで、通知表を作成して配布するという過程のみで完結してしまっていたために、子どもも保護者もなぜそのような数値の判定が下されたのかがわからないという問題が報告されていた。今後は日々の授業も含め、対話をもとによりよい指導と評価を実現していくことが求められる。こと評価においては、対話を媒介する重要な資料として、通知表を位置づけることが大切である。

(2) 通知表と指導要録の様式

以上のように通知表に求められる機能の質が高まる一方で、指導要録とは別の資料として存在する限り、やはり作成には相当な労力を要する。通知表の様式については、どのような改善が図られるべきであろうか。

通知表に関しては、指導要録のような参考様式は発表されていない。しかし今回、指導要録の「指導に関する記録」に記載すべき事項をすべて含んでいることを条件として、「指導要録と通知表の様式を共通のものとする」ことができると明言された。つまり、指導要録の様式を通知表に流用してもよいということである。このことから、極端にいえば「指導に関する記録」を複製し、そのまま通知表として転用する、あるいは逆に通知表を「指導に関する記録」の代替物とするという手立ても認められるようになった。単純に、書類を2つも作成する手間が省けるといってよい。

しかしながらその一方で、先に述べたような通知表の機能に鑑(かんが)みたとき、はたして通知表は指導要録と同様の簡素化を図ってよいものかという懸念もある。指導要録における文章記述欄の簡素化が、通知表を介したコミュニケーションを前提としていることから、通知表における記述は、子ども・保護者に情報を伝えるために、できるだけ詳細にするほうがよいとも考えられる。通知表も同様に簡素化するならば、直接的なコミュニケーションを取り交わす機会（面談など）を十分にとることとセットで実施していくことが重要となる。

様式の簡素化は、教師の働き方の改善に寄与するものである。しかし同時に、形成的評価を充実させ、学習と指導の改善につなげられてこそ、指導要録と通知表を作成する意義が実質的なものとなるということは忘れてはならない。

1) 中央教育審議会「幼稚園、小学校、中学校、高等学校及び特別支援学校の学習指導要領等の改善及び必要な方策等について（答申）」2016年12月21日、p.62。
2) 中央教育審議会初等中等教育分科会教育課程部会「児童生徒の学習評価の在り方について（報告）」2019年1月21日、p.11。
3) 同上報告、p.12。

> column 各国の評価事情 1　アメリカⅠ（全体的な動向）

続く標準テスト体制と州独自の教育評価改革

遠藤貴広
●えんどう　たかひろ

福井大学教育・人文社会系部門准教授
専攻：教育方法学（カリキュラム論，教育評価論）

州をまたいだスタンダード運動

　米国（アメリカ合衆国）で学校教育は州の専権事項であるため，教育評価制度は州ないしは学区によって異なる。このため，「米国では」と一括りに評価事情を説明することは難しい。しかしながら，2000年以降の米国全体の動向として，どの州にも教育課程の基準となるスタンダードの設定と，それにもとづいて実践される教育の成果を確かめる評価の実施が求められ，毎年実施される標準テストの結果をエビデンスにアカウンタビリティを果たすことが共通する動きとなっていた。

　スタンダードも州ごとに異なる。しかしながら，2010年に「共通コア州スタンダード（Common Core State Standards: CCSS）」なるものが公表され，このスタンダードを参照したものが各州で策定されるようになった。また，CCSSに対応した評価システムとしてSBAC（Smarter Balanced Assessment Consortium）とPARCC（Partnership for Assessment of Readiness for College and Careers）という2つのコンソーシアムがそれぞれ開発した（パフォーマンス評価を組み込んだ）新テストが知られるようになり，多くの州がこの2つのうちのどちらかに加盟し，どちらかの新テストを組み込んだ評価システムを構築する動きが一時加速した。

NCLBからESSAへ

　州をまたいで米国全州に影響を与えている連邦法に「初等中等教育法（Elementary and Secondary Education Act of 1965: ESEA）」がある。同法は1965年に制定後，改定を重ね，最新のものは「すべての生徒が成功する法（Every Student Succeeds Act: ESSA）」という名で2015年に制定され，2017年から施行されている。それ以前には2002年に「どの子も置き去りにしない法（No Child Left Behind Act of 2001: NCLB）」という名で制定されたものがあり，前述の州をまたいだ教育評価改革の動きは，同法下で措置された予算に誘導される形で方向づけられた面が大きい。

　ESSA制定後は，州による内容スタンダード策定とそのスタンダードにもとづいた読解・数学・科学のテスト実施が求められているものの，各州の教育評価に関わる自由裁量はNCLB下

よりも増している。この状況のなかで，CCSSから距離を置く動きも見られるようになり，SBACとPARCCのどちらからも離脱する州が増えはじめ，2017年以降，州独自の教育評価方法を模索する動きが大きくなっている。

州レベルの新たな挑戦

トランプ政権になって，州独自の教育評価改革を促す政策も連邦レベルで展開している。連邦教育省が進める「革新的評価（Innovative Assessment）」プログラムである。前述のとおりESSA下でも読解や数学の標準テスト実施が全州に義務づけられているが，このプログラムのパイロットに選出されると，標準テストの代わりに州独自の別の評価法を利用することが認められる。2018年末時点では，ルイジアナ州とニューハンプシャー州の2州が選出されている。

ルイジアナ州では次のような特徴を有する評価方法が計画されている。①効率化するために英語と社会科のテストを組み合わせる。②（従来のテストでは生徒が学校のカリキュラムのなかで読んだことのないものをテクストに問題の作成が行われてきたが）生徒が読んだことのある本をテクストにして生徒が何を学んだのかを測定する。③（学年末に実施される1回きりの長時間のテストではなく）年に数回行われる短時間のテストで評価を行う。④生徒が手に取る本や受ける評価を学校の裁量で決めることができる。これらは，各学校で取り組んできているものに即して形成的に評価を行うことにつながる可能性を有するものである。

ニューハンプシャー州では2015年から「コンピテンシー教育のためのパフォーマンス評価（Performance Assessment for Competency Education: PACE）」に取り組んでおり，それを継続させることが計画されている。その計画では，標準テストを受ける学年を他州より少なくし，州テストのない年に共通の（真正の課題を伴った）パフォーマンス評価を受けることになっている。それは，履修時間ではなく，知識・技能の習得状況によって単位認定を行うコンピテンシー・ベースの教育に取り組んできた同州の伝統を生かした方策である。

2019年にはジョージア州とノースカロライナ州もこのプログラムへの申請を行っている。それぞれ違いはあるが，概して，形成的なパフォーマンス評価をカリキュラムに組み込んだうえで，学年末の総括的評価を短縮化することを促す動きにある。

依然続く標準テスト体制

このように，州独自の教育評価改革に向けた取り組みも進んではいるが，このような取り組みが進められているのは限られた州のみで，米国全体から見ればまだ特殊な事例である。

ESSA制定・施行後，NCLB下よりは州の自由裁量が増しているとはいえ，米国全体としては標準テストに依存する面が依然大きい。たとえばESSAでは，読解と数学については3～8年の各学年とハイスクール段階で1回ずつ，科学については3～5年，6～9年，10～12年に1回ずつ，州のスタンダードにもとづいたテストを実施することが原則全州に義務づけられており，3年生からほぼ毎年，州統一テストを受けることになっている。しかも，アカウンタビリティとしてテスト結果の報告も義務づけられている。評価方法としてポートフォリオ評価なども認められてはいるが，全米の公立学校全体としては，テストによる統制は依然強いままである。

・黒田友紀「ESSA下におけるテスト・ガバナンスと学校改革の行方」『アメリカ教育研究』第29号，pp. 113-122, 2019年。
・U.S. Department of Education. *Innovative Assessment Demonstration Authority (IADA)*, 2019. Retrieved from https://www2.ed.gov/admins/lead/account/iada/index.html（2019年7月15日確認）

column 各国の評価事情2 アメリカⅡ（言語教育を中心に）

標準テストへの批判から生まれた新たな評価方法の模索

山本はるか
●やまもと　はるか

大阪成蹊大学教育学部講師
専攻：教育方法学・言語教育

標準テストにおける言語教育

　アメリカには，全米規模で実施される全米学力調査（The National Assessment of Educational Progress，以下NAEP）と州単位で実施される州統一テストという2つの標準テストが存在する。前者は，第4・8学年は2年ごと，第12学年は約4年ごとにサンプリングされる。後者は，各州で共通教育目標（スタンダード）を設定し，その達成度が評価されるもので，第3～8学年までのすべての子どもたちが対象となる。各州のテスト結果は比較され，各州のスタンダードの内容と到達基準の妥当性が検証される。

　2つの標準テストで対象となる科目の1つが「読むこと（reading）」である。たとえば2017年のNAEPでは「物語の登場人物は，物語のなかで変化したと考えますか？　あなたの意見を支持するために，物語の冒頭から終末までの明確な情報を使いなさい」という問いが設定されている。物語の登場人物を評価し，みずからの主張を，根拠を伴って述べることができているかが問われる設問である。ここでは，テキストに何が書かれているのかだけでなく，テキストの内容について子どもたちがどのような価値判断をするのかが問われている。テキストを評価すること自体は，子どもの人生に必要なものである。しかし，標準テストの結果をふまえて支援策が講じられる一方で，州統一テストの結果が伸び悩む場合には学校への制裁措置が取られるため，標準テストへの批判が高まっている。

オルタナティブな評価の模索

　標準テストへの批判は，教育評価に関する新しい考え方や技術を生み出した。ここでは，2つの取り組みを紹介しよう。1つは，ホール・ランゲージ（Whole Language，以下WL）で取り組まれる，子どもたちの読みを分析するためのミスキュー分析（miscue analysis）である。WLは言語を細分化して個別に指導するのではなく，総体としてとらえ，意味理解を促していくことを主張する。言語を分解し，それを組み合わせて指導しようとする発想は，効率的に見える一方で，言語本来の姿を失わせるためである。そこでWLでは，言葉の全体性を重視し，言語を使用する際のつまずきを，子ど

もの間違い（mistake）ではなく，教師の指導のきっかけ（cue）としてとらえる。読むという行為は，意味を創りだす過程であり，読みに関するつまずきも子どもが能動的に読もうとする結果としてとらえるのである。

資料1は，ミスキュー分析を行う際の，教師によるメモの一部である。子どもに文章を読ませながら，R：Repetition（繰り返し），C：Correction（訂正），などの記録をつけていく。全体の音読後，テキスト内容について説明させ，どのような意味を生み出そうとしていたのかを確認する。そのなかで，子どもが意味を生み出そうとした結果としてどのような読み違いが起きているのかを分析する。教師が子どもの読む過程を質的にとらえるための評価リテラシーを高めていこうとするのである。

もう1つは，ナンシー・アトウェル（Nancie Atwell）による子どもの自己評価を軸に据えた書くことの評価活動である。アトウェルは，ライティング・ワークショップの提唱者として知られる。これは，生徒が自分で書く題材を決めて書き進めていくもので，教師は書いている生徒を観察し，必要な支援をする。書くという行為は，ドリルができることや，教師の指示どおりに書き直すことではなく，自ら意味を生み出し，それを練り上げていく過程であるとアトウェルは考え，生徒が自ら題材を決定し，推敲を重ねることを大切にしている。

そして，「生徒が自分の学びの質を見定めることを評価の中心に据える」という彼女の評価観にもとづき，自己評価を促すための自己評価用紙の作成を重視する。これは成長したこと，前の学期に設定した目標に向けての進捗状況や，次の学期の目標を書くものである。教師も，生徒が挑戦しようとしたことを，生徒の成長の全体像をふまえて意味づけたり，生徒のもつ強みや課題を分析したりする。この2つの記録を用いて，再度次の学期へ向けて，必要な学習内容を決定していくのである。

WLとアトウェルの取り組みに共通しているのは，読み書きの過程を，子どもたちが意味を生み出す過程としてとらえること，教師による子どもの観察を重視すること，観察を通して見えてきた個々の子どもの現状を丁寧に記録すること，その記録をもとに教師と子どもが対話を通して，次の学習の方向性を決めていくことである。

言語教育がテストの対象科目として取り上げられる理由は，あらゆる学習活動に言語が関わるためである。ただし，評価活動における言語の使用が，現実場面における言語の使用に生きることが不可欠である。テストで学力を発揮することではなく，卒業後にもつながる言語の学力の向上をめざすのであれば，子どもと教師を励まし，次の学習を見直すことにつながる評価活動が実現される必要がある。

資料1　ミスキュー分析の事例

```
Name  Betsy                    Date  November 3
Grade/Age  Grade Three         Teacher  Ms. Blau
Reference  The Man Who Kept House

            THE MAN WHO KEPT HOUSE

0101              Once upon a time there was a woodman ⓒ
                     He threw
0102          who thought that no one worked as hard as
                                   Ⓡ
0103          he did. One evening when he came home
                                      ⓒ  I want you
0104          from work, he said to his wife, "What do you
                          23 #O
                           when  always
0105          do all day while I am away cutting wood?"
```

出典：Yetta M. Goodman, et al., *Reading Miscue Inventory*, Richard C. Owen Publishers, Inc., Katonah, NY, 2005, p. 15.

第Ⅱ部 新指導要録と指導に生かす評価のあり方

1 国語

総合的で主体的な思考を評価する国語科のパフォーマンス課題

八田幸恵
●はった　さちえ

大阪教育大学教育学部准教授
専攻：教育方法学，教育評価論

1. はじめに

　2019年1月に中央教育審議会初等中等教育分科会教育課程部会から出された「児童生徒の学習評価の在り方について(報告)」(以下「報告」)では，評価と評定の違い，指導の改善に生かす評価，形成的評価の充実といった，評価についての基本的な考え方が示された。また，評価の観点が「知識・技能」「思考・判断・表現」「主体的に学習に取り組む態度」の3観点に変更された[1]。

　上記の3観点は，それぞれ，2017年改訂学習指導要領で示された，育成すべき資質・能力の三つの柱である「知識及び技能」「思考力，判断力，表現力等」「学びに向かう力，人間性等」に対応している。

　ただし，「主体的に学習に取り組む態度」と「学びに向かう力，人間性等」との関係には，若干の注意が必要である。まず，「主体的に学習に取り組む態度」の内実についてである。「主体的に学習に取り組む態度」は，従来の「関心・意欲・態度」を変更したものである。その理由は，次のように述べられている。すなわち，従来の「関心・意欲・態度」の評価では，挙手の回数やノートの取り方などの形式的な活動を評価するという事態が生じていた。本来ならば，「子供たちが自ら学習の目標を持ち，進め方を見直しながら学習を進め，その過程を評価して新たな学習につなげるといった，学習に関する自己調整を行いながら，粘り強く知識・技能を獲得したり思考・判断・表現しようとしたりし

ているかどうかという，意思的な側面を捉えて評価することが求められる」。そこで，本来の目的を明確化するために，「関心・意欲・態度」を「主体的に学習に取り組む態度」という観点に変更したということである。

このように，「主体的に学習に取り組む態度」は，外面の行動でもあるいは内面奥深くの人格でもなく，内面の知的な能力であるという考えが示されている。したがって，「主体的に学習に取り組む態度」は「学びに向かう力，人間性等」の一部であり，「観点別評価になじむ」部分であると説明されている。

「主体的に学習に取り組む態度」という観点の設定理由に見られるように，「報告」は，知識でも人格でもなく，その中間である資質・能力の評価を重視するという姿勢を打ち出している。この方針は現代の教育課題への応答であり，基本的には妥当であろう。

しかしながら，資質・能力を評価するという方針は，それまでの教育改革の動向とも相まって，国語科に特有の戸惑いや疑問を生じさせている。この小論では，現在の国語科に生じている戸惑いや疑問を解きほぐし，これからの国語科の指導と評価のあり方の展望を示したい。

2. 評価の規準となる目標をどうとらえるか

(1) これまでの国語科の評価の枠組み

戦後の学習指導要領国語科編においては，ある時期を除いて，領域の区分は基本的に「話すこと・聞くこと」「書くこと」「読むこと」という言語活動の区分に沿ったものであった。

同じく，指導要録に示された国語科の評価の観点についても，「話す・聞く能力」「書く能力」「読む能力」といった言語活動の区分に沿った観点が立てられてきた[2]。

ここから，少なくとも学習指導要領・指導要録においては，「話すこと・聞くこと」「書くこと」「読むこと」といった主体的で活発な言語活動を通して，その活動を支える「話す・聞く能力」「書く能力」「読む能力」といった個々の言語技能を育成し評価することが，基本的な方針とされてきたことがわかる。この方針は，2008年改訂学習指導要領・2010年改訂指導要録の時期まで継続された。

(2) 2017年改訂学習指導要領・2019年改訂指導要録における評価の枠組み

さて，2017年改訂学習指導要領に示された内容領域については，表1-1に示すような変更があった。2008年改訂学習指導要領までは国語科に伝統的な3領域1事項であった。2017年改訂学習指導要領では，〔知識及び技能〕と〔思考力，判断力，表現力等〕という大きく2つの

表1-1　内容領域の変更

2008年改訂学習指導要領［内容］3領域1事項
「話すこと・聞くこと」
「書くこと」
「読むこと」
〔伝統的な言語文化と国語の特質に関する事項〕
(1)「伝統的な言語文化に関する事項」「言葉の特徴や決まりに関する事項」「文字に関する事項」
(2) 書写に関する事項

2017年改訂学習指導要領［内容］2領域
〔知識及び技能〕
(1) 言葉の特徴や使い方に関する事項
(2) 情報の扱い方に関する事項
(3) 我が国の言語文化に関する事項（伝統的な言語文化，言葉の由来や変化，書写，読書）
〔思考力，判断力，表現力〕
A 話すこと・聞くこと
B 書くこと
C 読むこと

領域に変更された。これはつまり、内容編成の視点が、言語活動ではなく資質・能力になったということである。

また、2017年改訂学習指導要領の特徴としては、〔知識及び技能〕の「(2) 情報の扱い方に関する事項」において、「原因と結果」「意見と根拠」「具体と抽象」といった、いわゆる汎要的思考スキルが示されている点を指摘することができる。

汎用的思考スキルとは、論理的思考や論証といった、通教科的な思考を分節化・形式化したものである。「原因と結果」は論理的思考に関わる汎用的思考スキルであり、「意見と根拠」は論証に関わる汎用的思考スキルである。

一方で、指導要録に示される観点については、以下のように変更になる。2010年改訂指導要録までは、国語科に伝統的な「言語についての知識・理解・技能」「話す・聞く能力」「書く能力」「読む能力」「国語への関心・意欲・態度」という5観点であった。2019年改訂指導要録では、他教科と同じく「知識・技能」「思考・判断・表現」「主体的に学習に取り組む態度」の3観点に変更されている（表1-2）。このことが、資質・能力の強調であることは、言うまでもない。

表1-2　評価の観点の変更

2010年改訂指導要録 [5観点]
「言語についての知識・理解・技能」
「話す・聞く能力」
「書く能力」
「読む能力」
「国語への関心・意欲・態度」
2019年改訂指導要録 [3観点]
「知識・技能」
「思考・判断・表現」
「主体的に学習に取り組む態度」

今後の国語科では、評価の対象となる「知識・技能」の一部に、汎用的思考スキルが含まれることになる。これについては変化といってよいだろう。次に、いよいよ「思考・判断・表現」が評価の対象となる。もっとも、これまで評価の対象となってきた「話す・聞く能力」「書く能力」「読む能力」は「思考・判断・表現」そのものであるため、実質的には大きな変化はないと考えてもよい。そして、他教科と同じように、「関心・意欲・態度」改め、内面の知的な能力である「主体的に学習に取り組む態度」が評価の対象となるということである。

(3) 汎用的思考スキルと思考力

ここで疑問として生じるのが、新しく評価の対象となる汎用的思考スキルと「思考・判断・表現」はどう違うのかという点である。

汎用的思考スキルの指導という発想は、2010年代に入って、思考力育成という教育課題を追求するなかで出てきた。教師が個々の汎用的思考スキルを指導し、子どもたちに汎用的思考スキルを習得させることで、子どもたちの思考を発達させようという発想である。このような発想では、思考スキルと思考は限りなく同じものとみなされる。

ここ5年くらい、筆者が学校現場を訪れたり研修を実施したりした際には、教師たちから、思考スキルの指導という発想に対する、戸惑いや疑問の声が多く聞かれるようになった。「子どもたちに汎用的思考スキルを獲得させるために『ごんぎつね』を読ませるのか」「『ごんぎつね』を通して汎用的思考スキルを獲得させることは、子どもたちの成長発達や人格形成につながるのか」「多くの汎用的思考スキルを用いて活動していれば、『ごんぎつね』を深く読んだことになるか」「子どもたちにとっては、思考の形式ではなく、『ごんぎつね』の内容が重要

なのではないだろうか」と。

以上のような戸惑いや疑問に対して、筆者は次のように応答してきた。すなわち、汎用的思考スキルは、思考を分節化・形式化したものであり、複雑な思考経験そのものではない。したがって、汎用的思考スキルを指導するだけで、複雑な思考経験が成立したり、思考力が発達したりするわけではない。また、汎用的思考スキルの指導は、一見すると新しい指導と学習の傾向であるように思えるものの、教師が特定のスキルを伝達し子どもが再生・実行するという、伝統的な指導と学習の様式である。このような指導と学習の様式のもとで、主体的な思考力や人格が育成されるかは疑問である。「思考・判断・表現」は、個々の汎用的思考スキルの総和ではなく、総合的で主体的な思考経験を支える思考力そのものである。総和と総合は違う。筆者はこのように応答し、「思考・判断・表現」という目標のとらえ方を提案してきた[3]。

3. 指導と評価をどう構想するか

(1) 年間を通したメリハリのある指導

それでは、上のように国語科の目標をとらえるとすると、どのような指導と評価を構想することができるだろうか。

まず、指導にメリハリをつけることである。上のように国語科の目標をとらえると、もちろん汎用的思考スキルを指導する単元や授業も必要であるが、まさに主体的に読むという思考経験を通して思考力と人格の発達を促す単元や授業も必要である。全単元、全授業を同じ重みとみなし同じ手順で設計するのではなく、年間を通した子どもたちの成長発達の道筋のなかで、その単元や授業がどういう意味をもつのかを考えることが重要である。

そのうえで、1年間を通して、質の異なる単元や授業をいかに配列するのかという点については、今後研究されるべき課題である[4]。たとえば、年度当初は個々の汎用的思考スキルを習得させる単元や授業を多く設定し、徐々に主体的に思考させる単元や授業を増やしていくという配列の仕方が考えられる。逆の配列の仕方や、同時並行という配列の仕方もあり得る。

なお、主体的に思考させる単元や授業については、主体的に思考するという経験を生じさせる教材を選定することが重要となる。『ごんぎつね』はまさにそういう教材なのだろう。加えて言うならば、『ごんぎつね』の教材内容が直接的に人格形成を促すというよりも、『ごんぎつね』を主体的に読むという思考経験が思考力や人格の発達を促すと考えるべきであろう。

(2) 複数のノート指導

年間を通したメリハリのある指導を行うにあたっては、それぞれの指導にふさわしい教材を選定すると同時に、複数のノートの機能を使い分けながらノート指導を行うことが重要になる。

戦前から戦後にかけて活躍した、兵庫県の小学校教師である東井義雄は、ノートの機能を、下の4つに整理した[5]。

①練習帳的使い方
　漢字の書き取り、計算の練習
②備忘録的使い方
　板書を写し取る、メモをする
③整理保存的使い方
　調べたこと、わかったこと、感じたことをノートに整理することで、それらを保存すると同時に、書くことによってそれらを明確化する

> ④探求的使い方
>   書きながら考え，考えながら書くことによって問題を発見する

東井の場合は，子どもたちが生活のなかで培ってきたものの見方・考え方を，教科書の内容と対決させ，教科書の内容を自身のほうへ「たぐり寄せ」ながら主体的に学び取らせるために，以上のような複数のノート指導のあり方を生み出していったという経緯がある。

東井も含めてノート指導の歴史について研究した横須賀薫は，東井のいう①②は重要ではあるものの，それだけではあえてノート指導と呼べるものではないという。そして，歴史的にノート指導が成立してくるのは，①②から③④へと発展してくる過程であったと指摘する。横須賀によると，戦前，教科書が国定教科書になり，教科書教材の内容を疑うことなく子どもたちに習得させるという指導が広がった。その状態から抜けだそうとした教師たちが，唯一教科書のない「綴方」（「書くこと」）の時間の中で，子どもたちに教科書教材を与えるという指導法とは反対の，子どもが自身の生活を書くという指導法を編み出していった。また，与えられた教科書教材を読むことと，自身の生活を書くことの中間として，ノートに疑問や思いを書きながら教科書教材を主体的に読むという指導法を編み出していったということである[6]。

このような歴史をふまえつつ，横須賀は，現代の個々の実践現場においては，①②を基礎にして③④へとどう発展させていくかが課題になると主張する。

横須賀の研究は1970年代になされたものであるが，「思考・判断・表現」の指導と評価が課題となっている現在，改めて重要な主張として受け止めることができる[7]。

（3）パフォーマンス課題づくりの発想法

それでは，評価のあり方である。現在，「思考・判断・表現」を評価するパフォーマンス課題が話題である。パフォーマンス課題は，個々の知識や技能の習得状況ではなく，総合的で主体的な思考を評価するための課題である。筆者は先に，1年間を通したメリハリのある指導を構想する必要性を説いたが，加えて，パフォーマンス課題を要所で実施することが必要になる。

ただし，パフォーマンス課題は，ノート指導のような，毎日の教室で当たり前に行っている指導を充実した先に構想されるべきものである。

もうひとつ注意したい点として，現在開発されているパフォーマンス課題が，総合的で主体的な思考を誘発する挑戦的な課題というよりも，個々の知識・技能の総和を確認するような課題になっている場合がある。たとえば「住みよい町にするために私たちができることについてプレゼンを行う」という課題で，「話題を明確にする，取材で得た材料を整理する，はじめ・なか・終わりで構成する，根拠をもって意見を述べる，相手意識をもつ，視覚資料を用いる，アイコンタクトを取る……等々」のスキルを実行しているかを評価するといったことである。

そこで，主体的な思考の評価という目的をより明確化するために，筆者はかつて，国語科における「パフォーマンス課題」づくりの発想法を提案したことがある。それはすなわち，国語科の課題が子どもにとってどれほど挑戦的であるかは，以下の3点が相互に関連して決まるという仮説である[8]。学校現場からのご批正をお願いしたい。

> ① 話す・聞く・話し合う話題，書く話題，読む文章の主題の，子どもにとっての身近さ・明快さ・切実さ（子どもが話題・主題

に対してどれほどのモチベーションを示し，どれほどの知識と経験を動員するか）
② 思考過程の長さや複雑さ（思考の過程で，どれほどの量と質の語彙，言語的な知識，認知的な能力が求められるのか）
③ 話す・聞く・書く・読む対象である相手の範囲や立場性・複数性の程度（どの程度文脈が異なる異質な他者と対話するのか）

(4)「学習としての評価」

　最後に，2019年の「報告」では，評価のフィードバック機能や子どもの学習の改善機能を強調している。ここには，明らかに，近年提唱されている「学習としての評価」という考え方の影響がある。「学習としての評価」とは，従来の形成的評価が，子どもの学習や学力状況の良しあしを判断することや，教師が自身の指導を改善することに主眼があり，必ずしも子どもの学習の改善に寄与していたわけではないという批判意識によって成立した，新しい形成的評価論である。したがって「学習としての評価」は，何よりも子どもが自身の学習を改善することを重視する。

　「学習としての評価」という新しい形成的評価論はすでに広がりを見せており，国語科教育関係の雑誌においても，もっと授業過程に評価を解け込ませ学びと評価を一体化させるべきだという主張，さらには子どもたちの学びを励ます自己評価や，学び合いを励ます相互評価を取り入れていくべきだという主張を見る。もちろん，これらは傾聴すべき主張である。しかしながら，そのことは，たんに授業への参加態度を評価すること，つまり従来の「関心・意欲・態度」の評価で起こっていた子どもたちの形式的な活動を評価することに陥る危険がある。

　本来「学習としての評価」は，子どもたちが自身の学習に関する自己調整を実行するという提案である。したがって，たとえば子どもが自力で読むための「問い」を立てたり，子どもが自身の問題意識にもとづいて読書を計画的に実行したりするといった，「主体的に学習に取り組む態度」を育成する実践を開発しつつ，その学習過程における評価を子どもたちに委ねていくことが重要である。

1) 文部科学省「小学校，中学校，高等学校及び特別支援学校等における児童生徒の学習評価及び指導要録の改善等について（通知）」2019年3月29日。
2) 指導要録に示された国語科の評価の観点の変遷については，西辻正副「指導要録における『評価の観点』の史的変遷」『国語科教育』68，2010年，pp. 75-82を参照。
3) 詳細は，八田幸恵「言語能力を育てる教育課程」細尾萌子・田中耕治編著『新しい教職教育講座教職教育編6　教育課程・教育評価』ミネルヴァ書房，2018年，pp. 124-138を参照されたい。
4) この点については，米国における「責任の段階的移行」という考え方が参考になる。詳細は，塚田泰彦「読みの教育の新展望－子どもの読みを支援する教師の役割をめぐって」『上越教育大学国語研究』9，1995年，pp. 13-20，勝田光「米国における読むことの『責任の段階的移行』をめぐる議論について－その批判と具体化に着目して」『人文科教育研究』44，2017年，pp. 17-41，およびダグラス・フィッシャー＆ナンシー・フレイ著，吉田新一郎訳『「学びの責任」は誰にあるのか－「責任の移行モデル」で授業が変わる』新評論，2017年を参照されたい。
5) 東井義雄『村を育てる学力』明治図書，1957年。また，6)の文献も参照。
6) 横須賀薫「授業におけるノート指導の問題」横須賀薫・小林喜三男・石井重雄・宮本忠之・五十嵐寿『ノート指導のコツ』あゆみ出版，1981年，pp. 9-24。
7) 現在書店で扱っている書籍のなかでは，岩瀬直樹・川村卓正『子どもの力を引き出す板書・ノート指導のコツ』ナツメ社，2010年が，複数のノートの機能を念頭においてノート指導のノウハウを紹介しており参考になる。
8) 詳細は，八田幸恵「国語科」西岡加名恵・石井英真編著『教科の「深い学び」を実現するパフォーマンス評価──「見方・考え方」をどう育てるか』日本標準，2019年，pp. 24-35を参照されたい。語句のレベルで修正している。

2 社会

評価規準を具体化，焦点化し，「覚える」から「考える」社会科へ

赤沢早人
●あかざわ　はやと

奈良教育大学教育学部教授
専攻：教育方法学

1. 指導要録改訂によって，社会科の学習や評価はどう変わるのか

指導要録の改訂によって，社会科の学習や評価はどのように変わるのか。まず，2019年1月に公表された「児童生徒の学習評価の在り方について（報告）」（以下「報告」）に沿って，3つのポイントに絞って整理していこう。

（1）学習と指導の改善に資する学習評価

「報告」のポイントの1点目は，評価に対する基本的な考え方を問い直していることである。

学校現場において評価と一口に言っても，大きく2通りの意味があると言われている。

1つめは，アセスメント（assessment）としての評価である。これは，何かに価値を見いだすための情報を収集することである。知識や技能の習得状況を確認するために単元テストや実技テストを課したり，価値観の形成状況を見るために感想文を書かせたりすることをさす。

2つめは，エバリュエーション（evaluation）としての評価である。これは，アセスメントによって集めた情報をもとに，子どもの学習や教師の指導の結果を価値づけることである。ある子どもが単元テストで「80点」を取ったこと自体は，たんなる測定結果にすぎない。それは「よい」のか「よくない」のか。また，どのような意味で「よい」「よくない」のか。さらに，「よりよく」するためには今後何をどうすればいいのか。学習と指導に関する「これまで」を振り返り，「これから」を見通す営みが，エバリュエーションである。

（2）目標と評価の斉一化

「報告」のポイントの2点目は，授業における目標と評価の斉一化である。2017年改訂の新学習指導要領の改訂の柱の一つに，「育成すべき資質・能力」論がある。周知のとおり，「三つの柱」として示されているのが，「知識及び技能」「思考力，判断力，表現力等」「学びに向かう力，人間性等」である。新学習指導要領では，この「三つの柱」に沿って，すべての教科等の目標の記述が統一された。社会科でいえば，次のとおりである。

> [知識及び技能] 地域や我が国の国土の地理的環境，現代社会の仕組みや働き，地域や我が国の歴史や伝統と文化を通して社会生活について理解するとともに，様々な資料や調査活動を通して情報を適切に調べまとめる技能を身に付けるようにする。
> [思考力，判断力，表現力等] 社会的事象の特色や相互の関連，意味を多角的に考えたり，社会に見られる課題を把握して，その解決に向けて社会への関わり方を選択・判断したりする力，考えたことや選択・判断したことを適切に表現する力を養う。
> [学びに向かう力，人間性等] 社会的事象について，よりよい社会を考え主体的に問題解決しようとする態度を養うとともに，多角的な思考や理解を通して，地域社会に対する誇りと愛情，地域社会の一員としての自覚，我が国の国土と歴史に対する愛情，我が国の将来を担う国民としての自覚，世界の国々の人々と共に生きていくことの大切さについての自覚などを養う。　（[　]は引用者が補足）

新学習指導要領のこうした方向性を受けて，2019年改訂の新指導要録では，かかる「三つの柱」を各教科等の目標に具体化したうえで，授業を通じてそれらがいかに実現したのかを評価する手立てとして，観点別学習状況の観点を見直し，すべての評価の観点を「知識・技能」「思考・判断・表現」「主体的に学習に取り組む態度」の三つに統一して示すことになった。

図2-1　目標観点と評価観点の対応関係

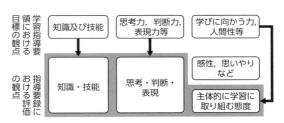

以下では，各観点の評価の対象（＝子どもの学習の「何」を評価するのか）について，社会科の学習と指導に関連づけながら考えよう。

①まず，「知識・技能」の観点である。これは，個々の知識や技能を習得しているかだけにとどまらず，それらの知識や技能を他の学習や生活の場面において活用することができるかを見るものである。社会科の授業でも，とくに高学年になると，歴史，地理，政治，経済などに関する個々の知識について教え，学ぶ機会は多くなるが，これらの知識の記憶と再生が社会科学習の「ゴール」になってはいけない。

たとえば，政治の単元（第6学年・内容（1））で，「司法」「立法」「行政」という個別的知識を，「三権が相互に関連しあってそれぞれの役割を果たすことで，現在の日本の民主政治が成り立っている」という「政治の仕組み」という概念的知識として結びつけ，自分たちの身の回りの社会的事象を「政治の仕組み」という視点から説明できるかを評価の対象とするわけである。

②次に，「思考・判断・表現」の観点である。これは，知識や技能を活用して課題を解決するための幅広い能力が身についているかを見るも

のである。「活用」という点で「知識・技能」の観点と重なる懸念もあるが、「知識・技能」の観点は、習得した知識や技能を「与えられた条件や場面」で活用できるかを評価するものであることに対して、「思考・判断・表現」では、知識や技能を「課題解決」のために活用できるかを評価するものであると区別するといい。

たとえば、新学習指導要領では、ごみの単元（第4学年・内容(2)）の「思考力、判断力、表現力等」に関する目標を、「処理の仕組みや再利用、県内外の人々の協力などに着目して、廃棄物の処理のための事業の様子を捉え、その事業が果たす役割を考え、表現すること」と示している。その意味は、現代の日本社会の「ごみ処理の仕組み」を、たんに教師がわかりやすく教えることではない。そうではなくて、子どもたちが実際にごみの減量という社会的課題に直面して、「自分たちにできることを考えたり選択・判断したりできるよう」（内容(2)の「内容の取扱い」）な単元を組み、その課題解決に向けて既習の知識や技能を活用することに関する諸能力の成長の具合を評価するということなのである（同様の方向性は、他の単元でも示されている）。

③最後に、「主体的に学習に取り組む態度」の観点である。これは、教科等の学習の目標や内容に関する意思や自己調整が働いているかを見るものである。従来は「関心・意欲・態度」と呼ばれ、子どもが学習の目標や内容に関して示す幅広い反応を総合的に含めていたが、新指導要録では、意味を相当に限定して評価する方向性が打ち出された。すなわち、「正しい姿勢で椅子に座っている」「元気よく手を挙げて意見を発表している」「ノートを丁寧に写している」などの「授業態度」を評価するのではない。あくまでも学習の「結果」として、学習の目標や内容に関わる「学習態度」がどのように涵養されたのかを評価するものである。

そのような意味では、「態度」という言葉がどうしても「授業態度」の響きを払拭できないのならば、新学習指導要領で示されている「見方・考え方」に置き換えて考えてもいい。厳密にいえば、新学習指導要領では、「見方・考え方」は目標の観点ではないとされているので、この理解は不正確である。しかし、学校現場で実際に社会科の授業の目標や評価を具体的に考える場面においては、「態度」というよりも「見方・考え方」の指導と評価と言ってしまったほうがわかりやすいかもしれない。「位置や空間的な広がり」や「時期や時間の経過」をフィルターとして社会的事象等を理解することや、「人々の生活と関連付けて」社会的事象等の意味を見いだすことが、小学校社会科の「見方・考え方」と言われることもある[1]。こうしたとらえも、「授業態度」ではなくて、「学習態度」を評価する際には有用な手がかりになるだろう。

さて、以上のような「態度」の評価に関する基本方針と併せて、社会科における独自性を整理しておこう。社会科では、「学びに向かう力、人間性等」に関する目標として、子どもたちが生きる社会（地域社会、国、世界）に対する「誇り」「自覚」「愛情」の涵養が掲げられている。このことから、上記の「態度」についても、たんに「社会科の学習に進んで取り組もうとしている（意思）」とか「社会科の学習の目標の実現に向けて、自ら調べたりまとめたりしている（自己調整）」とかいうのではなく、子どもたちが、自らの生きる社会の一員としての「誇り」「自覚」「愛情」を原動力として、社会科の学習に「意思」や「自己調整」を働かせているかどうか、という視点を含めて考える必要がある。

(3) 多様な評価方法

「報告」のポイントの3点目は、多様な評価

方法を展開することである。「報告」では，具体的な評価方法を次のように例示している。

> ペーパーテスト，文章による説明，観察・実験，式やグラフでの表現，論述，レポート，発表，話し合い，作品の制作・表現，発言，行動観察

社会科学習の評価というと，どうしても単元テスト（ペーパーテスト）に偏りがちである。たしかにこれまでも，単元テストによって「思考・判断・表現」や「関心・意欲・態度」の観点を評価しようとする試みは続けられてきたが，成績評価を行う際の根拠資料とするという手続き的な側面が強く，社会科の授業を通じてどの程度「思考・判断・表現」や「関心・意欲・態度」が伸びてきたのかを教師が実質的に判断するまでには至っていなかった。

新指導要録では，「思考・判断・表現」や「主体的に学習に取り組む態度」の評価がますます強調される。上記の評価方法をより積極的に取り入れることで，「なんだかんだ言っても，けっきょく社会科は知識を覚えたらいい」という社会科授業観を，教師と子どもの双方において克服せねばならない。その際，多様な評価方法を取り入れた結果として，教師の独断と偏見に満ちたものにならないようにするために，評価の規準・基準を具体的に示してオープンにしたり（ルーブリック），さまざまな評価資料を収集・整理して学習や指導に役立てたり（ポートフォリオ）するような工夫が求められるだろう。

2. 社会科の指導と評価をどう変えるのか

学習指導要領と指導要録の改訂をきっかけに，「用語を覚える暗記教科」を脱して，「考える」「判断する」「行動する」ことを育成する社会科へと生まれ変わるために，具体的には日々の社会科授業をどのように変えていけばいいのだろうか。以下では，現行の学習指導要領・指導要録のもとで実際に計画・実施された社会科の学習指導案を例に挙げて，新学習指導要領・新指導要録において，社会科授業がどのように変わるのかを検討していく。なお，紙幅の関係で，ここでは単元計画の部分を考えることにしたい。

取り上げる学習指導案（以下，本指導案）は，第3学年の最初の単元「わたしたちのまち みんなのまち」の小単元「学校のまわり」（全13時間）である。現行学習指導要領では第3・4学年の内容(1)，新学習指導要領では第3学年の内容(1)に対応している。大きくは，学校周辺の観察や調査を通して，校区の絵地図を作成する学習活動を中心に展開されている。

(1) 単元目標と評価規準の設定について

新学習指導要領では，単元レベルでの授業計画の必要性をいっそう重視し，社会科の単元を「追究・解決する活動」の過程として充実させることを「知識・技能」の指導に終始させない重要なポイントであるとしている。本指導案の拠り所になる新学習指導要領の第3学年・内容(1)にも「身近な地域や市区町村の様子について，学習の問題を追究・解決する活動を通して，次の事項を身に付けることができるよう指導する」（一部略）ことが明記されている。

本指導案は，現行学習指導要領の趣旨に沿って，次のような単元目標を設定している。

> ① 自分たちの住んでいる身近な地域の特色ある地形，土地利用の様子，主な公共施設などの場所と働き，交通の様子などを理解し，地域社会に対する誇りと愛着をもつことができる。

② 身近な地域の様子から学習問題を見いだし，観察，調査して調べたことを絵地図や白地図などにまとめるとともに，場所による違い，身近な地域の特色やよさを考え，適切に表現することができる。

これらを新学習指導要領の目標構造に沿って「機械的に」整理をし直すと，次のようになる。

[知識及び技能] ①自分たちの住んでいる身近な地域の特色ある地形，土地利用の様子，主な公共施設などの場所と働き，交通の様子などを理解することができる。②観察，調査して調べたことを絵地図や白地図などにまとめることができる。
[思考力，判断力，表現力等] 身近な地域の様子から学習問題を見いだし，場所による違い，身近な地域の特色やよさを考え，適切に表現することができる。
[学びに向かう力，人間性等] 地域社会に対する誇りと愛着をもつことができる。

基本的には新学習指導要領の目標にも読みかえられることがわかる。ただし，観察や調査の際に地図帳を活用することや，学習問題を「見いだす」だけでなく，「追究・解決する」場面も想定して目標を修正することが求められよう。

さて，単元目標レベルの「微調整」に比べて，大きく変わることが想定されるのが，評価規準である。従来の学習指導案における評価規準の設定については，国立教育政策研究所が公表している「参考資料」をもとに，若干のアレンジを施す程度にとどまることが多く，やや手続き的な側面が強かった。これは，学習指導案を作成する教師の問題というよりも，学習指導要領の「目標」と指導要録の「評価」の観点が一致していないことの現場的帰結であったといえる。

しかし，新指導要録では，図2-1で示したとおり「目標」と「評価」の観点が対応することになる。このとき，従来の学習指導案の「記述マナー」にのっとれば，単元目標と評価規準が「ほぼ同じもの」になってしまうことが懸念される。実際に，本指導案の「思考力，判断力，表現力等」に対応する目標と，「参考資料」の評価規準の記述は非常に似通っている[2)]。

自分たちの住んでいる身近な地域や市（区，町，村）の様子から学習問題を見いだして追究し，身近な地域や市（区，町，村）の様子は場所によって違いがあることについて思考・判断したことを言語などで適切に表現している。

では，学習指導案の単元目標の欄と評価規準の欄に同じことを2回書けばいいかというと，そうでもない。他教科と違って，新指導要録の「3観点」と，現行の「4観点」のギャップが相対的に大きくない社会科の指導計画にあっては，たんに「4観点」を「3観点」に読みかえる手続きを粛々と行うということではなく，教育における評価の理念を一歩前進させるべく，検討を重ねる必要があるだろう。すなわち，単元末に一人ひとりの子どもに対してその実現状況を見取ることができる程度に，評価規準を（目標に対して）具体化，焦点化することである。

本指導案では，現行の観点にもとづき，社会科の4つの観点ごとに，2つずつの評価規準を示している。たとえば「社会的な思考・判断・表現」の評価規準は，次のとおりである。

○身近な地域の特色ある地形，土地利用の様子，主な公共施設などの場所と働き，交通の様子などについて学習問題や予想，学習計画を考え，適切に表現している。
○土地利用と公共施設の分布の様子を比較し

たり，身近な地域の地形的な特色と土地利用を関連付けたりして考え，身近な地域の様子を総合して場所によって違いがあることを適切に表現している。

「参考資料」の一般的な書きぶりに比べると，授業の実際に照らした具体化はすでに進んでいる。この方向を推し進めつつ，さらに，「13時間という限られた授業時数を通じて，子どもたちの思考力等の能力をどこまで育てるか」という焦点化の観点から，「適切に表現している」ことの内容を掘り下げていくことが求められる。

さらには，紙幅の関係で詳述の余地はないが，「主体的に学習に取り組む態度」の観点においても，さらなる検討が必要になる。現行では，社会的事象に対する「関心」や「意欲」に着目するものであったが，新指導要録においては，「意思」や「自己調整」がポイントになる。学校周辺の観察・調査活動の目的や目標と関わる子どもたちの「意思」や「自己調整」とは具体的に何をさすものであるかを明らかにしなければならない。また，「誇り」「自覚」「愛情」といった社会科固有の評価規準を本指導案に位置づけるかどうかについても，検討を要する。

(2) 単元指導計画について

全13時間の指導計画についても検討しよう。

時数	学習活動
2	身近な地域への関心の喚起
1	学習問題の作成
1	学校のまわりの探検（予行）
6	3コースの探検（観察・記録・まとめ）
3	まとめ　絵地図の作成

社会科の単元で「追究・解決する活動」を重視する方向性と，「主体的に学習に取り組む態度」を育成するという視点に鑑みれば，今後の社会科授業では，「追究・解決する活動」に相当する観察・調査活動（いわゆる調べ活動）の「事前」と「事後」の計画がきわめて重要になる。

本指導案でいえば，「学習問題の作成」と「まとめ」の学習場面がそこに当たる。本指導案では，「わたしたちの学校のまわりは，どのような様子なのだろう」という「学習問題」を掲げて探検活動を展開しているが，今後は，この方向性をさらに発展させつつ，「どうなっているのだろう」というような「知識・技能」に収束する学習問題に加えて，「なぜこうなっているのだろう」というような「思考・判断・表現」に収束する学習問題に子どもたちを挑戦させていく必要がある。「わたしたちの学校のまわりはこうなっているが，それはどうしてなの？」という問いが子どもたちから生まれ，その「追究・解決」の過程（ゴールではなく）において「絵地図の作成」が位置づく指導計画にしたい。

自分たちの生活圏である「わたしたちの学校のまわり」という地理的環境に対して，子どもたちはどのような問題意識をもっているか。「もっていない」のだとしたら，どのような問題意識を喚起したいのか。「四方位」や「地図記号」などの社会科知識や「地図の調べ方」「白地図の作り方」などの社会科技能を確実に習得させつつも，社会科に関する「思考・判断・表現」や「主体的に学習に取り組む態度」を育んでいくために，子どもたちの問題意識に根ざした「追究・解決する活動」を多くの単元で仕組み，その学習の結果を多様な評価方法を用いて丁寧に見取っていくことが大切だろう。

1) 中央教育審議会初等中等教育分科会教育課程部会社会・地理歴史・公民ワーキンググループ，2016年5月13日，資料13より。
2) 国立教育政策研究所教育課程研究センター「評価規準の作成，評価方法等の工夫改善のための参考資料（小学校 社会）」2011年11月，第3・4学年の内容 (1) の評価規準「社会的な思考・判断・表現」。

3 算数

算数科における資質・能力を可視化する評価課題とその指導

大下卓司
●おおした たくじ

神戸松蔭女子学院大学教育学部准教授
専攻：教育方法学・数学教育史

1. 算数科における指導要録改訂の方針

　2017年改訂の学習指導要領と関連づけて，2019年改訂指導要録では算数科での評価がどのように変わるのかを検討する。算数科では「数学的な見方・考え方」を働かせ，数学的活動を通して，「数学的に考える資質・能力」を育成することをめざせるようになった。「数学的な見方・考え方」とは，「事象を数量や図形及びそれらの関係などに着目して捉え，根拠を基に筋道を立てて考え，統合的・発展的に考えること」とされる[1]。
　この「数学的な見方・考え方」を働かせ，資質・能力の三つの柱，すなわち，「知識及び技能」「思考力，判断力，表現力等」「学びに向かう力，人間性等」を育成することが算数科ではめざされている。
　これらの資質・能力はどのような学習によって，身につくのだろうか。『小学校学習指導要領解説 算数編』では算数・数学における問題発見・解決のプロセスとして，日常生活や社会の事象を数学を用いて問題解決する過程と，数学の事象について統合的・発展的に考え，問題解決する過程という2つのサイクルが示されている。すなわち，身につけた「知識及び技能」を前提として，このプロセスにおいて「思考力，判断力，表現力等」を発揮して学習する。この過程で子どもは態度を形成していくという見方が示されている。
　では，新指導要録における3つの評価の観点「知識・技能」「思考・判断・表現」「主体的に

学習に取り組む態度」に対応する3つの資質・能力が身についたか否かはどのような問題や，方法によって確かめることができるのか。

(1)「知識・技能」

現行の2010年改訂指導要録の観点「知識・理解」と「技能」は今次改訂で「知識・技能」に変更された。算数科の趣旨は，「数量や図形などについての基礎的・基本的な概念や性質などを理解している」，「日常の事象を数理的に処理する技能を身に付けている」である。

事例として，2018年4月に実施された全国学力・学習状況調査（以下「全国学力調査」）の「算数A」を見ると，図3-1に示した問題（1）は「知識・技能」（現行では，「知識・理解」）に該当する問題である。正答率は63.2%であり，小数と量の関係には課題があることが示されている。問題（2）は，現行の観点では「技能」に該当する問題であり，数直線上の1を基準として，0.4 m（エ），60 g（ア），そして1 mあたりの重さを示す□（イ）をそれぞれ選ぶ問題である。正答率は66.9%であり，小数と量の関係を図で表すことに課題があることが示されている。こうした狭い範囲の事実的知識や決まりきった手順が「知識・技能」で評価される。

他方で，正答率が41.9%であった図3-2の問題も「知識・技能」（現行では「知識・理解」）に該当する。これは，学校で学ぶ円周を求める公式を式変形して，円周率を求める式を選択する問題である。また，発想としては乗法・除法の関係性や，5年生で学習する速度など，2つの数量の関係（内包量）を式を使って求める計算が，同じ方法であるため，これらに熟達することで，理解が深まる問題である。このように，新しい知識と既得の知識とを関係づけて構造化する概念的な理解，状況に応じて知識を活用する技能も「知識・技能」の観点として含まれる。

図3-2　2018年全国学力調査　算数A7

(1) 円周率を求める式を，下の1から4までの中から一つ選んで，その番号を書きましょう
1　円周の長さ　×　半径の長さ
2　円周の長さ　×　直径の長さ
3　円周の長さ　÷　直径の長さ
4　直径の長さ　÷　円周の長さ

そこで評価方法としては，ペーパーテストや，手順やプロセスを確認するチェックリストが有効である。知識の質を問う場面では，既習の単元と結びつけ，子どものわかり直しを促すような問題を出題することが有効となる。

(2)「思考・判断・表現」

資質・能力の育成という方針の下で，現行の観点「数学的な考え方」は，「思考・判断・表現」へと変更された。算数科の趣旨は，「日常の事象を数理的に捉え見通しをもち，筋道を立てて考察する力，基礎的・基本的な数量や図形の性質などを見いだし統合的・発展的に考察する力，

図3-1　2018年全国学力調査　算数A1

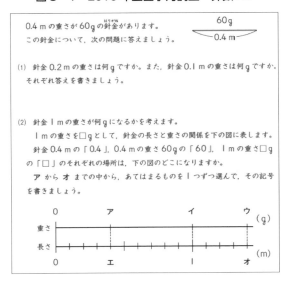

数学的な表現を用いて事象を簡潔・明瞭・的確に表したり目的に応じて柔軟に表したりする力を身に付けている」である。「何ができるか」が問われるようになっている。

ここで，2018年実施の全国学力調査から「算数B」の問題を見よう。図3-3は，問題3の(2)で出題されたグラフである。グラフ1は棒グラフ，グラフ2は帯グラフである。この2つのグラフに対し，次の空欄に入る言葉を選択する問題である。「『進んであいさつをする』に取り組んだと答えた人数がいちばん少ないのは『㋐』です」。「『㋐』の，『進んであいさつをする』に『取り組んだ』と答えた人数の割合は，いちばん『㋑』です」。選択肢は㋐については，横軸の「1　1・2年生」「2　3・4年生」「3　5・6年生」の3つから，㋑については，「4　小さい」「5　大きい」の2つからそれぞれ1つずつ選択する問題である。

図3-3　2018年全国学力調査　算数B3（2）

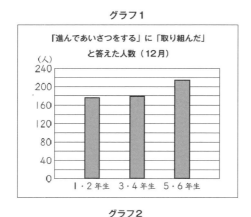

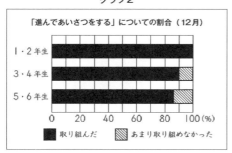

㋐に対しグラフ1の人数に着目し「1」を，㋑に対しグラフ2の割合に着目し「5」を，正しく選択できた割合は24.0％であり，グラフ2だけに着目し，「3　5・6年生」が一番小さいと考えた子どもは52.2％に及んだ。この問題から，棒グラフと帯グラフの違い，絶対数と割合について多くの子どもが理解していないという課題が浮き彫りになったといえる。

この問題では，学校で行われるあいさつ運動という日常生活の事象が数学的に解釈され，3年生で学ぶ棒グラフと5年生で学ぶ帯グラフ，そして割合の意味といった知識を統合して考えることになる。このように，ペーパーテストでも，複数の単元や領域を統合した問題によって，「思考・判断・表現」を評価できる。

他方で，実際の授業では，グラフ1とグラフ2を並べて，どういう点で間違いやすいか，グラフをどのように表現するとわかりやすくなるのかを議論する場面が考えられる。たとえば，グラフ2を円グラフに変えるなど，誤解が生じにくい表現を子どもが追求することも有効である。

また，「データの活用」領域では，グラフの読み取りだけでなく，子どもが実際にグラフを書くことで理解が深まる。そこで，子どもが記者として学校生活や身の回りの生活からデータを集めグラフ化し，保護者等を対象としたレポートを作成するパフォーマンス課題も考えられる。

このように，「思考・判断・表現」においては，既習の内容と新たな内容を統合する，複数の領域を横断するような内容を設定するとともに，評価したい子どもの学力に応じて，ペーパーテストやレポート，プレゼンテーションなどの方法を選択することになる。

(3)「主体的に学習に取り組む態度」

現行の観点「関心・意欲・態度」は，「主体的に学習に取り組む態度」（以下「態度」）へと変更された。算数科の趣旨は，「数学的活動の楽しさや数学のよさに気付き，粘り強く考えたり，学習を振り返ってよりよく問題解決をしようとしたり，算数で学んだことを生活や学習に活用しようとしたりしている」である。この「態度」をとらえるために，第1に，数学的活動を設定する必要がある。数学的活動とは，「事象を数理的に捉えて，数学の問題を見いだし，問題を自立的，協働的に解決する過程を遂行すること」[2]を意味する。

第2に，こうした場面で，子どもとともに考え方や解き方を吟味し，見方・考え方をより洗練する場面を設定する必要がある。このとき，1つの解へと至る問題はもちろん，複数の解法を考えるオープン・アプローチの問題や，解が複数あるオープン・エンドの問題を取り入れ，「簡潔・明瞭・的確」といった基準から，考え方や解を見直し，見方・考え方を洗練する場面で「態度」を評価することができる。

第3に，さまざまな求積方法を考えるような，「思考・判断・表現」が発揮される場面において「態度」があらわれる（図3-4）。社会の事象や既習の数学と関連づけて学習に生かす姿を，授業場面や成果物から見取ることになる。

図3-4　台形のさまざまな求積方法

出典：文部科学省『小学校学習指導要領解説 算数編』p.258。

以上をふまえると，「態度」を評価する方法として，第1に，検算や概算による確かめを簡単な自己評価と位置づけ，振り返りに重点をおくことが挙げられる。算数科では解が1つに定まる場面も多く，子どもが評価者として解の確からしさを自分で考えることができる。さらに，ペア学習などで，子どもがチェックリストを使って他の子どもの学習を点検することも取り入れやすい。こうした姿は，ノート等に記録し，単元や学期を通じて継続的に評価する方法が考えられる。

第2に，こうした振り返りをする機会を発展させるべく，社会生活や数学の事象を扱う数学的活動と，その活動の評価方法をセットで考えたものとしてパフォーマンス課題を位置づけ，そこでの取り組みを「態度」として評価する方法が必要となる。

こうした深い学びを行う場面では，グループで学びが深められる場面が多くなる。しかしながら，グループ学習での個々人の評価は容易ではない。そこで，意図的に個人の成果物を作成するように課題を設定する，子どもが評価者としての経験を積んで信頼できる評価をすることができるように育成することで，グループでの相互評価も「態度」を評価する場面での資料とすることもできる。

以上，新しい指導要録の評価の観点に沿って，具体的な評価方法を検討した。これらの観点をふまえて，中長期的に評価を計画するとどうなるのかを示す。

2. 算数科におけるパフォーマンス課題

具体的に検討するために，小学5年生で学ぶ単元「面積」でパフォーマンス課題を取り入れた場合を検討する。この単元では，4年生で学んだ長方形や正方形の面積の求め方にもとづいて，直角三角形から一般的な三角形へと展開し，

さらに，平行四辺形，ひし形，および台形の求積について学ぶ。いずれの図形も，既習の図形を半分にする，補助線を引いて分割することで，既習の知識を活用して問題に取り組むことができる内容である。たとえば，図3-4に示した台形のように，面積を求めるにあたり，図形の分割方法が複数あるため対話的な学びを取り入れた。授業展開が行いやすい内容である[3]。

では，パフォーマンス課題を取り入れると，評価や授業がどのように変わるのか。京都市立高倉小学校の教師と，京都大学大学院教育学研究科の大学院生との共同研究では，図3-5に示した問題場面が設定された[4]。

図3-5 パフォーマンス課題の例

> 高倉の地域には，いろいろな国の方が住んでいます。その方たちが高倉小学校に来られた時にわかるように，英語で「TAKAKURA♦」と看板をつくることにしました。ですが，色紙を何枚使えばいいかわかりません。色紙はたくさん買うと高いので，台紙に貼る色紙がどれだけ必要か計算することにしました。色紙が何枚必要かを5年2組の友達にわかるように説明しましょう。

すなわち学校生活から題材を得て，T，A，K，U，Rのアルファベット（曲線は，直線で近似した複合図形）の面積を求めるという問題である。全13時間から構成され，第1時で課題を提示し，Tを使って4年生の学習内容を確認したのち，Uに近似した複合図形を起点に，直角三角形の求め方を学ぶ。第2時から第10時にかけて，Uに近似した図形を解くために，一般的な三角形，平行四辺形，台形，ひし形の求積について学ぶ。その後，A，K，Rに近似した図形の順に求積方法を考え，最終的には，面積から必要な色紙の枚数を求める。

このように，あらかじめ課題を設定し，単元終了時点の子どもの姿，すなわち，直線で構成される複合図形を分割して面積を求めることができる姿と，そこで生まれる子どもの成果物を想定したのち，これらのために必要となる指導計画を立てる，という点が従来と異なる。

この指導計画を評価の観点ごとに見てみよう。第1時の直角三角形の求積から，第10時のひし形に至るまで，「知識・技能」が主に評価される。とくに，一般的な三角形の求積では，考え方が複数あり，それが公式として一般化されるという数学的な見方・考え方を学ぶきっかけとなる。こうした学びの姿は，ノートやワークシートに表れるものであり，従来の評価と同様に行うことができる。

他方で，平行四辺形，台形，ひし形の求積では，三角形の求積を応用すればよい構成となっている。ここで，複数の考え方を比較し，吟味する場面を設定すれば，「思考・判断・表現」を見取ることもできる。また，この過程では一つの求積方法だけでなく，粘り強く複数の方法を考える場面を「態度」を評価する場面と，新たな観点にもとづいて位置づけることもできる。

しかしながら，1時間で観点を網羅する必要はない。むしろ，これらは形成的評価と位置づけ，第11時から第13時の課題で，「思考・判断・表現」や「態度」により重点を置いた評価をすることで，単元終了時点の学びの姿や，子どもが学びを調整する姿を評価できる。

では，「思考・判断・表現」や「態度」を重点的に評価する第11時から第13時はどう考えることができるのか。第13時を例にとると，図3-6に示したように，図形を補って求積したのち減法によって求める（ア），図形を分割し，それぞれの部分を加法によって求める（イ），それぞれの計算方法を個別に課題に取り組む時間で考えた子どもがあらわれた。この2名の子どもが，グループ学習において，分け方が多くて難しいのではないか，減法を使わずに考えたほうが考えやすいのではないかと意見を交換す

図3-6 子どもの解答例

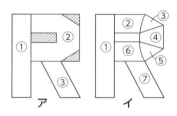

表3-1 作成されたルーブリックの一部

レベル	記述語
3	より早く正確に面積を求めるために、複雑な図形を既知の図形に見立てて分ける方法を工夫し、図に表して説明している。（徴候）台形や平行四辺形などの図形を組み合わせて面積を求めている。
2	面積を求めるために、複雑な図形を既知の図形に見立てて分け、図に表して説明している。
1	（支援）複雑な図形を既知の図形に見立てて分けることができない児童には、補助線をひき、面積を求めることができるようにする。（後略）

る場面が見られた。こうした学習をへて、子どもは多様な方法で面積と向き合い、どんな面積でも求められるという自信がついたことが成果としてこの研究では示されている。

このように複合図形の求積とその説明を粘り強く考え、また、交流を通じて考え方を吟味し、理解を深めていく姿は正否では判断しがたく、表3-1に示したルーブリックによって質が評価される。算数科においてパフォーマンス課題を取り入れると、上記のように展開される。

3. まとめ

本稿では、指導要録の改訂により、算数科の評価がどのように変わるのかを示した。「知識・技能」の観点においては、従来の評価と同様にできる点も多い。また四則計算のような基礎的・基本的な「知識・技能」は、中学校での数学の基礎となることはもちろん、計算機が四則計算を軸にしていることを鑑みて、プログラミング的思考を学ぶうえでも基礎となる重要な学力である。こうした基礎・基本の着実な習得をはかるとともに、全国学力調査等を参照しながら、「知識・技能」で評価すべき学力を見極めていく必要がある。

また、「思考・判断・表現」においては、問題発見・解決のプロセスをたどるような数学的活動を行う場面で顕著に表れる。本稿では、社会的な事象を数学的にとらえる場面を紹介した。数学的な事象であれば、教科研究で蓄積されてきた子どもが算数数学の不思議を体験する場面を設定することで評価することができる。

「態度」については、上記の数学的活動はもちろん、ポートフォリオのように長期的に子どもの作品を蓄積し、振り返りながら、学びを進めるという方法も考えられる。実際、「態度」はそれぞれの単元や内容で評価するというよりは、各学年の「目標等」に対応させて評価する方針が示されている[5]。ポートフォリオを通じて、計画的に学期間や年間の学びを評価することで、「態度」の評価の根拠となる資料が得られる。

1) 文部科学省『小学校学習指導要領解説　算数編』2017年，p. 7。
2) 同上書，p. 23。
3) 同上書，p. 258。
4) 徳島祐彌「5年生算数科『面積』におけるパフォーマンス評価―パフォーマンス課題『看板づくり』の共同開発―」『教育方法の探究』（京都大学大学院教育学研究科・教育方法学講座21），2018年，pp. 29-36。
5) 中央教育審議会初等中等教育分科会教育課程部会「算数・数学ワーキンググループにおける審議の取りまとめ」2016年8月26日。

4 理科

資質・能力を育むカリキュラムと授業の改善に向けた評価のあり方

大貫 守
●おおぬき　まもる

愛知県立大学教育福祉学部講師
専攻：教育方法学，カリキュラム論

1. 指導要録における小学校の理科の評価の要点

　2019年の指導要録改訂において小学校の理科の授業や評価は，何がどのように変わるのだろうか。改訂の趣旨とその要点をみていこう。

（1）小学校の理科の目標と評価の観点

　一般に，評価方法を考えるうえでは，目標ならびに評価の観点との対応を考える必要がある。表4-1は2017年改訂の小学校学習指導要領（理科）の目標を示したものである。ここで，(1)は「知識・技能」，(2)は「思考・判断・表現」，(3)は「主体的に学習に取り組む態度」にそれぞれ対応している。

　これらの観点は，2017年改訂学習指導要領でめざされている資質・能力の三つの柱に沿って示されている。三つの柱という言葉に象徴的なように，これらは別個に育成され，発揮されるものではない。むしろ，具体的な文脈において，自然事象についての知識やそれを扱う技能

表4-1　小学校学習指導要領（理科）の目標

　自然に親しみ，理科の見方・考え方を働かせ，見通しをもって観察，実験を行うことなどを通して，自然の事物・現象についての問題を科学的に解決するために必要な資質・能力を次のとおり育成することを目指す。
(1) 自然の事物・現象についての理解を図り，観察，実験などに関する基本的な技能を身に付けるようにする。
(2) 観察，実験などを行い，問題解決の力を養う。
(3) 自然を愛する心情や主体的に問題解決しようとする態度を養う。

を活用するなかで，主体的に問題解決できるように理科の内容を理解させることが企図されている。

では指導要録の観点に合わせて，具体的にどのような評価方法を用いればよいのだろうか。表4-2は，理科で教師が用いる学力評価の方法と観点との対応を示したものである。

「知識・技能」の観点については，穴埋め問題などの客観テストや実技テストを用いることが想定される。もちろん，日々のノートの記述や発問への応答，授業における取り組みなどを通して知識や技能の定着を把握できるだろう。

また「思考力・判断力・表現力」の観点については，主に表4-2のパフォーマンス課題を用いるとよい。これは，小学校6年生のものの燃え方の単元のパフォーマンス課題である。この課題では，ものが燃えるために必要な条件（燃えるもの・温度・酸素）が，急激に揃うことで不完全燃焼であった気体が反応し，爆発をもたらすということをレポートにまとめる。これにより，知識や技能を現実の場面に適用できる力を養う。

最後に，「主体的に学習に取り組む態度」の評価である。この観点では，(i) 心理学の成果に立脚したメタ認知など汎用的な能力や (ii) 教育学の成果に学びながら理科を通して育まれる教科固有のものの見方や考え方が身についているかをとらえる。第Ⅰ部で論じられている通り，これらについては，単独で評価するというよりはむしろパフォーマンス課題への取り組みを通して，証拠に根ざして論じることや因果的・相互作用的に物事をとらえることなど科学的な見方が身についているのかを判断する。他方で，ポートフォリオ検討会や研究報告会などを通して，子どもが自身の理解の程度や達成度についてメタ的に振り返ることができているか，メタ認知的な力を育み，評価することもできるだろう。

このように，評価方法は評価の観点に応じて設定されるものである。しかし，先述のように個々の力は別個に育てられ，発揮されるものではない。むしろ，先述のようにパフォーマンス課題に取り組むなかで基礎的な知識や技能の意義を感じたり，教科固有のものの見方や考え方を用いたりするように，相互に関連しあい，響き合いながら成長していくものである。つまり，思考力のみが育てられ，評価されるわけではない。そのため，たんに個々の観点に分けて，機械的に評価を当てはめていくのではなく，観点同士の相互関係や評価の目的を意識して評価方法を設計していくことが必要である。

(2)「学習の評価」から「学習のための評価」へ

評価を行ううえでは，目標だけでなく指導と

表4-2 理科の学力評価の方法

①知識や技能を問う評価方法の例
【穴埋め問題】
次の（　）に適切な語句を補いなさい。
「物が燃えるためには，（　）を入れ替えることが必要である」
【実技テスト】
気体検知管を使ってビーカーの空気の割合を調べなさい。

②思考・判断・表現力を問う評価方法の例
【パフォーマンス課題】
あなたはベテランの消防士です。ある日，火事の現場に駆けつけたところ，建物の中は，炎が上がっていない状態でした。そこで，新人の消防士が扉を開けて中に入ろうとしました。あなたは「バックドラフト現象」を思い出し，とっさに「開けるな」と叫び，彼を止め，時間が経った後に適切に消火活動を行いました。後日，その消防士に止めた理由を説明しようと思いました。論理的に説明するために，「バックドラフト現象」と「燃える」ということをレポートにまとめ，それをつかって説明しようと思います。どのようにまとめることができるでしょうか。

評価を一体のものとして意識する必要がある。そのため評価は，たんに単元末に位置づけられ，学習成果を評価する（「学習の評価（assessment of learning）」）ものであるだけではなく，指導過程で教師だけでなく，子どもがみずからの学びの実態を把握し，互いに指導や学習のあり方を改善する（教えと学びを拓く）ためにも行われる（「学習のための評価（assessment for learning）」）[1]。

今回の指導要録改訂では，評価が「学習の評価」を超えて，「学習のための評価」としての役割を果たすことが企図されている。この「学習のための評価」を充実させるひとつの方策として，一枚ポートフォリオ評価を用いることが考えられる。

一枚ポートフォリオとは，「教師のねらいとする授業の成果を，学習者が一枚の用紙の中に授業前・中・後，学習履歴として記録し，その全体を学習者自身に自己評価させる方法」[2]である。一枚ポートフォリオとして用いられるワークシートは，図4-1に示した。

このシートは，4つの要素から構成される。まず「A.単元名・タイトル」，次に「B.学習前・後の基本的な問い」，そして「C.学習履歴」，最後に「D.学習後の自己評価」の4つである。ここでは，「学習のための評価」という視点からB～Dの要素を中心にみてみよう。

子どもは，その日に学習したことで一番大事なことをC-1からC-5の「学習履歴」に残すようにする。教師は，学習履歴に書かれた内容をみて，授業で意図した内容が書かれていなければ，それをふまえて授業を改善する。それと同時に，子どもはその日の学びを内省し，その中から一番大切なものを価値づけたり，自分の言

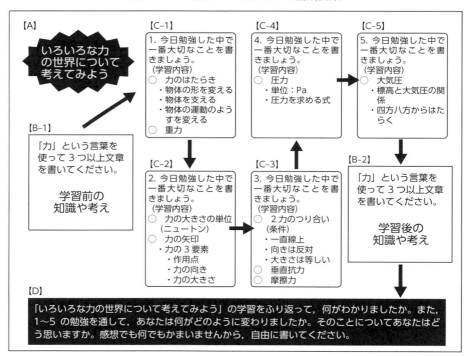

図4-1　一枚ポートフォリオの構成要素

出典：堀哲夫「OPPAによる授業のグランドデザイン」堀哲夫・西岡加名恵『授業と評価をデザインする理科』日本標準，p.79より引用。

葉でまとめたりするなかで，みずからの認知過程を外化し，高次の思考力を養う。

また，学習前後の基本的な問い（B-1およびB-2）は，診断的評価や総括的評価の役割を担う。加えて，この問いは教師や子どもが単元全体で押さえたい最重要概念を意識し，概念理解を保障することにつながる。さらに学習後の自己評価（D）を通して，この基本的な問いや学習履歴を振り返り，自分の学習を意味づけたり，表現したことを振り返ったりするなかで子どもがメタ認知力を身につける。ここでは，たんなる教師の授業改善だけでなく，子どもが自己評価を通して自己効力感や自己評価力を高めることにも繋がっている。

一枚ポートフォリオ評価では，教師と子どもの間のコミュニケーションを通して，学習と評価が結びついているのも特徴である。単元末の評価のみ，もしくは指導過程で評価を実施しても，点数を子どもに返すのみでは，つまずきを発見しても，子どもの学習改善につながる適切なフィードバックとならない。他方で，一枚ポートフォリオでは，基本的な問いへの答えの記述を通して，授業を子どもによりよいものにすることはもちろんのこと，学習履歴を通した子どもとの日々のやり取りを通して，目標とのズレが具体的に子どもに示され，学習改善に資する形でフィードバックされる。ここでは，たんに判定するための評価でもなく，授業中にテストを繰り返し点検するものでもなく，教師の授業と子どもの学習の改善に向けた双方向に応答のある評価へと評価観が転換している。これも指導要録改訂の背景にある評価観と合致するものといえる。

（3）観点別評価の充実

指導要録改訂に向けた議論では，観点別評価の充実も叫ばれている。ここで，観点別評価の充実とは，毎回の授業ですべての観点を評価することや評価の記録を取ることに終始するものではない。むしろ，「単元や題材などのまとまりの中で，指導内容に照らして評価の場面を適切に位置付けること」や「各教科等の目標や内容の特質に照らして，単元や題材ごとに全ての観点別学習状況の評価の場面を設けるのではなく，複数の単元や題材にわたって長期的な視点で評価すること」が求められている[3]。つまり，観点別評価の充実とは，評価を1時間ごとに厳格に実施することではなく，より柔軟に長期的な視点で設計するということを意味している。

このように単元縦断的に評価を考えていく際には，学力評価計画を立てることが有効な方策の1つとして考えられる（第Ⅰ部も参照）。これにより，学年全体を見通して，単元で中心的に見ていく観点を設定し，各々の単元に応じた評価方法を設計していくこともあり得るだろう。

このほかにも，類似の単元をまとめて指導と評価を構想したり，複数の観点を組み合わせて目標や評価方法を設計したりすることも考えられる。ここでは，実際に小学校5年生の理科の「生命のつながり」に関わる実践をもとに，上記の事柄について具体例をみてみよう。

2. 改訂から見えてくる具体的な実践

小学校5年生では，「生命のつながり」に関わる単元として，「植物の発芽と成長と結実」・「メダカの誕生」・「ひとの誕生」の3つの単元がある。これらの単元では，植物・動物・ひとのライフサイクルを扱う。とくに，ここでは，生物間の共通性と多様性に着目して，その生命の連続性と非連続性の側面についての理解を深めていくことが1つの目標として考えられる。

表4-3 「生命のつながり」の評価基準

知識・技能
・花には、おしべやめしべなどがあり、受粉によってめしべのもとが実になり、実の中に種子ができることを理解している。 ・植物の受粉について条件を整えて調べ、その過程や結果を記録したり、花粉を、顕微鏡を適切に操作したりして、観察している。
思考・判断・表現／主体的に学びに向かう態度
・植物の結実について動物で学んだことをもとに予想を立て、見通しをもって条件を設定し実験を計画している。 ・植物の結実とその変化に関わる条件について、予想と結果との差異を比較しながら考察し、説明を構成している。 ・植物の花のつくりと実や種子のでき方について、みずからその仕組みを調べようとしている。

出典：文部科学省『主体的・対話的で深い学びの実現に向けたICT活用の在り方と質的評価』2018年3月、pp. 30-33。なお、実際の指導案では評価基準がこの表のように2観点で表記されていたが、引用冊子では、「知識・技能」、「思考力・判断力・表現力」、「学びに向かう人間性・態度」の3観点の形で示されている。

表4-4 パフォーマンス課題の課題文

1年生が今年もアサガオを育て始めました。毎日、一生懸命育てた結果、梅雨のころ、ついに花が咲き始めました。しかし、ある1年生は不思議な顔をしていました。同じ花からできた種を育てたはずなのに、自分の花は白く、友達のものは赤やピンク色をしていました。この様子を見たあなたはなぜ違うのか、1年生に説明しようと思いました。そこで、「生命のつながり」という考えを中心として、インゲン豆やメダカ、人間の例を挙げて、適切な図や絵、写真を用いたりして、わかりやすく伝えることになりました。どのように説明することができるでしょうか。

文部科学省、前掲書、p. 30をもとに筆者作成。

長野健吉教諭（京都教育大学附属桃山小学校・当時）は、これらを1つの大単元とし、観点別評価の評価基準を表4-3の形で設定した。ここでは、評価基準について「思考・判断・表現」と「主体的に学びに向かう態度」を一体のものとして記述している点に特徴がある。ここから、「主体的に学びに向かう態度」がたんなる学習方略の習得に解消されるのではなく、共通性と多様性を意識して現象を眺めたり、条件統制して実験することで理論を検証したりするという考え方を適用できることなど教科固有のものの見方や考え方の獲得にも重きをおいていることがうかがえる。

この「思考・判断・表現」および「主体的に学びに向かう態度」の観点に対応した評価方法として、表4-4のパフォーマンス課題を設定した。子どもは生活科でアサガオを育てており、その後の学校生活でもアサガオは子どもの身近に存在している。しかし、アサガオの世代を超えた色の変化に気づく子どもは少ない。そこで、子どもにそのような気づきを促す場面を意図的に設定することで、身近な場面から遺伝の本質に至るような問いを考えている。

ここで植物の変化を取り上げたことにも理由がある。教科書等において植物の世代を超えた形質の変化は、動物や人間と比べて充分に取り上げられない。加えて、子どもの目にも植物の形質変化はとらえにくい。しかしながら、動物や人間の世代を超えた形質の変化は、親子での顔の違いなど子どもの見た目にもわかりやすい。そこで、人間や動物の学習を植物の学習にも適用するなかで、植物の形質の変化についても類推し、それを通して単元全体の理解を相互に関連づけることを意図している。

また長野先生の実践では、中学校や高等学校との連続性を意識している。その後の子どもの学びとして、中学校では減数分裂や体細胞分裂など細胞レベルで遺伝や成長をとらえる。高等学校では、これらのレベルを関連づけながら、分子レベル、すなわちDNAやRNAを構成する塩基配列等に着目したり、よりマクロな個体

群や環境との関わりを意識したりして遺伝や進化を説明することができるようになる。このように同じ現象であっても，学校段階を意識して，現象の見え方やとらえ方が質的に変わるように，教育内容を接続していることも特徴である。

このような長期的な単元設計を可能にしているのが，子どもが単元を貫いて作成するポートフォリオである。子どもは，1人1台タブレット型端末を保持している。子どもはパフォーマンス課題の解決に向けて，人間やメダカの部分で学習したことや映像・画像などをポートフォリオとしてのタブレット端末に保存していく。加えて，一枚ポートフォリオの考え方に学び，単元ごとの本質的な問いや学習履歴等も残している。

そのうえで，これらの内容を関連づけて課題を解決する。このようにパフォーマンス課題を乗り越えるという目的が設定されることで，ポートフォリオの性格も変わっている。つまり，ポートフォリオがたんなる教師による評価や管理のための道具だけでなく，子どもが既存の学習を卒業後も振り返る機会を提供したり，教師と作品や記録をもとに対話したり，課題解決に必要なものとして活用したりするなど，意味をもって収集されている。ここでは，学習のための評価の道具として機能していることも特徴である。

単元では，1時間単位ではなく，緩やかな形で観点別評価を位置づけている。たとえば，パフォーマンス課題に取り組む時間として，指導案では3時間分の時間数を確保している。その際に，1時間単位ですべての観点を評価したり，1時間に1観点を割り当てて厳密に，機械的に評価したりするのではなく，3時間で緩やかに「思考・判断・表現」と「主体的に学びに向かう態度」の観点を設定している。

さらに，年間レベルでも観点別評価が緩やかに適用されている。パフォーマンス課題は，必ずしもすべての単元で用いる必要はない。長野先生の実践でも，小学校5年生の「生命のつながり」・「ものの溶け方」・「振り子の動き」の単元でパフォーマンス課題が設定されているものの，学年のすべての単元で実施されてはいない。むしろ，目の前の子どもに応じて，すべての単元で使えるレベルの力を意識し育成しつつも，パフォーマンス課題を通して思考力等を評価するのは，目的に応じて特定の単元にとどめるといった工夫も考えられるだろう。

このように指導要録改訂をふまえ，実践を構想するうえでは，次の3点を意識する必要があるだろう。まず，(1) 観点や観点同士の関連性，単元ごとの観点別評価の位置づけを鑑みて，目的に応じて観点別評価を緩やかに用いること，次に (2) 評価の観点と評価方法を対応させつつ，子どもの学びの実相をより豊かにとらえられるように評価を設計していくこと，最後に (3) カリキュラムや授業の改善と子どもの学びの充実に向け，学習のための評価を充実させていくことである。

1) 二宮衆一「教育評価の機能」西岡加名恵・石井英真・田中耕治編『新しい教育評価入門』2015年，有斐閣，pp. 66-68。
2) 堀哲夫『教育評価の本質を問う 一枚ポートフォリオ評価 OPPA』東洋館出版社，2013年，p. 8。
3) 中央教育審議会初等中等教育分科会教育課程部会「児童生徒の学習評価の在り方について（報告）」2019年，pp. 14-15。

5 生活

ポートフォリオ評価とパフォーマンス評価で豊かな評価の原体験を

若林身歌
●わかばやし　みか

大阪府立大学高等教育推進機構准教授
専攻：教育方法学・環境教育

1. 指導要録の改訂で生活科の評価のあり方はどのように変わるのか

　今回（2019年）の指導要録改訂[1]のポイントは，2017年版学習指導要領（新学習指導要領）の目標・内容が「育成を目指す資質・能力」の三つの柱で再整理されたことを受けて，指導と評価の一体化やカリキュラム・マネジメントの視点から，小中高の教科等の「観点別学習状況」欄の評価の観点が「知識・技能」「思考・判断・表現」「主体的に学習に取り組む態度」の3観点に統一された点にある。これに伴い新指導要録では，生活科の評価の観点は，現行の「生活への関心・意欲・態度」「活動や体験についての思考・表現」「身近な環境や自分についての気付き」（表5-1）から，「知識・技能」「思考・判断・表現」「主体的に学習に取り組む態度」の3観点に変更された（表5-2）[2]。生活科の評価の観点が変更されるのは今回が初めてで，教科創設時の1991年改訂指導要録より実に3期ぶりの変更である。

　では，新たな観点により生活科の観点別評価のあり方はどのように変わるのだろうか。

　新学習指導要領では，生活科の目標は「具体的な活動や体験を通して，身近な生活に関わる見方・考え方を生かし，自立し生活を豊かにしていくための資質・能力」を三つの「育成を目指す資質・能力」を通じて育むとしている（表5-3）。

　「知識・技能」は，生活科で「育成を目指す資質・能力」の三つの柱の「知識及び技能の基礎」に対応する評価の観点である。この観点で

は、「生活の中で豊かな体験を通じて、何を感じたり、何に気付いたり、何が分かったり、何ができるようになったりしているか」を評価する。観点の名称は「知識・技能」に変更されたが、特定の知識・技能の習得状況の評価を意図するものではなく、身近な環境や自分についての気付きの見取りが基本である点は従来と変わらない。評価の実施にあたっては、新たに「技能」（生活上必要な習慣や技能）が対象に加えら

れている点、気付きの内容として、現行の「かかわり」「よさ」に加えて、新たに「特徴」が追加されている点に留意する必要があるだろう。

一方、「思考・判断・表現」は「思考力、判断力、表現力等の基礎」に対応する評価の観点である。「生活の中で、気付いたこと、できるようになったことを用いて、どう考えたり、試したり、工夫したり、表現したりしているか」を見取るものである。「思考・判断・表現」力

表5-1 2010年版指導要録における生活科の観点別学習状況の評価の観点及びその趣旨

観点	生活への関心・意欲・態度	活動や体験についての思考・表現	身近な環境や自分についての気付き
趣旨	身近な環境や自分自身に関心をもち、進んでそれらとかかわり、楽しく学習や生活をしようとする。	具体的な活動や体験について、自分なりに考えたり、工夫したりして、それをすなおに表現する。	具体的な活動や体験によって、自分と身近な人、社会、自然とのかかわり及び自分自身のよさなどに気付いている。

出典：文部科学省「小学校、中学校、高等学校及び特別支援学校等における児童生徒の学習評価及び指導要録の改善等について（通知）」2010年5月11日。

表5-2 2019年版指導要録における生活科の観点別学習状況の評価の観点及びその趣旨

観点	知識・技能	思考・判断・表現	主体的に学習に取り組む態度
趣旨	活動や体験の過程において、自分自身、身近な人々、社会及び自然の特徴やよさ、それらの関わり等に気付いているとともに、生活上必要な習慣や技能を身に付けている。	身近な人々、社会及び自然を自分との関わりで捉え、自分自身や生活について考え、表現している。	身近な人々、社会及び自然に自ら働きかけ、意欲や自信をもって学ぼうとしたり、生活を豊かにしようとしている。

出典：文部科学省「小学校、中学校、高等学校及び特別支援学校等における児童生徒の学習評価及び指導要録の改善等について（通知）」2019年3月29日。下線は筆者。

表5-3 2017年版学習指導要領における生活科の目標の構成

目標	具体的な活動や体験を通して、身近な生活に関わる見方・考え方を生かし、自立し生活を豊かにしていくための資質・能力を次のとおり育成することを目指す。		
観点	知識及び技能の基礎	思考力、判断力、表現力等の基礎	学びに向かう力、人間性等
育成を目指す資質・能力	活動や体験の過程において、自分自身、身近な人々、社会及び自然の特徴やよさ、それらの関わり等に気付くとともに、生活上必要な習慣や技能を身に付けるようにする。	身近な人々、社会及び自然を自分との関わりで捉え、自分自身や自分の生活について考え、表現することができるようにする。	身近な人々、社会及び自然に自ら働きかけ、意欲や自信をもって学んだり生活を豊かにしようとする態度を養う。

出典：文部科学省『小学校学習指導要領解説 生活編』2017年、pp.8-9をもとに筆者が作成。下線も筆者。

の育成とその評価は現行指導要録でも重視されているが，各教科に応じた「見方・考え方」の育成と深い学びの実現といった課題から，新指導要録ではいっそう重視されている。なお，「表現」の評価については，従来同様，出来栄えの表現ではなく，思考の表れとしての表現を評価するよう留意することが大切である。

「主体的に学習に取り組む態度」は「学びに向かう力，人間性等」に対応する観点であり，「どのような心情・意欲・態度を育み，よりよい生活を営んでいるか」を見取るものである。ここで注目したいのは，今回の改訂では，現行指導要録の「関心・意欲・態度」の評価における態度主義的傾向を克服するために，この「学びに向かう力，人間性等」の評価についての検討が進められ，その結果，「主体的に学習に取り組む態度」として観点別評価を通して見取る部分と，個人内評価を通して見取る部分があることに留意する必要があるとされた点である。

新指導要録では，観点別評価として実施する「主体的に学習に取り組む態度」の評価について，さらに「知識・技能」の獲得や「思考・判断・表現」に向けて「粘り強い取組を行おうとしている側面」と，そのなかで「自らの学習を調整しようとする側面」の２つの側面から評価を行うことを求めている。

生活科においては，子どもが身近な人々や社会・自然に自ら働きかけ，生活を豊かにしようとしているかどうかを前者の視点から評価するとともに，後者の視点から，意欲や自信をもって自らの学習を調整しながら学習に取り組んでいるかを評価することが新たな課題となる。

2. 資質・能力の育成と生活科の学習指導・学習評価の課題

では，今後生活科では資質・能力の育成に向けてどのような指導と評価を進めればよいのか。

生活科の学習指導については，「主体的・対話的で深い学び」の授業改善の視点より，「子どもの思いや願いを実現する体験活動を充実させるとともに，さらに表現活動を工夫し，体験活動と表現活動とが豊かに行きつ戻りつする相互作用を意識することが大切」[3]とされている。一方，学習評価については，①共感的な児童理解を基礎に，結果に至る過程を重視して，学習過程における子どもの「知識及び技能の基礎」「思考力，表現力，判断力等の基礎」「学びに向かう力，人間性」を評価し，目標の達成に向けて指導と評価の一体化を図ること，②そのために単元の目標を明確にして子どもの「質的に高まった姿」を想定し，評価規準を具体的な子どもの姿として表しておくこと，③信頼性を高めるために量的な面からだけでなく，質的な面の評価を行うこと，④教師による行動観察や作品・発言分析等のほか，子どもによる自己評価や相互評価など，さまざまな評価資料を収集して子どもの姿を多面的かつ長期的に評価すること，が求められている[4]。

こうした生活科の学習指導と学習評価の課題から注目したいのは，ポートフォリオ評価とパフォーマンス評価による実践である。

子どもの作品や学習の記録・指導の記録をファイルや箱に系統的に貯蓄・整理し，長期的・連続的に多様な資料を収集することのできるポートフォリオ評価は，教師が一人ひとりの子どもの学びの成立を確かめ，その子の伸びや育ち・こだわりやつまずきをとらえるうえで非常に有効である。また，子ども自身がそれを学習や学習の振り返りに使うことで，自己学習力や自己評価力を育むことができるという点でも，自立を目指す生活科で実施することが勧められる。

表5-4 生活科におけるパフォーマンス評価の事例（第1学年）

パフォーマンス課題	今まで，クラスの友達や幼稚園の友達と一緒にお花や夏の野菜を育てたり食べたりしてきましたね。その経験を生かして，今度は，最高に大きくて最高においしい冬野菜を育てて，家族や幼稚園の友達と一緒に食べましょう。野菜の成長やお世話の様子を野菜ブックにまとめておき，一緒に食べる人が「最高の野菜をつくってくれて，ありがとう」と言ってくれるように野菜のすばらしさを伝えましょう。		
評価規準	目の前の野菜や他者との関わりから野菜の成長や問題を捉え，それをもとに，試行錯誤したり栽培経験などとつないで考えたりしながら栽培を行っている。		
評価基準	A：期待する姿	B：目標を達成した姿	C：目標達成に向かう姿
	事象と事象を**多様に比較し，関係付ける**ことで，つくり出した問題や経験を**他の事象とつなぎながら**，観察や栽培を行っている。	事象と事象を比較することで，**問題をつくり出しながら**，観察や栽培を行っている。	事象と事象を比較しながら，観察や栽培を行っている。

出典：山地正樹「秘訣4 ルーブリックの共有により子どもの豊かな問題解決を促す （3）生活科の実践事例 第1学年『ふゆやさいをそだてよう』」香川大学教育学部附属高松小学校著『パフォーマンス評価で授業改革 ～子どもが自ら学ぶ授業づくり7つの秘訣～』学事出版，2013年，p.95。

　ポートフォリオ評価についてはすでに多くの学校で取り組まれている。しかし，この評価実践の鍵であるルーブリック（学習における認識の質的転換を示した「評価指標」）の作成・活用や，カンファレンス（ポートフォリオを用いて教師と子どもが評価規準をすり合わせる「検討会」）の実施，収集した資料の選別などを行っていない実践もあり，この点は今後実践を進めるうえでの課題である。

　最後に，今後生活科で目指したい学習指導・学習評価のひとつのモデルとして，香川大学教育学部附属高松小学校・山地正樹先生の「パフォーマンス評価」を活用した「ふゆやさいをそだてよう」（表5-4）の実践を紹介しておこう。

　「パフォーマンス評価」とは，現実的で真実味のある「真正な（authentic）」場面を設定したパフォーマンス課題によって子どものパフォーマンスを引き出し，目指す資質・能力を評価する方法である。この実践では，山地先生はこれまでの経験をもとに「大きくて最高においしい冬野菜を育てて，家族や幼稚園の友達と一緒に食べよう」という現実的で魅力的なパフォーマンス課題を設定している。そして，目指す子どもの姿を評価規準に示すとともに，認識の質的転換をとらえる3段階の評価基準を設定して，個々の子どもにおける学びと育ちを確かめ，それを次なる指導に生かして問題解決思考の育成を図っている。生活科の豊かな学びを確かな資質・能力の育成にどうつなぐか。山地先生の実践はそのひとつの可能性を示しているといえよう。

1) 文部科学省「小学校，中学校，高等学校及び特別支援学校等における児童生徒の学習評価及び指導要録の改善等について（通知）」2019年3月29日，および中央教育審議会初等中等教育分科会教育課程部会「児童生徒の学習評価の在り方について（報告）」2019年1月21日参照。
2) 同上通知「別紙4 各教科等・各学年等の評価の観点等及びその趣旨」。
3) 渋谷一典「生活科における資質・能力の育成に向けた授業づくり」『初等教育資料』2018年6月号，pp. 39-41。
4) 文部科学省『小学校学習指導要領解説 生活編』2017年。

column 各国の評価事情 3　イギリス

2014年改訂ナショナル・カリキュラム以降の動向

本宮裕示郎

●ほんぐう　ゆうじろう

千里金蘭大学生活科学部
児童教育学科助教
専攻：教育方法学（教養論・学力論）

「ナショナル・カリキュラムにもとづく評価」の実施

　イギリスでは，日本の学習指導要領に相当するナショナル・カリキュラム（以下，NC）が2014年に改訂された。公営（立）学校に適用されるこの全国共通カリキュラムは，1988年の教育改革法で導入されてから今回の改訂に至るまで，何度かの改訂をへたものの，義務教育期間（5歳から16歳まで）を4つのキー・ステージ（以下，KS）に分け，KSごとに教えるべき教科とその内容・目標を示すという基本的な枠組みに変わりはない。KS1（初等学校第1,2学年）とKS2（第3～6学年）が日本の初等教育段階に相当する。学習指導要領に比べると，大綱的で，カリキュラムの具体化は学校や教師にゆだねられている。

　NCでは，英語，数学，科学がコア教科に位置づけられている。望ましい学力水準に達しているかを確認するために，これらの教科に対して，初等教育段階では，「ナショナル・テスト」と「教師による評価」からなる「NCにもとづく評価」が，KS1とKS2の修了時に実施されている。

　ただし，KS1とKS2では，「ナショナル・テスト」の目的が若干異なる。KS1修了時の「ナショナル・テスト」の結果は，「教師による評価」の判断材料のために主に使われる。多くの教師が授業の一環として実施するため，子どもは「ナショナル・テスト」を受験していることに気づかないこともある。一方で，

KS2修了時の「ナショナル・テスト」は，全国的な学力水準を測ることも目的に含まれる。そのため，結果は「パフォーマンス・テーブル」（通称，リーグ・テーブル）として公表され，保護者らは学校を選択する際の資料として活用している。保護者の学校選択が認められ，子どもの在籍数によって予算が配分されるイギリスでは，この「ナショナル・テスト」は，学校や教師にとって，学校間格差の拡大へとつながる，ハイ・ステイクスなものとなっており，そのことに対する批判の声も根強い。

「到達レベル」の削除

　NCの導入以来，教科ごとに「学習プログラム」と「到達目標」が定められてきた。「学習プログラム」とは，教えるべき知識

イギリス

や技能，理解に関する基本的な指導内容を示すものである。「到達目標」とは，各KS修了時までに習得することが期待される知識や技能，理解力のことである。2014年の改訂までは，「到達目標」には，すべてのKSにまたがる「到達レベル」（8つのレベルとそれ以上の例外的に優れたレベル）が設定され，各KSで到達すべきレベルが定められていた。先述の「NCにもとづく評価」も，「到達レベル」にもとづいて実施されていた。しかし，2014年の改訂では，「到達目標」から「到達レベル」が削除され，それぞれのKS修了時までに「関連する学習プログラムに特定された内容，スキル，プロセスを知り，応用し，理解することが期待されている」という記述のみに変更された。

変更理由の1つとして，さまざまな評価活動が「到達レベル」中心に行われる傾向にあったことが挙げられている。たとえば，イギリスでは，年度や学期ごとにスクール・レポート（日本の通知表に相当）の作成が義務づけられているものの，その形式や内容は，基本的には各学校に任されている。しかし，自由裁量が認められているにもかかわらず，2014年以前は，「到達レベル」の記述が必然的に含まれ，子どもや保護者，教師にとって，子どもの位置するレベ

表1　英語科（KS1）の Pupil Can Statements（一部抜粋）

期待されたスタンダードに向けたワーク
児童は，おなじみの本で，次のことができる。 ・教師とのディスカッションのなかで質問に答え，多少の推論を行う。
期待されたスタンダードでのワーク
児童は，すでにすらすらと読むことのできる本で，次のことができる。 ・教師とのディスカッションのなかで質問に答え，多少の推論を行う。 ・これまでに読んだ内容について，起こったことを説明する。
期待されたスタンダードでのより深いワーク
児童は，自主的に読んでいる本で，次のことができる。 ・あれこれと推論を行う。 ・これまでに読んだ内容から，今後起こりうることについて妥当な予想を立てる。 ・読んでいる本と以前に読んだ本との間に関連を見いだす。

出典：Standards & Testing Agency, *2018/19 Teacher Assessment Frameworks at the end of Key Stage 1*, 2018 を参照。

ルこそが焦眉の問題となっていた。つまり，どの評価活動でも「到達レベル」という単一の基準のみが用いられることで，子どもの多様性や個性への視点が失われ，子どもの姿にもとづくボトムアップ型ではなく，「到達レベル」にもとづくトップダウン型の評価活動のみが行われるようになっていたのである。

こうした傾向への反省などから2014年の改訂では，「到達レベル」が削除され，改めて，子どもの姿にもとづいて評価活動をとらえ直す動きが起こっている。そこでは，「全国標準的な総括的評価」，「学校内の形成的評価」，「学校内の総括的評価」という3種類で評価活動が整理され，それぞれの特徴や目的に応じて使い分けることが推奨されている。「全国標準的な総括的評価」については，「NCにもとづく評価」を通じて，子

どもにとっては学習を，教師にとっては指導を，それぞれ全国水準との比較からとらえ直すことが目的とされている。この目的を果たすための新たな基準として，「学習プログラム」のなかに Pupil Can Statements と呼ばれる3段階のルーブリックが設定された（表1）。「学校内の形成的評価」と「学校内の総括的評価」については，各学校のカリキュラムと子どもや保護者，教職員のニーズに合わせて最適な方法を採用し，学校や地域の実態に即した評価活動を長期的な視野に立って行うことが目的とされている。評価活動を教師や子どもの手にとり戻すことができるのか，トップダウン型とボトムアップ型の評価活動の共存をめざした，イギリスの評価活動改革の動向から今後も目が離せない。

6 音楽

観点別の評価と観点には示しきれないものの評価

小山英恵
●こやま　はなえ

東京学芸大学教育学部准教授
専攻：教育方法学・音楽教育論

はじめに

　音楽科の評価においては，「観点別学習状況」の評価の重要性が認識される一方で，そこでは「測ってこなかった音楽」があることも指摘されている[1]。今回の指導要録改訂に際して，「観点別学習状況」の評価や評定には示しきれない感性などについては個人内評価を行うことが強調された[2]。このことにより，観点別の評価にのみ目がいきがちであった従来の音楽科の授業において，新たに，観点には示しきれないが音楽学習にとって核となる子ども一人ひとりの感性に関わる側面にも目が向けられるようになることが期待される。本稿では，観点による評価と観点には示しきれないものの評価という2つの側面から，音楽科における評価のあり方を考えてみたい。

1. 指導要録改訂のポイント

（1）新しい3つの観点のポイント

　今回の指導要録改訂により，「音楽への関心・意欲・態度」「音楽表現の創意工夫」「音楽表現の技能」「鑑賞の能力」という「表現」と「鑑賞」の領域ごとの観点を含む従前の4観点による評価から，両領域ともに「知識・技能」（「鑑賞」は「知識」のみ）「思考・判断・表現」「主体的に学習に取り組む態度」という3観点によって評価することとなった。

　まず，「知識・技能」の観点において着目したいことは，従前の4観点においては独立して

示されていなかった「知識」が明示されるとともに，その「知識」がたんに音楽の諸要素や用語等を覚えることだけではなく，それらの理解を意味することである。それはすなわち，「表現」と「鑑賞」の各領域の目標に含まれる「曲想と音楽の構造などとの関わりについて」の理解であり，またそこで必要となる〔共通事項〕のイの項目に示された音楽の要素や音楽記号などの用語の，「音楽における働き」と関わらせた理解である。

一方，「知識・技能」における「技能」とは，「表したい音楽表現をするために必要な技能」であり，従前の「音楽表現の技能」の観点にあたるものととらえられる。ここには視唱や発声，音を合わせる等の技能が含まれる。それらは音楽表現のための「技能」であるため，どのような思いや意図をもって表現するかという「思考・判断・表現」の能力とも関わるものである。

次に，「思考・判断・表現」は，従前の「音楽表現の創意工夫」および「鑑賞の能力」の観点にあたるものととらえられる。〔共通事項〕アの内容（「音楽を形づくっている要素を聴き取り，それらの働きが生み出すよさや面白さ，美しさを感じ取りながら，聴き取ったことと感じ取ったこととの関わりについて考えること」）を支えとして，音楽表現について思いや意図をもつことや，「曲や演奏のよさなどを見いだし，音楽を味わって聴くこと」に関する観点である。この「思考・判断・表現」に示される能力は，先の「知識・技能」を「得たり生かしたりしながら」発揮されるものである。

最後に，「主体的に学習に取り組む態度」は，独立して評価されるべきではなく先の2つの観点との関連において見取るべきものである。この観点のポイントは，従前の「音楽への関心・意欲・態度」の観点に含まれていた意思的な取組の側面に加え，新たに，自らの学習を調整しようとするメタ認知に関わる「主体的」な取組や，他者との対話を通した「協働的」な取組という，音楽の表現や味わいを深める学習活動への取組の質が示されていることである。

以上から，新しい3観点の特徴は，「知識」の理解や「知識・技能」を生かした音楽の表現と味わい（「思考・判断・表現」），それらを自ら深めていくためのメタ認知といった高次の能力を含む点，および3つの観点が分かちがたく結びついている点に見いだされる。

（2）観点別の評価や評定には示しきれないもの

冒頭で述べたように，今回の指導要録改訂においては，「学びに向かう力，人間性等」の資質・能力のうちの「観点別学習状況」における評価や評定には示しきれないものの存在が強調された。音楽科の目標において，子ども一人ひとりの感性に関わる「音楽を愛好する心情」「音楽に対する感性」「音楽に親しむ態度」「豊かな情操」等はそれにあたるものであろう。

これらは，音楽科における3観点に示された資質・能力と深く関わるものである。たとえば，「曲想と音楽の構造との関わり」の理解である「知識」においても，音楽表現を工夫したり音楽を味わったりする「思考・判断・表現」においても，思いや意図を表現する「技能」においても，音や音楽を心に深く感じ取る「音楽に対する感性」は要となる。また，生活のなかに音楽を生かそうとする「音楽を愛好する心情」や，主体的な音楽との関わり等を示す「音楽に親しむ態度」，音楽の美しさを感じる「豊かな情操」は，音楽活動における「思考・判断・表現」を豊かで生きたものにするであろう。つまり，観点に示しきれないものは，音楽科の学習において重要な部分に位置づくのである。

音楽表現の「思いや意図」や音楽の味わいにおける「よさ，面白さ，美しさ」の答えは，つ

ねに子ども一人ひとりがもっている。音楽科においては，既存の音楽文化を学ぶことも重要であるが，それらと対話しながら究極的には子どもが自らの感性によって音楽を表現し味わうことが求められる。観点別の評価には示しきれないものを意識した指導と評価によって，そのような子ども一人ひとりが価値を創りだす音楽活動をより充実させることができるだろう。

また，観点別の評価のために，音楽の要素の感受とその根拠としての知覚を結びつけることに過度に焦点化する傾向にあったこれまでの音楽科の授業では，観点には示しきれないものを意識することによって，個人の思い出や経験と結びついた子どもの音楽的な感性をともなう，生き生きとして豊かな音楽学習をもたらすことも可能となろう。

2. 評価の実践をどう変えるか

(1)「観点別学習状況」の評価方法

「観点別学習状況」の評価実践については，表現や鑑賞の一連の活動のなかでの3観点の見取りと，個別の「知識・技能」の学習のなかでの見取りの2つを行うことを提案したい。まず，表現と鑑賞の一連の活動のなかでの見取りが必要となるのは，既述のように3観点が分かちがたく結びついたものであり，それらの資質・能力は表現や鑑賞という一連の学習活動のなかではじめて発揮されるものだからである。

具体的な評価方法としては，拍のながれ，音の重なりといった各題材で焦点化される学習内容を活かして，たとえば音楽演奏の発表や音楽の魅力を紹介する動画作成を求めるような小規模のパフォーマンス課題を単元（題材）末に実施すること，また，いくつかの題材の終わりにそれらの学習内容を総括し，たとえば合唱コンクールや卒業生を送る会等の場で自分たちの音楽表現を行うことを求めるような，より大規模のパフォーマンス課題を活用することが考えられる[3]。その際，最終的なパフォーマンスに基づく評価だけでなく，学習プロセスにおいて，ワークシートへの記述（自由記述，描画等）や実演，発問への応答，観察等による各観点についての細やかな見取りを行い，指導の改善に生かすことが大切となる。

音楽科においては，これまでも歌唱や器楽，音楽づくり，音楽感想文等のパフォーマンスの評価が行われてきたが，新しい観点による評価のために活用したいのは，高次の能力を求める真正のパフォーマンス課題である。その特徴のひとつは，日常生活における音楽場面や音楽家の仕事といった現実（真正な）世界を模した課題の文脈である。現実世界の文脈をもつ課題は，たとえば音楽づくりの仕事であればそのつど求められる作品の条件が異なるように，パターン化された課題ではなく，そのつどの課題の状況に即して知識や技能を総合させて思考や判断を行い，表現することを求めるものとなる。

もうひとつの特徴は，課題を遂行する過程において，主体的な学び，すなわち子どもが自分のパフォーマンスを自己調整（自己評価）する機会と時間が確保されることである。具体的には自分の演奏を録音したり，音楽家や友達のパフォーマンスを聴いたり，友達と意見を交換することで協働したりしながら自分のパフォーマンスを修正する，といった活動が考えられる。また，パフォーマンスの自己調整の際にはどのような点に気をつけてパフォーマンスを洗練させていけばよいのかについて，すなわち教師が設定する評価規準を子どもと共有することが重要である。このような自己調整の活動は，子ど

ものメタ認知能力の育成につながる。

パフォーマンス課題を実践する際は、正誤では採点できないパフォーマンスの質の評価指標（ルーブリック）について教師間で対話することを推奨したい。そこでは、たとえば、「曲の特徴にふさわしい表現」とはどのようなものか、観点別の評価をどう総合するのか、といったことが検討される。このような検討は、子どもたちの多様なパフォーマンスのあり方に対する教師の鑑識眼を磨くとともに、教師の主観的な評価を間主観的なものへと転換する道を拓き、さらには目標自体の問い直しにもつながるであろう。

次に、個別の「知識・技能」については、それらを表現や鑑賞において効果的に活用するためにも、繰り返しの練習によるその身体化が重要となるため、毎回の授業時に発声や視唱、器楽演奏の基礎技能の練習等に短い時間を設けるなどして継続的な学習を行うことが効果的である。このような「知識・技能」の評価には、実技テストや聞き取りテスト等を活用できる。

また、蓄積した子どもの作品について教師と子どもが検討するポートフォリオ評価法を活用することは、子どもの長期的な伸びの見取りや、メタ認知能力の育成にもつながるであろう。

（2）個人内評価と子どもの自己評価

観点には示しきれないものの評価においては、教師による個人内評価の実践と、学習としての評価である子どもの自己評価の導入が重要となる。個人内評価の具体的な方法としては、たとえば上述のパフォーマンス課題において、3観点に関わる「曲想と音楽の構造等の理解」や「音楽表現の工夫」「音楽のよさなどを味わうこと」についての子どもの発言や記述、また音楽表現の「技能」の評価を行うなかで、それらに表出される子ども一人ひとりの多様な音楽への感性や心情等を積極的に見いだし、価値づけ、子どもに伝えていくことが考えられる。

一方、音楽科における子どもの自己評価には、ねらいに応じて①子どもの主観的な美的価値を磨くことを主眼とするもの、②さまざまな音楽文化、作品や技能等に関して共通了解される内容の理解を主眼とするもの、③メタ認知能力の育成を主眼とするもの、の3つが考えられる。②および③はすでに論じた「観点別学習状況」の評価に関わるものであり、評価規準の設定は主に教師側にある。しかし、①では、学習のなかでさまざまな音楽文化や友達と対話しながら、その評価規準は最終的には子どもが設定することになる。

①の自己評価のための方法の一例としては、子どもが評価規準を設定するポートフォリオ評価法の活用が挙げられる。具体的には、子どもがみずからの感性で選択した自他の音楽作品集を作成するといったことが考えられよう。このようなポートフォリオは、個人内評価の資料にもなる。

観点別の評価に加え、観点には示しきれないもののために個人内評価や子どもの自己評価を積極的に取り入れることで、子ども一人ひとりの音楽的な価値や感性が生かされた、より豊かな音楽学習の実現が期待される。

1) 西島央「まとめに代えて」『音楽教育実践ジャーナル』10（1）、2012年、p.120。
2) 中央教育審議会初等中等教育分科会教育課程部会「児童生徒の学習評価の在り方について（報告）」2019年、p.6。
3) 課題例については、西岡加名恵・石井英真編著『教科の「深い学び」を実現するパフォーマンス評価』日本標準、2019年の第6章を参照されたい。

7 図画工作

ルーブリックを活用した評価の取り組み

徳永俊太
●とくなが　しゅんた

京都教育大学大学院
連合教職実践研究科准教授
専攻：教育方法学・比較教育学

1. 資質・能力に関わる評価の課題

2017年に改訂された新学習指導要領では，資質・能力の獲得が公教育の目的とされた。

学習指導要領に対応して，指導要録も変化する。「児童生徒の学習評価の在り方について（報告）」（以下「報告」）[1]では，観点別評価の観点は，資質・能力の三つの柱である「知識及び技能」，「思考力，判断力，表現力等」，「学びに向かう力，人間性等」に対応して，「知識・技能」，「思考・判断・表現」，「主体的に学習に取り組む態度」に統一されることが示された。

評価の観点が統一されたことで，これまで図画工作科では，あまり焦点が当てられてこなかった「知識」をどのように評価するのか，資質・能力を子どもに保障するためにはどのような評価が望ましいのか，といった課題が出てきた。

本稿では，これらの課題を意識しつつ，まずは学習指導要領と「報告」に登場するいくつかの用語を整理して，新しい図画工作科に求められる評価のあり方を明らかにする。さらに，これまでの評価論と実践に学びながら，これからの図画工作科の評価方法について考察する。

2. 新学習指導要領に対応した図画工作科の評価

（1）図画工作科の目標と評価

2017年改訂学習指導要領において，図画工

作の目標は以下のように示されている。

> 表現及び鑑賞の活動を通して、造形的な見方・考え方を働かせ、生活や社会の中の形や色などと豊かに関わる資質・能力を次のとおり育成することを目指す。
> （1）対象や事象を捉える造形的な視点について自分の感覚や行為を通して理解するとともに、材料や用具を使い、表し方などを工夫して、創造的につくったり表したりすることができるようにする。
> （2）造形的なよさや美しさ、表したいこと、表し方などについて考え、創造的に発想や構想をしたり、作品などに対する自分の見方や感じ方を深めたりすることができるようにする。
> （3）つくりだす喜びを味わうとともに、感性を育み、楽しく豊かな生活を創造しようとする態度を養い、豊かな情操を培う。

前述したとおり、子どもが身につける資質・能力を明確にしているのが、今回の学習指導要領改訂の特徴である。『小学校学習指導要領解説　図画工作編』（以下『解説』）[2)] によれば、示された資質・能力は、（1）の前半部分が「知識」、（1）の後半部分が「技能」、（2）が「思考力、判断力、表現力等」、（3）が「学びに向かう力、人間性等」にそれぞれ対応している。

図画工作科における評価活動を考えていく際には、以下のような言葉にも注目すべきだろう。まず、「造形的な見方・考え方」である。新学習指導要領では、各教科において「見方・考え方」を働かせて学習することを求めている。「造形的な見方・考え方」は、「感性や想像力を働かせ、対象や事象を、形や色などの造形的な視点で捉え、自分のイメージをもちながら意味や価値をつくりだすこと」[3)] と『解説』では定義されている。ただし、「見方・考え方」は評価の対象とならない。「造形的な見方・考え方」は、子どもの学習がよいものになっているのかを見る際の視点として位置づけるのがよい。

次に、「見方・考え方」の定義にもある「感性」という言葉である。学習指導要領における図画工作科の変遷を見ると、「感性を働かせながら」という言葉が2008年改訂の学習指導要領から登場している。「感性」を働かせるという言葉は、なんとなくのイメージはつきやすいものの、どのような目標として設定すべきなのか、そしてどのように評価すべきなのかが難しい。「報告」を見てみると、評定の対象となる「主体的に学習に取り組む態度」とは異なり、「感性や思いやり」などは評定の対象にならず個人内評価として、実施することが述べられている。併せて、「観点別学習状況の評価や評定には示しきれない児童生徒一人一人のよい点や可能性、進歩の状況について評価するもの」とされている。つまり「感性」の評価は、個人内評価かつ目標にとらわれない評価として考えなければならない。

（2）図画工作科における知識

前述した学力の3要素のなかで、これから図画工作科の評価において問題になると思われるのは、「知識」である。なぜなら、『解説』で以下のように示されているとおり、図画工作科の「知識」は他教科のものとはやや異なったものとしてとらえられているからである。

> ここで言う「知識」とは、形や色などの名前を覚えるような知識のみを示すのではない。児童一人一人が、自分の感覚や行為を通して理解したものであり、造形的な視点である「形や色など」、「形や色などの感じ」、「形や色などの造形的な特徴」などが、活用できる「知識」として習得されたり、新たな学習の過程を経

> 験することで更新されたりしていくものである。児童が自分の感覚や行為を大切にした学習活動をすることにより，一人一人の理解が深まり，「知識」の習得となる。これは，図画工作科が担っている重要な学びである[4]。

つまり「知識」は目標として事前に想定され，子どもが習得することがめざされているものの，それをどのように自分のものとしたかについては子どもによって異なっているものとしてとらえられている。

さらに表7-1に示すように，「知識」は〔共通事項〕として，すべての学習において必要なものとされており，「知識」だけを身につける授業が想定されているわけではない。教師が示した「知識」を知っているのかどうかについては，その他の観点に比べて評価が容易である。子どもの学習を進めていくうえで，形成的な評価としてそのような評価を行うことも必要であろう。ただし，それにとどまらず，完成した作品において「知識」がどのように生かされているのかを見ることが，『解説』に示された「知識」観をふまえると重要になる。

学習指導要領と『解説』とを突き合わせると，図画工作科では個人内評価と目標にとらわれない評価が重要であるものの，「何ができるようになるのか」という観点から，その質を保障することも求められている。しかし，項目点検のような評価は図画工作科になじみにくいことには留意しなければならない。

3. 質を担保する教育評価のあり方

（1）ルーブリックの活用

子どもの作品から，子どもが感性を働かせて表現活動を行っているのか，習得した「知識」が作品に反映されているのかを評価するためには，ルーブリックを活用することが有用である。

ルーブリックは，A・B・Cなどの段階とそ

表7-1　学習指導要領における図画工作科の内容の構成

2008（平成20）年改訂			2017（平成29）年改訂	
「A表現」(1)造形遊びをする活動に関する項目	ア イ ウ	発想や構想の能力と活動の概要 発想や構想の能力と活動の方法 創造的な技能	「A表現」(1)発想や構想に関する項目	ア　造形遊びをする活動を通して育成する「思考力，判断力，表現力等」 イ　絵や立体，工作に表す活動を通して育成する「思考力，判断力，表現力等」
「A表現」(2)絵や立体，工作に表す活動に関する項目	ア イ ウ	発想や構想の能力と活動の概要 発想や構想の能力と活動の方法 創造的な技能	「A表現」(2)技能に関する項目	ア　造形遊びをする活動を通して育成する「技能」 イ　絵や立体，工作に表す活動を通して育成する「技能」
「B鑑賞」(1)鑑賞する活動に関する項目	ア イ	鑑賞の能力と活動の概要 鑑賞の能力と活動の方法	「B鑑賞」(1)鑑賞に関する項目	ア　鑑賞する活動を通して育成する「思考力，判断力，表現力等」
〔共通事項〕(1)	ア イ	形や色などに関する事項 イメージに関する事項	〔共通事項〕(1)	ア　「A表現」及び「B鑑賞」の指導を通して育成する「知識」 イ　「A表現」及び「B鑑賞」の指導を通して育成する「思考力，判断力，表現力等」

出典：『解説』p.25の表をもとに筆者が作成。

の状態を表した文章からなる，評価基準を示すための表である。前回の指導要録改訂時から，図画工作科，もしくは美術科のルーブリックに着目した研究は行われてきた。具体的な評価基準に照らして評価をすることで，資質・能力の保障につながる評価になる。

しかし，コンテストのように作品だけをルーブリックに照らし合わせて評価をしてしまうと，前述した個人内評価としての側面が抜け落ちてしまう危険性がある。これまでも行われてきたように，構想のためのワークシートや授業の振り返りなどを活用し，子どもの感性や習得した「知識」を見いだしていく必要がある。その際には，子ども自身による自己評価も重要になる。

現在，ICT機器が学校現場に普及しはじめており，それらを活用することで，より質の高い評価材料を入手できるようになった。たとえば，タブレットのカメラ機能を使えば，制作の過程を詳細に記録していくことができる。

注意したいのは，ルーブリックに示された評価基準を用いて子どもの作品を解釈し，評価することは，教師がもっている能力に依存しているということである。この能力を高める取り組みを併せて行わなければならない。

(2)「教育的鑑識眼」と「教育批評」

美術教育の研究で有名なアイスナー(Eisner, E. W.)は，上述したような教師の子どもの作品を解釈する力を「教育的鑑識眼」(educational connoisseurship)と呼んだ。アイスナーは，美術教育においては，教育目標の明確化にこだわるのではなく，学習の結果として生み出された「表現成果」(expressive outcome)を事後的に解釈することを求めている。しかし，教師の解釈に依存した評価を行うことは，教育評価が教師の主観に陥る可能性をもっているのではないか，という疑問がでてくる。アイスナーはそうした事態を避けるために，自分の解釈を他者に伝える「教育批評」(educational criticism)を行い，自分の解釈を問い直すことを求めている。そのことによって，「教育的鑑識眼」を高めていくことができるのである[5]。

ルーブリックは，他者に自分の解釈を伝える，すなわちアイスナーがいう「教育批評」を行うための道具として使用することができる。自分のルーブリックと評価を公開するだけではなく，教師集団による協同でのルーブリック作成，作品を評価したうえでのルーブリックの改訂なども，「教育的鑑識眼」を高めることにつながるだろう。ルーブリックを作ることだけが重要なのではなく，それにもとづいた評価実践を積み重ねていくことも重要なのである。多くの教師が承認するルーブリックをめざすことは，教育目標を明確にし，資質・能力を保障することにもつながっていく。協同での作成や改訂の時間が十分にとれないのであれば，作成したルーブリックと，アンカーと呼ばれる各段階の典型的な作品を交流するだけでもよいだろう。

1) 中央教育審議会初等中等教育分科会教育課程部会「児童生徒の学習評価の在り方について（報告）」2019年1月21日。
2) 文部科学省『小学校学習指導要領解説　図画工作編』2017年。
3) 同上書, p. 11。
4) 同上書, p. 13。
5) Elliot W. Eisner, *The educational imagination: On the design and evaluation of school programs. Third Edition*, Prentice Hall, 1994.

8 家庭

「生活をよりよくしようと工夫する資質・能力」を育てる

森 枝美
●もり えみ

京都橘大学発達教育学部准教授
専攻：教育方法学・カリキュラム論

1. 指導要録改訂による家庭科の評価

（1）家庭科の特質

　家庭科は，社会科，自由研究とともに，戦後になって登場した教科である。1947年に出された「学習指導要領家庭科編（試案）」では，小学校における家庭科は男女共修とし，戦前，女子にのみ課せられていた「家事」「裁縫」とは異なり，「家庭生活を営むことの重要さを基礎にしている」[1]ことに留意するべきであるとされた。この「家庭生活を営む」ことに関わる生活事象が家庭科の学習内容であり，その家庭生活を営む主体として必要な知識や技能，態度を身につけることが目標として示されてきた。

　子どもたちにとって，家庭科は生活事象を学習内容とするため，学習内容への関心は高く，生活に役立つというような有用感も高いことが指摘されてはいるものの，一方で，家族の一員として協力することへの関心が低いこと，家庭での実践が十分ではないことなどの課題も挙げられている。これらの課題をふまえ，2017年に改訂された学習指導要領では，家庭科の目標を表8-1のように示した。

　今回の改訂では，「質の高い深い学び」を実現するために，「生活の営みに係る見方・考え方」を働かせることが明記された。ここでいう「生活の営みに係る見方・考え方」とは，家庭科で学習対象としている生活事象を，「協力・協働，健康・快適・安全，生活文化の継承・創造，持続可能な社会の構築」等の4つの視点でとらえ

表8－1　家庭科の目標

　生活の営みに係る見方・考え方を働かせ，衣食住などに関する実践的・体験的な活動を通して，生活をよりよくしようと工夫する資質・能力を次のとおり育成することを目指す。
(1)　家族や家庭，衣食住，消費や環境などについて，日常生活に必要な基礎的な理解を図るとともに，それらに係る技能を身に付けるようにする。
(2)　日常生活の中から問題を見いだして課題を設定し，様々な解決方法を考え，実践を評価・改善し，考えたことを表現するなど，課題を解決する力を養う。
(3)　家庭生活を大切にする心情を育み，家族や地域の人々との関わりを考え，家族の一員として，生活をよりよくしようと工夫する実践的な態度を養う。

図8－1　生活の営みに係る見方・考え方

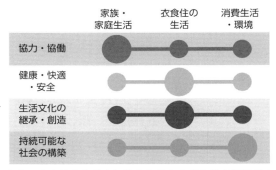

出典：中央教育審議会初等中等教育分科会教育課程部会「家庭，技術・家庭ワーキンググループにおける審議の取りまとめ」(以下「取りまとめ」) 2016年8月26日，資料1-1より抜粋。

ることである。そのような見方・考え方を働かせて，「生涯にわたって，自立し共に生きる生活を創造できる」よう工夫することが求められている[2]。

　この4つの視点で，「家族・家庭生活」「衣食住の生活」「消費生活・環境」[3]の内容をとらえるとき，主としてとらえる視点を図8－1のように設定している。

(2) 家庭科における評価の観点

　家庭科の評価の観点については，「小学校，中学校，高等学校及び特別支援学校等における児童生徒の学習評価及び指導要録の改善等について（通知）」において，表8－2のように示された。めざす資質・能力の三つの柱にしたがって，従来の4観点から3観点に整理されている。

　これらの観点別学習状況の評価により，「児童生徒がそれぞれの教科での学習において，どの観点で望ましい学習状況が認められ，どの観点に課題が認められるかを明らかにすることにより，具体的な学習や指導の改善に生かす」ことができる。一方，評定は，「教育課程全体を見渡した学習状況の把握と指導や学習の改善に

表8－2　小学校家庭科における評価の観点およびその趣旨

評価の観点	知識・技能	思考・判断・表現	主体的に学習に取り組む態度
現行の指導要録における観点	・生活の技能 ・家庭生活についての知識・理解	・生活を創意工夫する能力	・家庭生活への関心・意欲・態度
趣旨	日常生活に必要な家族や家庭，衣食住，消費や環境などについて理解しているとともに，それらに係る技能を身に付けている。	日常生活の中から問題を見いだして課題を設定し，様々な解決方法を考え，実践を評価・改善し，考えたことを表現するなどして課題を解決する力を身に付けている。	家族の一員として，生活をよりよくしようと，課題の解決に主体的に取り組んだり，振り返って改善したりして，生活を工夫し，実践しようとしている。

出典：文部科学省「小学校，中学校，高等学校及び特別支援学校等における児童生徒の学習評価及び指導要録の改善等について（通知）」2019年3月29日，別紙4 (p.18) の表にもとづき筆者作成。

生かすことを可能とするもの」として位置づけられている。ここでは，観点別学習状況の評価も分析評定としての「一種の評定」であることに留意が必要であると明記されている[4]。

2.「生活をよりよくしようと工夫する資質・能力」をはぐくむ

「家庭，技術・家庭ワーキンググループにおける審議の取りまとめ」に示された「家庭科，技術・家庭科（家庭分野）の学習過程のイメージ」（資料4-1）をみると，「生活の課題発見」→「解決方法の検討と計画」→「課題解決に向けた実践活動」→「実践活動の評価・改善」→「家庭・地域での実践」と課題解決の過程が示されている。そして，表8-3に示したように，めざす資質・能力とそれぞれの過程における学習評価の場面の例が挙げられている。「知識」「技能」においては，一連の学習過程を通して「実生活に活用できる」知識や技能を習得する場面が想定されている。生活課題を解決するための知識や技能を身につけているかどうかを評価するには，従来の筆記テストでも可能である。しかしながら，「活用できる」知識や技能を身につけているかどうかを評価するためには，筆記試験で実施するとしても，出題を工夫する必要があるだろう。

また，「思考力・判断力・表現力」の項目をみてみると，学習過程にそって「生活」のなかから課題を見いだし，それを多角的にとらえて解決策を構想する評価の場面が想定されている。また，「他者と意見交流し」とあるように対話を通して学びを深める評価の場面も想定されている。このような「思考力・判断力・表現力」をとらえるには，パフォーマンス課題による評価が有効であると考えられる。

表8-3　めざす資質・能力と学習評価の場面例

資質・能力	学習評価の場面の例
知識	生活課題を解決するための根拠となる知識の習得→生活の営みに係る見方・考え方を踏まえた活用できる知識の習得
技能	生活課題を解決するための技能の習得→実生活に活用できる技能の習得
思考力・判断力・表現力	生活の中から課題を見出し，解決すべき課題を設定する力 生活課題について多角的に捉え，解決策を構想する力 実習や観察・実験の結果等について，考察したことを表現する力 他者と意見交流し，実践等について評価・改善する力
学びに向かう態度	家族の一員として，生活をよりよくしようと工夫する実践的な態度* 生活を楽しみ，味わい，豊かさを創造しようとする態度 日本の生活文化を大切にし，継承・創造しようとする態度

*小学校における例のみ記載
出典：中央教育審議会初等中等教育分科会教育課程部会，前掲「取りまとめ」資料4-1にもとづき筆者作成。

向井文子は，「6年生のBENTOブックを作ろう」というパフォーマンス課題を設定している。そして，ルーブリックでは，既習事項をふまえて，「主食とおかずのバランスや，栄養バランスだけでなく，旬の食材や京都ならではの食材を用いたり，見た目や彩りを工夫したりしながら，さまざまな味のおかずを入れたお弁当」を作ることが，パフォーマンス課題を解決した子どもの姿として示されている。さらに，お弁当作りの実習を振り返ることを通して，別のお弁当も作ってみたい，できるときには家族に任せるのではなく自分でお弁当を作りたいという意欲を生じさせることが期待されている[5]。

パフォーマンス課題による評価では，どのよ

うな課題を設定するかが一つのポイントになる。この実践では，中学校でのお弁当という子どもたちにとって近しい将来の出来事と結びつけて考えることができることで，より切実性をもつ課題として受け止められたのではないだろうか。子どもたちの「生活」と切り離された架空の場面設定による課題では，子どもたちも主体的に取り組むことはできない。できるだけ子どもたちの「生活」に密着した課題を設定することが重要であるだろう。

「主体的に学習に取り組む態度」の評価については，「知識及び技能を習得させたり，思考力，判断力，表現力等を育成したりする場面に関わって，行う」ものであり，この観点のみを取り出して形式的態度（たとえば，挙手の回数など）を評価するようなことにはならないよう評価の方法を工夫することが求められている[6]。表8-3には，家庭科の学習過程における「学びに向かう態度」の評価場面の例が示されている。これらの態度は，単独で見られるのではなく，たとえば調理実習の場面で，あるいは地域の人々との関わりのなかで見られるものである。特別の評価機会を設けるというよりは，子どもたちのワークシート，発言など日常的な評価活動のなかでとらえることができるだろう。

家庭科は，生活事象を教科内容として取り扱う。その際，子どもたちを取り巻く「生活」が多様化していることにも配慮しなければならない。家族や地域の人々との関わりを取り扱うにあたっては，「児童によって家族構成や家庭生活の状況が異なることから，各家庭や児童のプライバシーを尊重し，十分配慮しながら取り扱うようにする」[7]ことが指摘されている。家庭科では，家庭生活，日常生活を学習内容とする以上，家族，家庭に言及せざるをえないが，近年の子どもたちを取り巻く環境の変化のなかで，家族，家庭も多様化してきている。このことを十分にふまえたうえで，課題を設定することが重要であろう。

1) 文部省「学習指導要領家庭科編（試案）」1947年。
2) 文部科学省『小学校学習指導要領解説 家庭編』2017年7月，p. 12。
3) 小学校，中学校，高等学校における内容の系統性を明確にするため，3領域に整理された。
4) 中央教育審議会初等中等教育分科会教育課程部会「児童生徒の学習評価の在り方について（報告）」（以下「報告」）2019年1月21日，p. 19。
5) 石井英真編著『小学校発 アクティブ・ラーニングを超える授業』日本標準，2017年，pp. 54-59。
6) 中央教育審議会，前掲「報告」p. 12。
7) 文部科学省，前掲書，p. 26。

9 体育

「知識・技能」と「思考・判断・表現」を共に育てるルーブリックの活用へ

徳島祐彌
●とくしま ゆうや

兵庫教育大学教員養成・研修高度化センター助教
専攻：教育方法学

1. 体育科における指導要録改訂のポイント

2010年改訂指導要録の体育科の観点別学習状況の評価は「関心・意欲・態度」「思考・判断」「技能」「知識・理解」の4観点で行われてきた。それに対して，2019年の改訂では，学習指導要領の改訂にともない，「知識・技能」「思考・判断・表現」「主体的に学習に取り組む態度」（以下「態度」と略称）の3つの観点で評価を実施することになった[1]。つまり，これまでの4観点の観点別学習状況欄が，資質・能力の3つの観点に変更になったのである（表9-1）。

では，2019年の改訂に関して何が重要となるのだろうか。以下では，新しい3つの観点に即して評価のポイントを確認していこう。

表9-1 体育科の観点別学習状況欄の変更（対応）

2010年版	2019年版
運動や健康・安全への関心・意欲・態度	主体的に学習に取り組む態度
運動や健康・安全についての思考・判断	思考・判断・表現
運動の技能	知識・技能
健康・安全についての知識・理解	

(1)「知識・技能」

新指導要録では，これまで「運動の技能」と「健康・安全についての知識・理解」に分かれていた観点が，「知識・技能」に統一されている。

つまり，保健領域では「わかる」，運動領域では「できる」と領域で二分していた体育科において，領域にかかわらず「わかる」と「できる」を共に指導・評価していく方向性が示されているのである[2]。

この知識・技能を評価する方法として，ペーパーテストの使用や技能の観察が考えられる。運動領域では，ゲームのルールについての筆記テストや，基本的なシュート技能の観察などで評価できる。保健領域では，生活習慣病の基本用語についての一問一答式のテストや，簡単なけがの手当ての実演などで評価できる。このような日々の評価を通して子どものつまずきを把握することで，授業中にルールを詳しく解説したり，手当てのポイントを復習したりといった指導の改善につなげることができる。

(2)「思考・判断・表現」

体育科の「思考力，判断力，表現力等」の目標は，「運動や健康についての自己の課題を見付け，その解決に向けて思考し判断するとともに，他者に伝える力を養う」とされている。これは，サッカーの戦術をグループで考えたり，体操の技の組み合わせを実演したり，健康な暮らしについての自分の考えを発表したりできることであり，体育科の「見方・考え方」の育成と直接関わっているものである。

子どもの思考・判断・表現の評価方法としては，パフォーマンス課題の活用（戦術のチーム練習，試合のビデオ記録，健康な生活に関するレポート作成など）が考えられる。その際には，評価基準を示すルーブリックを作成し，子どもと共有することが大切である（後述）。

(3)「主体的に学習に取り組む態度」

「態度」に対応する「学びに向かう力，人間性等」の目標は，たとえば5・6年生では「各種の運動に積極的に取り組み，約束を守り助け合って運動をしたり，仲間の考えや取組を認めたり，場や用具の安全に留意したりし，自己の最善を尽くして運動をする態度を養う。また，健康・安全の大切さに気付き，自己の健康の保持増進や回復に進んで取り組む態度を養う」とされている。この「態度」の評価に関しては，次の2点に留意が必要である。

1点目は，運動領域において，「みんなで決めたルールを守る」などの公正や協力に関する目標（社会的合意目標）と，「運動が好き」などの意欲的な参加に関する目標（情意目標）に区別することである[3]。とくに前者は，「チームで協力して練習できる」といった到達度のわかる知識・技能としてとらえ，子どもの相互評価や教師の観察を通して見る必要がある。

2点目は，「態度」の評価を「知識・技能」および「思考・判断・表現」の評価と結びつけて行うことである。たんなる活発な参加ではなく，体育科の「見方・考え方」を働かせた粘り強い学習への取り組みとして「態度」をとらえることが重要である（第Ⅰ部を参照）。

このように「態度」の中身を吟味したうえで他の観点と一体的に評価するためには，パフォーマンス課題を活用することが有効である。加えて，1時間の授業への参加度合い（発言回数やプレー中の声の大きさなど）で「態度」を評価するのではなく，ポートフォリオを活用しつつ，単元末や学期末での子どもの変容を見ることが必要である。

2. 評価の実践をどう変えるか

では，新指導要録のもとで，指導の改善に活きる評価はどのように行えばよいのだろうか。

表9-2 戦術理解のルーブリック

レベル	記述語
3	①豊富なバリエーションのある作戦を考えて準備することができ、②ゲーム状況の把握に基づいて自分で的確な作戦を選択し指示することができる。また、③味方の考えた作戦図から作戦の意図・自分の役割を理解し④実行することができる。さらに、⑤ペアのゲームにおける動きを、作戦の意図に照らし合わせて分析することができ、⑥次のプレイにフィードバックさせることができる。
2	①バリエーションのある作戦を考えて準備することができ、②試合中作戦を教えてもらうことで、選択し指示することができる。また、③味方の考えた作戦図から作戦の意図・自分の役割を自分なりに理解することができる。さらに、⑤ペアのゲームにおける動きを、自分なりに分析することができる。
1	①作戦を考えて準備することがなかなかできない。また、③味方の考えた作戦図から作戦の意図・自分の役割を理解することが難しい。

出典：木原成一郎「『真正の評価』論に基づくポートフォリオ評価法」木原成一郎編著『体育授業の目標と評価』広島大学出版会、2014年、p.123 より筆者が加筆修正して作成。

以下では、ルーブリックを用いた評価の実践を見るなかで考察していこう。

ここで取り上げる実践は、5年生（39名）のフラッグフットボールの単元（全23時間）である（実践者は広島大学附属小学校（当時）の大後戸一樹先生）[4]。この単元では、チームでパスの作戦を実行できることや、試合のプレイヤーの動きを分析できることなどをめざしている。

この実践では、表9-2の「戦術理解のルーブリック」が作成されている（3が最も良く、2は全員達成をめざすものとされる）。丸囲みの6つの数字は戦術理解の指標を示しており、多様な選択肢の中から試合に適した戦術を選び、自分の役割を把握して実行し、結果を分析して次の試合に活かすという一連のサイクルでとらえられている。

この単元では、資料9-1のワークシートを用意し、ルーブリックの基準を子どもと共有するための検討会が設けられている。このワークシートは、左側にゲームの中で印象に残ってい

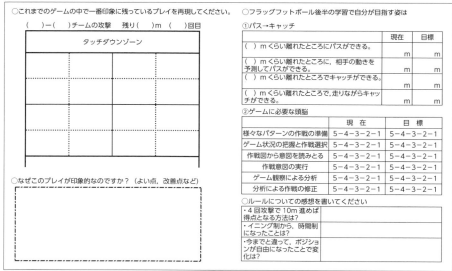

資料9-1 ワークシート

出典：木原、前掲論文、p.127 より筆者が一部修正して作成。

資料9-2　評価基準のすり合わせの様子

> T.　［前略］さまざまなパターンの作戦の準備とありますが，できる，3っていうのはどれくらい？
> C.　（口々に発言するが聞き取れない。）
> T.　準備ができるというのがどれくらい？　これくらいなら3に○しようっていうのは？
> C1.　たまにしかできない。
> C2.　できるぐらい。
> C3.　ひとつずつぐらいはある。
> T.　ひとつずつぐらいはある。ひとつってなに？
> C4.　だからミドルと…
> T.　ショート，ミドル，ロングがひとつずつぐらいはある。とすれば3か。じゃあ5はどうなる？
> C5.　全部3個くらい。
> T.　全部3個以上。指からこぼれるくらいある。
> C5.　ありすぎても意味ないじゃん。
> T.　ありすぎても意味がない？
> C6.　使えるのがってこと。
> T.　じゃあ5は使えるのが豊富にある。
> C.　（口々に発言しながらワークシートの「様々なパターンの作戦の準備」の自己評価欄に記入している。）

出典：木原，前掲論文，p.125より筆者が一部省略・加筆修正して作成。Tは教師，Cは子ども（同じ番号は同じ子ども）を示している。

るプレイを記入し，右側にパスキャッチの技能や戦術理解のレベル，ルールについての感想を振り返って記入するものとなっている。

このワークシートを用いて，**資料9-2**のような検討会が行われた。この場面では，ワークシートの戦術理解における「様々なパターンの作戦の準備」について，「1～5」が具体的に何を指すのかを教師と子どもが共有している。たとえば，「3」については，子どもの意見をふまえて「ショート，ミドル，ロングがひとつずつぐらいはある［こと］」だと確認している。この検討会での話し合いをふまえて，子どもたちは新たな戦術を練り上げていった。

この実践から，次の2点を学ぶことができる。1点目は，採点指針である戦術理解のルーブリックを作成し，ワークシートとして具体化していることである。ワークシートを用いて自己評価することで，子どもは自分のレベルを把握でき，次の学習目標を立てることができる。また，ワークシートには「知識・技能」の振り返りもあり，「思考・判断・表現」とともに育てることがめざされているといえよう。

2点目は，検討会を通して評価基準を子どもと共有することで，指導のポイントを明確化していることである。検討会の実施によって，「作戦を一つずつ」という具体的な基準を子どもがもつとともに，教師もまた指導をするときの基準をもつことができる。それによって，ルーブリックを作成して終わってしまうことなく，子どもに即して指導を行うことができる。

以上，見てきたように，日々の授業レベルでは「知識・技能」を，単元レベルでは「思考・判断・表現」を中心に評価する。そして，長期的な理解とパフォーマンスの向上の過程を見るなかで，形成された「態度」を評価し，指導の改善に活かす。評定についても，「知識・技能」と「思考・判断・表現」の評価を中心につけることが大切といえよう。

1) 中央教育審議会初等中等教育分科会教育課程部会「児童生徒の学習評価の在り方について（報告）」2019年1月21日，p.7を参照。
2) 学習指導要領の改訂における「知識・技能」については，木原成一郎「『できる』と『わかる』を大切にしてきた，これまでの体育と保健の授業実践に学ぼう」水原克敏編著『新小学校学習指導要領改訂のポイント』日本標準，2017年，pp.84-89を参照。
3) 木原成一郎「『方向目標』を活用した教師の指導と子どもの学びの改善」木原成一郎編著『体育授業の目標と評価』広島大学出版会，2014年，pp.238-241を参照。
4) 実践の概要は，木原成一郎「『真正の評価』論に基づくポートフォリオ評価法」木原成一郎編著『体育授業の目標と評価』広島大学出版会，2014年，pp.118-139を参照。

10　外国語活動・外国語

相手や状況・場面に応じたコミュニケーションの力をどう評価するか

赤沢真世
●あかざわ　まさよ
大阪成蹊大学教育学部准教授
専攻：教育方法学・小学校外国語教育

1. 外国語活動および外国語科における観点別評価

（1）観点の設定と評価のあり方について

　外国語活動および教科の外国語においても，他教科と同様，「知識・技能」「思考・判断・表現」「主体的に学習に取り組む態度」の三つの柱が新たな観点とされた。

　外国語活動および外国語では，一貫して外国語による言語活動を通して，子どもが積極的に，主体的にコミュニケーションを図ろうとする意欲や態度の育成をめざして，言語や文化に関する気づきを得ながら，外国語の音声や基本的な表現に慣れ親しむ活動のなかで，自分の考えや気持ちなどを伝え合う力の素地や基礎を養うことが重要な目標となっている。したがって評価としても，言語能力をテストの点数等で数値的に判定していくのではなく，子どもの活動におけるよい学びの姿や学びの過程を評価していくことが必要となる。

　具体的には，外国語活動では，「～するようにする」（たとえば，「聞き取るようにする」「わかるようにする」）という文末で示され，指導の結果として「慣れ親しむことができている姿」がめざされている。

　外国語科においては，「～できる」というCAN-DO形式で目標が設定され，それをもとに長期的な目標を位置づけるCAN-DOリストの作成が小中高で進められていることもあり，各教科に先んじて「～できる」という目標が意識されてきている。その流れをふまえて文部科

10 外国語活動・外国語

資料10-1　単元目標の例と，対応する評価の観点（We Can! 1　Unit 9）

We Can! 1　Unit 9　"Who is your hero?"　あこがれの人
【単元目標】
・得意なことについて，聞いたり言ったりすることができる。また，簡単な語句や表現を書き写すことができる。【知識・技能】
・あこがれたり尊敬したりする人について，自分の考えや気持ちを含めて伝え合う。
　【思考・判断・表現】
・他者に配慮しながら，自分があこがれたり尊敬したりする人について，自分の意見を含めて紹介し合おうとする。【主体的に学習に取り組む態度】

出典：文部科学省『We Can! 1』学習指導案例5年 Unit 9.【　】内は対応する評価の観点。引用者が新指導要録の観点に合わせた表記に修正した。

学省作成の学習指導案例では，たとえば目標は次のように示されている（資料10-1）。そして細かな授業場面では，「できることや得意なことについて聞いたり言ったりしている」状況を見取るように示されている。さらに思考力・判断力・表現力等を意識し，「<u>自分の考えや気持ちを含めて伝え合う</u>」姿や主体的に学習に取り組む態度について，「<u>他者に配慮しながら～紹介し合おうとする</u>」といった点が評価の観点として示されている（下線は引用者）。[1] そのうえで，観点別に到達した状況をふまえて2019年改訂指導要録では観点別の数値による評価を行うこととなった。

ただ，外国語科においてこそ，数値による評価がそのままテスト等による評価となるのではないことに注意したい。そうではなく，4技能5領域について，パフォーマンス評価や自己評価などの多様な評価方法を活用し，評価していくことが求められる。また，子どもの良い学びの姿等については，日々の活動や所見欄において子どもに伝えることとされている。

このように，外国語活動・外国語を通じて，目標に対応した評価の3観点が設定され，評価活動を行っていくことが求められている。そこで大切なのは，こうした目標（ねらい）と評価の観点をしっかりと明確に位置づけ，単元構想や授業づくりにおいて一貫した指導や支援に結びつけること，そして子どもの成長を見取る（評価する）機会をあらかじめ設定しておくことが重要である。次節では，各観点を意識した評価の内容や方法について，留意点をおさえたい。

(2) 各観点における評価と留意点

① 「知識・技能」

「知識・技能」について，外国語活動では言語や文化についての「気づき」をみていく。外国語科では，そのテーマに関連した基本的な語彙や表現について，日本語との違いに気づいているか，またコミュニケーション活動を行うための知識として運用できているかどうかを確認していくこととなる。学習指導要領において聞くこと，話すこと，読むこと，書くこととしてそれぞれ具体的に示されている目標に照らして，理解しているか，できるようになっているのかを見取るのである。ただ，大切なのは，語彙・表現や文構造などの知識は，実際のコミュニケーションを図ることができるような，知識として習得される必要があるということである。指導側からの視点で言い換えれば，「知識・技能」の観点においてもたんに知識や技能を「持っていればよい」という習得のさせ方ではなく，習得の場面であっても，実際のコミュニケーションを図っている言語活動を通して，「活用できる知識・技能」として習得させるということが

大切である。これまでの「知識・技能」，あるいは「習得」のイメージに比べて，より「活用」を意識したものとなっているのである。

② 「思考・判断・表現」

「思考・判断・表現」は2017年告示の学習指導要領に照らせばとくに重要な観点といえる。外国語科における「見方・考え方」として，「外国語で表現し伝え合うため，外国語やその背景にある文化を，社会や世界，他者との関わりに着目してとらえ，目的・場面・状況等に応じて，情報や自分の考えなどを形成，整理，再構築すること」が強調されている。評価では，目的や相手，状況に応じて活用しながらコミュニケーションを行い，自分の気持ちや考えを伝え合えているかという観点において，そのテーマに関わる基本的な語彙や表現を，さらにはこれまでの既習事項を組み合わせて伝え合いができているかが見取るポイントとなる。

その際には，具体的な評価方法として全教科を対象に「ペーパーテストのみならず，論述やレポートの作成，発表，グループでの話合い，作品の制作や表現等の多様な活動を取り入れたり，それらを集めたポートフォリオを活用したりするなど評価方法を工夫することが考えられる」2)と示されている。とくに外国語科においては『小学校外国語活動・外国語研修ガイドブック』において，「筆記テストのみならず，インタビュー（面接），スピーチ，簡単な語句や文を書くこと等のパフォーマンス評価や活動の観察等，多様な評価方法から，その場面における児童の学習状況を的確に評価できる方法を選択して評価することが重要である」3)と述べられている。これらのことから，たとえば教材『We Can!』の毎単元の最終に位置づけられている発表（スピーチ）やコミュニケーション活動をパフォーマンス課題として設定し，その活動に

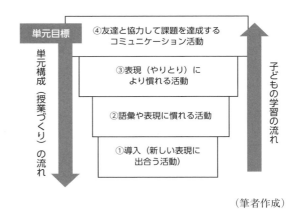

図10-1　単元構成と子どもの学習の流れ

（筆者作成）

おける子どもの学びの様子を評価するといった，多様な評価方法が求められているといえる（単元構成については図10-1を参照）。

③ 「主体的に学習に取り組む態度」

最後に，「主体的に学習に取り組む態度」では，子どもが学習の成果としてより関心や意欲を高めているかを評価しなければならない。外国語科においては，前述の②で評価の対象となるような，単元後半のパフォーマンス課題において相手意識・他者意識をもって粘り強く活動に参加しているかということや，自らの学びを省察し次への学習の見通しをもって取り組もうとしている姿があるかどうかを見取ることがポイントとなる。そして重要となるのは，こうした評価の機会が単元構想や授業構想の段階で設定されている必要があるということである。たんに楽しんでいるか，という行動観察だけで終わらせるのではなく，まず相手に理解してもらう工夫や改善をしようとする課題設定になっているか，そして教師が子どもに対するフィードバックを行う機会があるか，さらに，子どもが自らの学びを省察し次への学びに向かう姿勢を見取ることができるような振り返りの機会の設定があるかを吟味しなくてはならない。

2. 求められる多様な評価方法

(1) 形成的評価の重要性

① ふりかえりカードの活用

　外国語活動・外国語科ではコミュニケーション活動が多く含まれるため，行動観察による子どもの学びの姿の評価がまず大切である。その際には，1時間に評価する観点と場面を設定しておき，活動の様子が目立った子どもについてのみ記録する方法や，評価するグループをあらかじめ決めておき，1時間あたり1つのグループの評価を行うなどの工夫が試みられている。しかしながら，毎回の授業において，担任がT1として授業を進めながら一人ひとりの子どもの行動観察をすることはやはり容易ではない。

　そこで，教師による子どもの行動観察を支えるための評価資料を揃えておくためにも，子ども自身による「自己評価」や「ポートフォリオ評価」の有効性が挙げられよう。自己評価を行う際には，「ふりかえりカード」がよく用いられている。評価の観点をもとに，子どもにわかりやすい言葉・表現で作成されている[4]。

　ふりかえりカードの活用は，子どもと教師の双方が観点を共有することが目的の一つであり，子ども自身にとっても，自分なりの学習目標（めあて）を設定する指針となる。さらに，「授業を通して気づいたこと，わかったこと，思ったこと」を記述できる自由記述欄が設定されていると，教師にとっても教師が想定していなかった事柄への子どもの気づきが発見できるという意義がある。

　そして，授業で扱ったワークシートや作品，ふりかえりカードなどをファイルとして蓄積し，それを子どもの学びの姿として評価する方法がポートフォリオ評価法である。活動中に評価する時間がなくとも，こうした学びの姿の記録をもとに質的な評価を行うことができる。

　このように，教師の行動観察が主軸になる評価ではあるが，自己評価やポートフォリオ評価等の複数の評価方法を組み合わせることで，より客観的で質の高い評価が可能となる。

② 授業の過程における評価

　評価を後から行うのではなく，子どもが活動を進めるのに最低限必要な語彙や表現についてどの程度慣れ親しんでいるかについて，活動の過程（途中）で子どもの様子を直接的にとらえる工夫がこれまでの実践で開発されてきている。たとえば，1時間の授業の最終の段階で，教師やＡＬＴが子ども一人ひとりと，その時間あるいはその単元で不可欠な言語表現，すなわちそのレッスンの核となる表現を使って1対1でやり取りを行う時間を設定する取り組みである。多くの場合は，毎時間ではなく，たとえば単元の展開において表現に慣れ親しんできたころ，かつ最終のコミュニケーション活動やタスク的活動を成し遂げるにあたって一定の理解や定着が望まれる段階に設定されることが多い。

　このような実践には次のような意義がある。まず第1に，子どもの発話の機会を確保することができる。第2に，教師はつまずいている子どもの割合や内容について情報を得ることができ，授業の改善に活用できる。第3に，もし活動に困難さを感じている子どもがいれば，個々に支援を行う貴重な機会となる。このように，こうした形成的評価を単元の過程で取り入れていくことで，多様な子どもの学びを保障することができるのである。

(2) パフォーマンス評価とルーブリック

とくに「思考・判断・表現」の観点、および「主体的に学習に取り組む態度」の観点については、単元の最終に位置づいている発表やコミュニケーション活動のパフォーマンスそのものを対象として評価をすることが大切である。とくに外国語科の単元では、そのテーマごとに示された「知識・技能」をより状況や場面に応じて活用する課題（パフォーマンス課題）がある。

こうした課題にもとづく活動が豊かになるほど、主観に頼らずに客観的な評価を行うことが必要となる。そこで注目されているのがルーブリック（rubric）による評価である。ルーブリックとは、評価基準表のことであり、「成功の度合いを示す数レベル程度の尺度と、それぞれのレベルに対応するパフォーマンスの特徴を記した記述語からなる評価基準表」[5]で、教師の願う到達度（育てたい姿）をまず設定し、子どもの実際の様子を見ながら、段階的な姿を設定するものである。教師が願う到達度に達した場合はB基準に位置づき、A基準は期待以上のより良い到達の姿、C基準はもう少し学びの深まりがほしいという未到達の姿であることが多い。重要なのは、テストの点数や記憶している語彙数といった量的な基準のみではなく、子どもがさまざまな知識や技能をどの程度活用しているのかという質的な深まりを見る質的基準であるということである。

ルーブリックの例を表10-1に示した。パフォーマンス課題や子どもの実態、また指導の焦点をどこに置きたいのかによって、ルーブリックの項目や記述内容・レベルは変化するものであり、唯一絶対のものではない。大切なのは、評価の視点の「共有」である。パフォーマンス課題の提示の際にルーブリックも併せて提示し、どのような姿になればよいのかを子ども自身が具体的に理解するとよいだろう。

また、こうしたルーブリックは、課題の提示の際だけでなく、単元の過程で、子どもが意識

表10-1 「日本文化を紹介しよう」発表のルーブリック

レベル	内容	発表	
		英語らしさ （流暢に話す・文のまとまり）※1	発表の積極性
3	日本文化についての説明や感想を伝える形容詞を選んでいる。また、単語や文を付け足して相手の理解を深める発表ができる。	音のつながりやイントネーションを意識し、文の流れを保って話すことができる。話の区切りごとに相手の理解を確認するような表現が加えられている。	伝える相手の人数や状況に応じて目線を振ったり話題に合わせた表情やジェスチャーを取り入れた発表ができる。
2	伝えたいものを選んで調べ、日本文化についての説明や感想を伝える形容詞を選んで発表することができる。	つかえることもあるが、最後まで話すことができる。叙述と自分の考えの違いがわかるように区切って発表できる。	相手に目線を振ったり、ジェスチャーを入れたりした発表ができる。
1	お手本を使った発表しかできない。	途中で止まってしまい、続けることができない。話の区切れがわかる発表ではない。	資料や下ばかりを向いて相手に目線をあわせられない。

出典：泉惠美子・山川拓・黒川愛子・津田優子「思考力・表現力を育成するパフォーマンス課題と評価―小中の英語教育における取組み」『京都教育大学教育実践研究紀要』第18号、2018年、pp. 213-222より筆者が整理した。※1では別の観点となっているが、本稿では「英語らしさ」という大きな枠組みでまとめている。また、記述語は、過去形の記載となっているが、現在形に変えている。

できるように声かけをしたり，フィードバックを行ったりする際の指針とすることが大切である。たとえば，活動を2つのラウンドに分け，第1ラウンドと第2ラウンドの途中に，教師が介入する時間をつくって，ルーブリックに即して子どものよい姿を褒めたり，難しい点をフォローしたりする（「中間評価」ともよばれる）。授業の終わりの振り返りでは，教師によるまとめの言葉を通して，同様に重視したい視点を意識させる。教師と子どもの双方が，その活動で重要な視点とめざすべき姿を具体的に意識し，次の活動での目標を定めることができる。そうすることで，先に述べた自己評価の視点としても子どもに伝えることができ，また子ども同士が評価をする相互評価においても，同じ視点をもって評価ができるようになるため，意味のある評価活動となる。

このように，ルーブリックは作成したうえで，それをつねに意識した活動を行い活用することが重要であり，目標と評価基準に一貫性のある授業を行うことができるようになる。ルーブリックを子どもにも提示することで，質の高い自己評価が行えるようになるとともに，子ども自身が自らの学習を見通したり省察するのに役立つものとなろう。

(3) テストによる評価

たとえば，リスニングや単語を読む・書く（なぞる）技能を評価したい場合，筆記テストを設定することもありうる。ただし，留意すべきことは，先述のように，「言語活動を通して」「活用できる」知識や技能を習得しているかという点である。したがって，文脈から切り離された従来型のテストを行うのではなく，できるだけ授業中に行ったリスニングクイズや，活動に必要であった読み書きを行わせるなど，これまでの活動や学びの文脈に即したテストにするべきである。もちろん，こうした視点をもてば，テストを行わずに活動の過程で子どもの姿を評価することも十分に考えられる。たとえば，リスニングクイズや読み書きのワークシートを用いて，子どもの定着状況を示す証拠を蓄積したポートフォリオ評価を行うことができる。

あえて時間をとり，スピーキングテスト等のパフォーマンス・テストを行うことも考えられる。子どもと教師が1対1で行ったり，ペアでインタビューを受けるという設定も想定できるが，重要なのは次の2点である。第1に，できるだけ外国語科における活動の文脈から連続した流れや，コミュニケーションの自然な場面において評価を行えるような設定にすることである。また第2に，評価者（教師）の間で，あるいは子ども自身も，上記で示したようなルーブリックを共有できるとよい。スキル面だけでなく，「思考・判断・表現」や「主体的に学習に取り組む態度」も含めた，「期待されるパフォーマンス」を共有することが必要である。

以上のように，自己評価やポートフォリオ評価，パフォーマンス評価等の複数の評価方法を組み合わせることで，より多面的で質の高い評価が可能となる。また，子ども自身の学びを促し，自律的な学習者へ育てていくという意味でも評価は重要なものである。子どもの成長を促すために評価をするという視点を，教師はつねにもっていることが必要である。

1) 文部科学省『We Can! 1』学習指導案例5年 Unit 9。
2) 中央教育審議会初等中等教育分科会教育課程部会「児童生徒の学習評価の在り方について（報告）」2019年1月21日，pp. 8-9。
3) 文部科学省『小学校外国語活動・外国語研修ガイドブック』2017年，p. 27。
4) 同上ガイドブックの例より。
5) 西岡加名恵・石井英真編著『教科の「深い学び」を実現するパフォーマンス評価』日本標準，2019年，p. 19。

11 特別の教科 道徳

道徳科の評価の充実から「指導と評価の一体化」をめざす

荒木寿友
●あらき　かずとも
立命館大学大学院教職研究科教授
専攻：教育方法学・道徳教育論・国際教育

1. はじめに

「特別の教科 道徳」（以下「道徳科」）は，学習指導要領の一部改正という形で，2015年3月に告示された。この改正の背後には，2011年滋賀県大津市でのいじめによる自死事件があげられるだろう。本来児童生徒にとっては安心安全な場であるべきはずの学校が，生命を脅かされるような環境に陥っていること，それに対して学校教育は何ができるのかということについて，学校教育における道徳教育が正面から取り組んでいくという，ある種の決意の表れであった。2013年2月に教育再生実行会議は「いじめ問題等への対応について」（第一次提言）を提出し，道徳教育を教科化することを盛り込んだ。その後，2013年3月には「道徳教育の充実に関する懇談会」が文部科学省に設置され，同年12月には道徳の教科化，検定教科書の使用，数値による評価を行わない等を含んだ報告が提出された。

この懇談会報告を受け，2014年10月には中央教育審議会から「道徳に係る教育課程の改善等について（答申）」が提出され，道徳の教科化が正式に決定した。教育再生実行会議からわずか2年余りで道徳科が誕生したことになる。

本稿では，まず学校の教育活動全体で行われる道徳教育について概観した後に，従来の「道徳の時間」との比較から道徳科における評価がどのように変化したのかについて論じていく。次いで，授業における取り組み（指導）と評価がどのような関係にあるのかについて，『学習

指導要領解説　特別の教科　道徳編』(以下『学習指導要領解説』)を中心に考えていく。

2. 道徳教育と道徳科の関係

(1) 道徳教育の位置づけ

　日本の教育課程における道徳教育の位置づけをとらえていく際，道徳教育と道徳科については分けて考えていく必要がある。2017年告示の学習指導要領において，道徳教育は次のように位置づけられている。「学校における道徳教育は，特別の教科である道徳（以下「道徳科」という。）を要として学校の教育活動全体を通じて行うものであり，道徳科はもとより，各教科，外国語活動，総合的な学習の時間及び特別活動のそれぞれの特質に応じて，児童の発達の段階を考慮して，適切な指導を行うこと」。

　この記述からわかるように，道徳教育は学校教育のあらゆる活動を通じて実施されるものであることをまずは確認しておこう。このような学校の教育活動全体を通じてなされる道徳教育を「全面主義」というが，たとえば社会科では児童が生活する地域（郷土）について学ぶこともあれば，理科であれば生命について学ぶこともある。体育であればチームワークについて学ぶこともあるだろう。総合的な学習の時間では福祉について探究していく場合もあるし，学級活動では児童自らが学級で生じたトラブルを解決していくことが求められる。これらの教育活動にはすべからく道徳的な価値が含まれており，この意味において学校の教育活動全体を通じて道徳教育がなされるといえる。そしてその要としての役割を担うのが道徳科である（図11-1参照）。

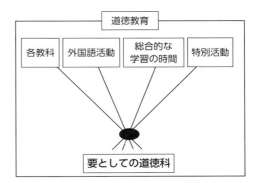

図11-1　道徳教育と道徳科の関係

（筆者作成）

(2) 道徳教育の目標

　では道徳教育の目標はどのように描かれているのであろうか。学習指導要領では，以下のように規定されている。「道徳教育は，教育基本法及び学校教育法に定められた教育の根本精神に基づき，自己の生き方を考え，主体的な判断の下に行動し，自立した人間として他者と共によりよく生きるための基盤となる道徳性を養うことを目標とする」。

　端的に示せば，道徳教育の目標は道徳性を養うことであり，その道徳性とは「道徳的判断力，道徳的心情，道徳的実践意欲及び態度を諸様相とする内面的資質」であるとされる。

　このような学校の教育活動全体に関わる道徳教育の目標は，これまで教育評価の俎上に上がってこなかったかといえばそうではない。たとえばこれまでの指導要録では「行動の記録」ならびに「総合所見及び指導上参考となる諸事項」という欄が設けられている。行動の記録については，「各教科，道徳，特別活動，総合的な学習の時間，その他学校生活全体にわたって認められる児童の行動」[1]について記録することが求められている。より具体的に示せば，小学校中学校ともに「基本的な生活習慣」「健康・体力の向上」「自主・自律」「責任感」「創意工夫」

「思いやり・協力」など10項目が例示されている。これは今回の2019年改訂指導要録にも引き継がれている。

3.「道徳の時間」と道徳科における評価

(1) 道徳の時間の評価

　教科化される以前の道徳の時間では，評価はどのように記述されていたのであろうか。たとえば2008年告示の学習指導要領では次のように示されている。「児童の道徳性については，常にその実態を把握して指導に生かすよう努める必要がある。ただし，道徳の時間に関して数値などによる評価は行わないものとする」。

　この記述からわかることは，道徳の指導のために児童の道徳性を把握する必要があるが，それは児童を直接評価するものではないということである。しかしながら，その道徳性をとらえる方略，すなわち「児童生徒に関する評価についての実践や研究が各学校等において組織的・計画的に進められてこなかった」[2]という指摘もある。児童生徒の実態をとらえるという評価が不十分であるがゆえに，授業に活かすことができず，結果的に「指導と評価の一体化」の視点は弱くならざるをえなかった。また指導要録においても，道徳の時間に特化した評価を行う欄は設けられていなかった。

(2) 道徳科の評価

　では，道徳が教科化されたことによって評価はどのように変わったのであろうか。2017年告示の学習指導要領では次のように記されている。「児童の学習状況や道徳性に係る成長の様子を継続的に把握し，指導に生かすよう努める

表11-1　指導要録における道徳科の記述欄（小学校）

学年	特別の教科　道徳　学習状況及び道徳性に係る成長の様子
1	
2	
3	
4	
5	
6	

出典：道徳教育に係る評価等の在り方に関する専門家会議「『特別の教科 道徳』の指導方法・評価等について（報告）」2016年。

必要がある。ただし，数値などによる評価は行わないものとする」。

　道徳の時間における評価と最も異なる点は，「学習状況や道徳性に係る成長の様子を継続的に把握」するという点である。なお，数値による評価を行わないことは改正前から引き継がれている。また指導要録には，道徳科の評価として「学習状況や道徳性に係る成長の様子について，特に顕著と認められる具体的な状況等について記述による評価」が記載されることになっている（表11-1参照）。ここから，道徳科の評価は授業改善のための評価の「観点」だけではなく，児童の学習状況等についての評価の「視点」が加わることになったといえよう。つまり，児童の学習状況などを丁寧に見取ることが授業そのものの改善につながりうるという「指導と評価の一体化」がより見いだされるのである。

(3) 学習状況や道徳性に係る成長の様子

　では「学習状況や道徳性に係る成長の様子」とは何を意味するのであろうか。道徳科の授業においても他教科と同様に，毎時間授業のねらいが設定されるが，他教科との大きな違いは，それが到達目標ではないということである。たとえば道徳科の授業（小学校6年）におけるね

らいは，次のように示される。

> 教材で取り上げられた偉人の話を聞き，児童がこれまで努力してきたことを振り返りその意味を考えることを通して，その時々の結果だけではなく，努力した過程を見つめようとする道徳的実践意欲と態度を育てる。

　この授業のねらいには，授業における学習活動や教師が願っている児童の成長の方向性が示されているが，1時間という授業で達成する到達度を示すものではない。というのも，授業を通じて養われる道徳性は長期的なスパンのなかで育まれていく（涵養される）ものであり，だからこそ，どのように児童が授業に取り組んだのかという学習状況や道徳性に係る成長というプロセスを見取っていく必要があるのである。

　同様に，「道徳性に係る成長の記録」という表現にも着目すると，「係る」という用語が用いられていることに気づくだろう。道徳性は道徳的判断力，心情，実践意欲と態度という3つの諸様相から構成されているが，「このような道徳性が養われたか否かは，容易に判断できるものではない」[3]と示されていることに注目する必要がある。つまり，直接的に道徳性に特化した評価を行っていくのではなく，道徳性に結びつくものを広くとらえていくことを示しているのである。たとえば，先のねらいにおける「その時々の結果だけではなく，努力した過程を見つめようとする」ことは，授業における「道徳性に係る」ねらいであるといえよう。年間の授業を通じて，このような道徳性に係る成長の記録を継続的に集積していくことによって，道徳科の評価が可能になる。また，道徳科の評価では先に示した道徳性を3つの諸様相に分けるなどして観点別評価を実施することは，妥当ではないとされている。

4. 道徳科の評価における視点と観点

（1）学習状況や道徳性に係る成長を見取る視点

　先に道徳科の評価の2つの側面，すなわち児童の学習状況等の評価の視点，ならびに授業評価の観点を示した。これらの視点，観点における評価行為は，具体的にいかに実施していけばいいのであろうか。『学習指導要領解説』では，児童の学習状況等の評価について次のように示している。「評価に当たっては，（中略）一面的な見方から多面的・多角的な見方へと発展しているか，道徳的価値の理解を自分自身との関わりの中で深めているかといった点を重視することが重要である」[4]。この表記において，学習状況等を見取るための2つの視点が提示されている。『学習指導要領解説』を参考にそれぞれ具体的にみていこう。

① 一面的な見方から多面的・多角的な見方へ

　多面的・多角的な見方とは，道徳的価値について多様な側面からとらえ，さまざまな角度から考察することであるが，それは道徳科の授業においては以下の点からとらえることが可能となる[5]。

- ・道徳的価値に関わる問題に対する判断の根拠やそのときの心情をさまざまな視点からとらえ考えようとしている。
- ・自分と違う立場や考え方，感じ方を理解しようとしている。
- ・複数の道徳的価値の対立が生じる場面において取り得る行動を多面的・多角的に考えようとしている。

以上の点をふまえながら，児童の発言やワークシート，道徳ノート等の記述等から多面的・多角的な見方ができるようになっているかどうかを見いだしていくことが可能になってくる。

② 道徳的価値に対する自分自身との関わり

道徳の授業においては，扱われている教育内容（あるいは教材）が児童にとって「他人事」となってしまうと，道徳の学びが深まっていきにくい。当事者，つまり自分自身との関わりにおいて考えることによって，道徳的価値に対する考え方は深さを増す。それを判別するための具体的な視点は以下のように示される[6]。

- ・読み物教材の登場人物を自分に置き換えて考え，自分なりに具体的にイメージして理解しようとしている。
- ・現在の自分自身を振り返り，自らの行動や考えを見直していることがうかがえる。
- ・道徳的な問題に対して自己の取り得る行動を他者と議論するなかで，道徳的価値の理解をさらに深めている。
- ・道徳的価値を実現することの難しさを自分のこととしてとらえ，考えようとしている。

このように，2つの点から児童をとらえることによって，指導要録の「学習状況や道徳性に係る成長の様子」の記述が可能になってこよう。

(2) 授業評価の観点

児童への評価行為は，同時に授業者の授業実践への反省材料として返ってくる必要がある。それが「指導と評価の一体化」を実現するのであり，授業者は授業改善の観点をつねにもつ必要がある。それは具体的には次のように示されている[7]。

- ・学習指導過程は，道徳科の特質を生かし，道徳的価値の理解をもとに自己を見つめ，自己の生き方について考えを深められるよう適切に構成されていたか。
- ・指導の手立てはねらいに即した適切なものとなっていたか。
- ・発問は，児童が多面的・多角的に考えることができる問い，道徳的価値を自分のこととしてとらえることができる問いなど，指導の意図に基づいて的確になされていたか。
- ・児童の発言を傾聴して受け止め，発問に対する児童の発言などの反応を，適切に指導に生かしていたか。
- ・自分自身との関わりで，物事を多面的・多角的に考えさせるための，教材や教具の活用は適切であったか。
- ・ねらいとする道徳的価値についての理解を深めるための指導方法は，児童の実態や発達の段階にふさわしいものであったか。
- ・特に配慮を要する児童に適切に対応していたか。

これらの観点は授業改善の観点であると同時に，授業をつくっていく際の重要なポイントにもなる。授業のための手立てが十分確立されているからこそ，児童の成長が保障されるのであり，指導と評価の連続的な往還が成立する。

5. 評価の留意点と記述の実際

児童の学習状況や道徳性に係る成長はどのような記述によってなされるのであろうか。ここにも留意すべき点はいくつか存在する。『学習指導要領解説』では次のように述べられている。

「個々の内容項目ごとではなく，大くくりなまとまりを踏まえた評価とすることや，他の児童との比較による評価ではなく，児童がいかに成長したかを積極的に受け止めて認め，励ます個人内評価として記述式で行うことが求められる」。

着目すべき第１点は，「大くくりなまとまり」で評価を行うということである。先にも述べたが，道徳性そのものは個々の授業の積み重ねや学校での取り組みすべてを通じてゆっくりと育っていくものである。ゆえに，いずれか１つの内容項目に特化して評価を行っていくのはふさわしくないとされている。

第２点は，「認め励ます個人内評価」であるという点である。「認め励ます」という表現は，学習指導要領総則において「児童のよい点や進歩の状況などを積極的に評価し，学習したことの意義や価値を実感できるようにすること」と述べられていることにも関係している。また，道徳の授業のねらいは到達度を示すものではないと先に示したが，これは目標に準拠して評価を行わないということにも結びつく。当該の児童がいかに変化したのか，その個人に基準をおいて見取っていく個人内評価であらねばならない。児童の問題行動やできていないところに着目した評価をするのではなく，児童の成長を積極的に認めていくことが重要である。

では具体的に指導要録にはどのような記述がなされるのであろうか。たとえば以下のような文例が考えられるであろう。

・自然や崇高なものについて，物語の主人公の立場に立って考えるだけではなく，自分の家族のそれぞれの立場に置き換えて考えることで，道徳的価値の大切さを多様にとらえていました。
・自分自身を見つめることによって，自分を肯定することができるようになり，それにより他者をも肯定する態度が見受けられました。

最後に入学選抜試験との関連について述べておく必要がある。これまで論じてきたように，道徳科の評価（指導要録への記載）は，学習状況や道徳性に係る成長について当該の児童のよい変化を見取る個人内評価であるために，選抜の手段となる「評定」とは性格の異なるものである。それゆえ，道徳科の評価は調査書などの資料への記入によって合否判定に用いてはならない。

1) 文部科学省「小学校，中学校，高等学校及び特別支援学校等における児童生徒の学習評価及び指導要録の改善等について（通知）」2010 年。
2) 道徳教育に係る評価等の在り方に関する専門家会議「『特別の教科 道徳』の指導方法・評価等について（報告）」2016 年。
3) 文部科学省「小学校学習指導要領解説　特別の教科 道徳編」2017 年，p. 109。
4) 同上書，p. 110。
5) 同上書，p. 110 を引用者が要約。
6) 同上書，p. 111 を引用者が要約。
7) 同上書，pp. 115-116。
・中央教育審議会初等中等教育分科会教育課程部会「児童生徒の学習評価の在り方について（報告）」2019 年。
・文部科学省「小学校学習指導要領」2008 年。
・文部科学省「学習指導要領の一部改正に伴う小学校，中学校及び特別支援学校小学部・中学部における児童生徒の学習評価及び指導要録の改善等について（通知）」2016 年。
・文部科学省「小学校学習指導要領」2017 年。

column 各国の評価事情 4 オーストラリア

ナショナル・カリキュラムと全国学力調査

木村 裕
●きむら　ゆたか

滋賀県立大学人間文化学部准教授
専攻：教育方法学・カリキュラム論・
ESD（持続可能な開発のための教育）論

学校教育とオーストラリアン・カリキュラムの概要

6州2直轄区から成るオーストラリア連邦では，1901年の建国以来，憲法の規定により教育に関する事項については各州・直轄区（以下，各州）が責任を有してきた。そのため，各州が独自の教育制度を定めてきた。

しかし，ACARA（Australian Curriculum, Assessment and Reporting Authority：オーストラリア・カリキュラム評価報告機構）を中心に開発されたオーストラリアン・カリキュラムと呼ばれるナショナル・カリキュラムが2013年より各州に本格的に導入され，公立学校も私立学校も原則としてオーストラリアン・カリキュラムにのっとって教育活動を行うことが求められるようになった。

オーストラリアン・カリキュラムでは，日本の教科に該当する「学習領域」（英語，算数・数学など8領域）に加えて，あらゆる学習領域を通して高めるべき能力としての「汎用的能力」（リテラシー，ニューメラシー，批判的・創造的思考力など7つ）と，あらゆる学習領域を通して扱うべきテーマである「学際的優先事項」（持続可能性など3つ）が定められている。

「学習の連続体」の開発

オーストラリアン・カリキュラムのウェブサイトでは，各学習領域で到達すべきスタンダードやそれを満たした作品の例，汎用的能力に関する「学習の連続体（learning continuum）」などが示されている。「学習の連続体」とは，学校教育のある特定の時点における適切な（relevant）知識やスキル，態度，傾向性（disposition）を記述したものである。

表1は，汎用的能力の1つであるリテラシーを構成する要素（element）の「学習の連続体」の一例である。リテラシーは，「聞くこと，読むこと，見ることを通してテキストを理解すること」「話すこと，書くこと，創造することを通してテキストを構成すること」「テキストに関する知識」「文法に関する知識」「単語に関する知識」「視覚知識」の6つの要素で構成されている。そして各要素に関して，より具体的な下位要素（Sub-element）が設定されるとともに，各下位要素について，「学習の連続体」が示されてい

オーストラリア

表1　リテラシーの要素「話すこと，書くこと，創造することを通してテキストを構成すること」の下位要素「プレゼンテーションを行う」に関する「学習の連続体」

レベル1e	レベル2	レベル3	レベル4	レベル5	レベル6
一般に，ファウンデーションの終わりまでに子どもたちは，	一般に，第2学年の終わりまでに子どもたちは，	一般に，第4学年の終わりまでに子どもたちは，	一般に，第6学年の終わりまでに子どもたちは，	一般に，第8学年の終わりまでに子どもたちは，	一般に，第10学年の終わりまでに子どもたちは，
学習領域のトピックに関連する短いプレゼンテーションを計画し，行う。	いくつかの視覚的な要素と多様な要素を取り入れながら，学習領域のトピックに関する短いプレゼンテーションを計画し，リハーサルをし，行う。	いくつかの学習した内容および適切な視覚的な要素と多様な要素を取り入れながら，学習領域のトピックに関するプレゼンテーションを計画し，リハーサルをし，行う。	異なる聴衆に合わせるために，適切な内容と視覚的な要素と多様な要素を選択しながら，学習領域のトピックに関するプレゼンテーションを計画し，研究し，リハーサルをし，行う。	選択された内容と多様な要素を，正確さと聴衆への影響をねらって配列しながら，学習領域のトピックに関するプレゼンテーションを計画し，研究し，リハーサルをし，行う。	アイディアと情報を提示し，主張を支え，聴衆を引き込み，説得するために，視覚的な要素と多様な要素を創造的に結びつけながら，より複雑な諸問題および学習領域のトピックに関するプレゼンテーションを計画し，研究し，リハーサルをし，行う。

＊ファウンデーションとは，第1学年の前に設定されている準備・移行学級のことである。州によって「レセプション」などとも呼ばれる。
＊実際には，レベル1eの前の段階として「レベル1a」から「レベル1d」も設定されているが，紙幅の都合上，ここでは省略した。
出典：表は，オーストラリアン・カリキュラムのウェブサイト内のリテラシーに関するページにある「学習の連続体」に関する資料：https://www.australiancurriculum.edu.au/media/3596/general-capabilities-literacy-learning-continuum.pdf（2019年7月15日確認）の一部を和訳して，木村が作成。

る。これは，他の6つの汎用的能力に関しても同様である。

　汎用的能力の育成のためには，児童生徒に求めたいパフォーマンスの様相や発達段階を想定して明確な教育目標や評価基準を設定するとともに，それらをふまえて支援方法を検討したり，学習の過程で到達点と課題を把握（形成的評価）しながら指導と学習の改善を繰り返したりすることが肝要である。汎用的能力を構成する要素の明確化や「学習の連続体」の開発は，そのための手立ての1つになり得るものであるといえよう。

全国学力調査の特徴

　オーストラリアでは現在，「リテラシー」「ニューメラシー」「科学的リテラシー」「シティズンシップ」「ICTリテラシー」の5つについて，全国学力調査が行われている。とくに，NAPLAN（National Assessment Program – Literacy and Numeracy）と呼ばれるリテラシーとニューメラシーに関する学力調査は，第3・5・7・9学年の児童生徒全員を対象として毎年実施されている。それ以外の3つについては，3年ごとに，抽出調査の形式で実施される。

　NAPLANでは，異なる年度に受けた学力調査の結果の比較が可能な調査方法が採られている。そのため，児童生徒一人ひとりの学習状況の一端を，長期的に把握することが可能である。また，2018年からは，児童生徒一人ひとりの学力の実態をより詳細に把握することをめざして，コンピュータを用いた「テイラード・テスト（tailored test）」の方式での調査への移行が進められている。

　NAPLANで測定可能な学力の範囲には制約があるため，児童生徒の学力を包括的に把握するには，日々の授業のなかでパフォーマンス評価等を併用することが不可欠である。ただし，NAPLANに見られる児童生徒一人ひとりの到達点と課題を詳細かつ長期的に把握するという取り組みの方向性は，目標に準拠した評価の実質化や指導と評価の一体化を進めるうえで重要なものだといえよう。[1]

1）オーストラリアン・カリキュラムの概要や全国学力調査をはじめとする教育評価に関する取り組みの詳細については，木村裕「オーストラリアの教育改革における教育評価の取り組み」田中耕治編著『グローバル化時代の教育評価改革－日本・アジア・欧米を結ぶ』日本標準，2016年，pp. 40-51などを参照。

12 総合的な学習の時間

形式にとらわれず内容豊かな探究を

中西修一朗
●なかにし　しゅういちろう

大阪教育大学教育学部講師
専攻：教育方法学

1. 学習指導要領・指導要録の変更点

　前回 2010 年の指導要録改訂において，「総合的な学習の時間の記録」として，学習活動を書くだけでなく，評価の観点を各学校で独自に設定し，評価内容を記述することが求められていた。その観点として示されたのは，「よりよく問題を解決する資質や能力」など，学習指導要領に示された目標をふまえて設定するもの，「学習方法に関すること」などの各学校において設定するもの，「関心・意欲・態度」など教科との関連を明確にして設定するもの，という3つであった[1]。

　2019 年の指導要録改訂もこの方針を引き継いでおり，記入書式に変更はない。基本的には各学校における主体的な設定が求められている。ただし，とくに学習指導要領に示された目標をふまえて観点を設定する場合においては，資質・能力の「三つの柱」に即して目標が大きく書き換えられたことに留意することが重要だろう。とくに総合的な学習の時間の目標としては，「探究的な見方・考え方を働かせ」や「探究的な学習に主体的・協働的に」というように，探究的な学習を行うことがよりいっそう重視されている。このことは，目標の2つめに「実社会や実生活の中から問いを見いだし，自分で課題を立て，情報を集め，整理・分析して，まとめ・表現することができるようにする」という「探究のサイクル」が位置づけられていることにも象徴されている。

　指導要録の記入書式に変化がないとはいえ，

このような探究的な学習を評価する際に，今後，どのような点に注意することが重要なのだろうか。以下，何を評価するか，どのように評価するか，何に注意して指導するかという3点に分けて考えていこう。

2. 評価の観点
——何を評価するか

「小学校，中学校，高等学校及び特別支援学校等における児童生徒の学習評価及び指導要録の改善等について（通知）」[2]には，総合的な学習の時間の観点の例として**表12-1**が添えられている。「知識・技能」，「思考・判断・表現」，「主体的に学習に取り組む態度」の三つの柱に沿ってまとめられ，これらを参考にしつつ各学校で観点を定めることが期待されている。この例示からは，各学年でいずれかの観点を採用すればよいとも読み取れる。しかしながら，ある学年では「知識・技能」を，次の学年では「思考・判断・表現」を，と設定したのでは，総合的な学習の時間に求められている趣旨を逸脱しかねない。なぜなら，今後重視されている探究的な学習に求められていることは，「自ら問いを見いだし探究することのできる力を育成し，探究的な学習が自己の生き方に関わるものであることに気付くようにする」[3]ことであり，そのためには，「知識・技能」や「思考・判断・表現」を総合的に評価することが必要だからである。

だからこそ，問いを見いだすこと，すなわち「課題そのものの質」を中心にして，学習を通じて育む力の全体像を把握することが重要である。その観点としては，西岡加名恵氏のモデルがわかりやすい（図12-1）。このモデルは，主に2つの点で示唆に富んでいる。第1に，総合的な学習の時間には，教科や特別活動で得た力が生きたものとなっているかをたしかめ，そうなるように育むという特色があることを明示している点である。教科で重点的に培う「基礎的な知識・スキル・理解」や，特別活動で重点的に育む「協働する力」も視野におさめていることが，これにあたる。さらに課題の質を問い続けるための「自己評価力」（メタ認知）を育成することが，探究全体を支えている。課題の質を教師が判断するだけでなく，子どもたち自身が省察的に振り返ることができているかということも，評価の観点としては重要になる。

第2に，評価の観点の中心に「課題そのもの

表12-1　総合的な学習の時間の評価の観点と趣旨

（小学校・中学校）

観点	趣旨
知識・技能	探究的な学習の過程において，課題の解決に必要な知識や技能を身に付け，課題に関わる概念を形成し，探究的な学習のよさを理解している。
思考・判断・表現	実社会や実生活の中から問いを見いだし，自分で課題を立て，情報を集め，整理・分析して，まとめ・表現している。
主体的に学習に取り組む態度	探究的な学習に主体的・協働的に取り組もうとしているとともに，互いのよさを生かしながら，積極的に社会に参画しようとしている。

出典：文部科学省「通知」2019年3月29日，別紙4，p. 30。

図12-1　探究で育みたい力

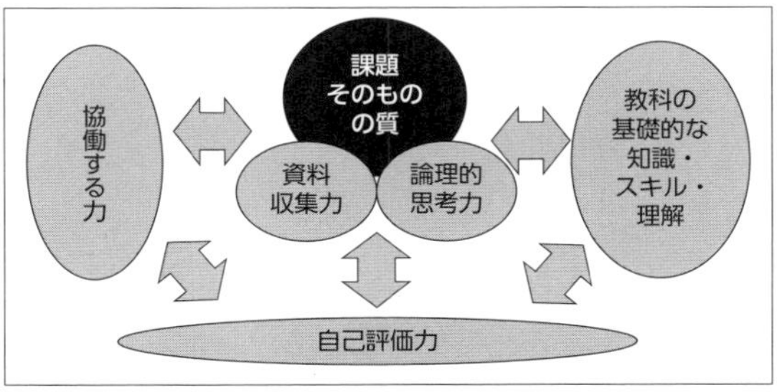

出典：西岡加名恵『教科と総合学習のカリキュラム設計』図書文化，2016年，p. 62。

の質」を置き，「論理的思考力」および「資料収集力」を並置している点である。探究的な学習を始める際，子どもたちはしばしば，最初から完璧な課題を設定せねばならない，と思いこんでしまう。しかし，ある程度の見識を広げ，さらにそれを自分のものとしてじっくりと考えなければ，よい課題というのは見つかるものではない。一方で，「論理的思考力」や「資料収集力」だけをねらうのもおかしいことに注意したい。「論理的思考力」は文章を通して，「資料収集力」は資料の量と質だけで判断することもできるものの，それらだけを評価の観点とみなした場合，論理的であるが何のために書いたのかわからないレポートや，積極的に資料を収集しているけれどあまり活かされていない探究活動など，うまく評価できない事例が出てくるからである。探究的な学習においては，あくまで学習者の問いを深めていくことが重要である。だからこそ，「論理的思考力」や「資料収集力」を意識しながらも，直接には子どもたちが設定している「課題そのものの質」を問いなおしていくことが必要だろう。

近年では，とくに高等学校の探究的な学習に関して，評価の観点を明示したプロト・ルーブリックも作成されている。プロト・ルーブリックとは，各学校の特色をふまえてアレンジすることを前提に，基本となる評価観点と，その発展尺度を示したものである。評価の観点のみを抜き出すと，表12-2のようになる。自然科学的な探究と社会科学的な探究とで観点には違いがみられるものの，やはり課題の設定と，資料やデータの収集と分析，それらをふまえた考察が重視されている点は共通している。

これらはあくまで高等学校の探究的な学習の蓄積から導かれた観点である。しかしながら，小学校や中学校においても，のちの学校階梯におけるどのような学習へとつながっていくのか

表12-2 探究のプロト・ルーブリックの観点

自然科学的探究のプロト・ルーブリックの観点	
課題設定と情報収集	・研究課題と仮説の設定 ・調査の計画と実施
データの解釈	・データの分析 ・情報の評価 ・検証への参加
説明と解決策の創出	・モデルの創出と使用 ・数学などの使用 ・説明の構成
社会科学的探究のプロト・ルーブリックの観点	
課題設定	・問い／対象の特定 ・仮説の形成
資料の収集と分析	・学問的背景の焦点化 ・社会科学的な資料収集・資料分析 ・分析における信用性の確保
結論や解釈の構成	・自分なりの結論や解釈の構成 ・厚みのある記述 ・結論や解釈の妥当性の確保 ・成果に対する省察

出典：大貫守・福嶋祐貴「探究的な学習の評価のポイント」西岡加名恵編著『資質・能力を育てるパフォーマンス評価』明治図書，2016年，pp. 114-117。

を意識しながら，評価の観点を設定することが重要だろう。

3. 評価のポイント
―― どのように評価するか

では，設定した観点をどのように評価することが妥当なのだろうか。2017年改訂学習指導要領の解説編でも確認しているとおり，総合的な学習の時間においては「教科のように数値的に評価することはせず，活動や学習の過程，報告書や作品，発表や討論などに見られる学習の状況や成果などについて，児童のよい点，学習に対する意欲や態度，進歩の状況などを踏まえて適切に評価すること」[4]が求められる。その

ためには，発表やレポートなど，具体的な評価の材料を考えておくことのみならず，それらを継続的に蓄積して評価することが役に立つ。この際に，注目されるのがポートフォリオである。

ポートフォリオは本来，さまざまな資料を蓄積しておくファイルのことを意味している。複数の資料を，学習の履歴として総覧できるようにすることで，他者への説明においても役に立たせ，同時に省察を促すものである。そのため，総合的な学習の時間にポートフォリオを活用する際にも，たんに資料を蓄積するだけでなく，それらを振り返る活動を設定することが重要である。

このことは，近年推進されている e ポートフォリオにもあてはまる。評価の資料を電子上のデータベース内に保存する e ポートフォリオの利点の一つは，映像なども含めたさまざまな資料を，大量に，かさばらず保管できることにある。しかし，だからといって，大量のデータをアップロードしたまま放っておいてはもったいない。今回の指導要録改訂に向けたワーキンググループでも，この点が意識されており，「研究のふりかえり・今後に活かしていきたいこと」を必ず生徒に入力させるようになっていることが，尾木義久氏によって報告されている[5]。

ただし，従来のポートフォリオには，たんに振り返りをまとめるという以上の可能性が認められていたことを留意しておきたい。そもそもポートフォリオは，その機能によって2種類に分けられる。日常的に資料をためていく「ワーキング・ポートフォリオ」と，そこから取捨選択したり並べ替えたりして作る「パーマネント・ポートフォリオ」である[6]。ワーキング・ポートフォリオを見つめなおして自分の学びの物語を再構成し，それを伝えるために必要な資料を選び，並び替え，パーマネント・ポートフォリオを作るという過程を通して，子どもたちには自分の学習を見る目が育まれるのである。もちろん，編集を子どもたちだけで行うのは困難だろう。教師と子どもたちが検討会で話し合い，意見を交わすことが不可欠である。

e ポートフォリオは資料の蓄積という点で利がある一方で，それぞれの資料を直接に手に取ることができず，総覧性も低い。そのため，直観的に編集することは難しく，子どもたちが自らの学びを振り返り，自ら評価規準を創出していくことに活かすのは難しいという難点を抱えている。とくに小学校段階では，この違いを意識して，直観的な編集ができるよう取り組むことが重要だろう。そうすることで，先生が把持する評価の観点は，子どもたち一人ひとりの課題意識に根ざして創出されなおすことになる。

4. 指導のポイント
——何に注意して指導するか

総合的な学習の時間の指導においては，課題の設定，情報の収集，整理・分析，まとめ・表現という「探究のサイクル」を繰り返すことが重要であることは，学習指導要領が指摘しているとおりである。ここでのポイントは2つある。

第1に，「くりかえす」ことが重要だということである。すでに2002年の時点で，「質の高い総合学習の実践は，問題解決のサイクルを一つの単元で少なくとも3回は繰り返すものだ」ということが指摘されている[7]。まずは漠然とした興味や疑問にもとづいて活動・体験に取り組み，そこで得た気づきを話し合って調べ活動を進め，練り上げられた課題意識のもとに，さらなる探究を深めていく。探究のサイクルの各局面を表面的に追うのではなく，子どもたちの問いが切実なものとなっているのかを確かめながら，長時間をかけて繰り返すことが重要で

ある。

　第2に，探究のサイクルは，必ずしも各局面を順に追うわけではなく，むしろ優れた探究の過程とは，各局面を複雑に行き来するものだということである。これについては，大貫守氏がまとめている，アメリカの科学教育分野における探究の性質に関する研究が参考になる。アメリカにおいても，1980年代には「問い→予想→実験→モデル→応用」という「探究サイクル」が唱えられていた。しかし，1990年代末には，より反復的な過程として図12-2のように描かれるようになった。このモデルを提唱したクレイチェックらが批判したのは，探究が料理のレシピのように直線的にとらえられていたことであった。たとえ優秀な科学者であっても，探究の過程でデータ収集の基準を構成しなおし，問い自体を何度も立てなおすものである。そのような本物の科学者が行う複雑な手続きを経験させることを通じて，子どもたちを科学者の思考過程にふれさせることが，クレイチェックらの提唱の根幹にあった。これはあくまで科学教育という文脈で語られたものであるが，探究の過程が直線的ではなく再帰的な過程であることは，総合的な学習の時間における探究学習においても意識されてよいだろう。

　以上のように，探究のサイクルを何回も繰り返す単元設計，一直線ではなく再帰的に複雑に行き来する学習過程という2つの要素が，総合的な学習の時間において探究的活動を指導するポイントである。このような要素は，総合的な学習の時間の黎明期の実践において，すでに読み取ることができる。最後に，2つの要素がどのように展開されるのかを実践事例で確認してみよう。紹介するのは，和光鶴川小学校の5年生の総合学習の単元「『本物』の豆腐を作ろう！」[8]である。

　この単元は，4月から12月にわたる大きな

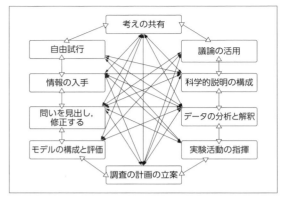

図12-2　再帰的で複雑な探究のモデル

出典：大貫守「J. S. クレイチェックの科学教育論に関する検討」『教育方法学研究』41巻，2016年，pp. 37-48。

単元として行われた。はじめは，朝ごはんが何から作られているのか，という問いかけから出発し，大豆に注目する。大豆を使った食べ物には何があるんだろうと調べるなかで，目標を「本物の豆腐を作る」ということに定めた。材料や道具，作り方を班ごとに調べ，新聞にまとめる。しかし，いざ作ってみても，なかなかうまくいかない。豆腐屋さんに聞き取りに行ったり，市販の豆腐のラベルを比較する調査を行ったりしつつ，豆腐作りを繰り返す。9月からは，豆腐作り，班別研究，個人研究という3つが同時に行われることになった。豆腐作りもうまくいき，輸入大豆など海外とのつながりを考え，最後に豆腐から考えたことをまとめて単元が終わった。

　この単元は，複数の探究のサイクルによって成立している。身近な朝ご飯や大豆を使った食べ物を調べるという小さな探究，試行錯誤を繰り返しつつ豆腐を作る実践的な探究，さらにはラベルの比較から豆腐の生産に使用される薬剤の種類とその長短を明らかにするという社会調査に及ぶ探究まで，大小の探究が含まれている。しかもそれらは，一つの探究の成果が次の探究の問いにつながっているのみならず，全体が「本物の豆腐とは何か」という一つの問いの探究と

しても成立している。探究のサイクルを何回も繰り返すという場合，このように，大小さまざまな探究が重層的に絡みあうようになるだろう。形式的に繰り返せばよい，ということではない。

また，全体を通じて，子どもたちの問いが柔軟に深まり変化している。豆腐を作ると聞いて喜ぶ子どもたちは，先生から「本物の豆腐を作ること」という条件を提示される。この時点では，子どもたちのなかに「問い」は生まれていない。ちょうどよい硬さや四角い形にすればいいんだ，という目標をもって資料調査や豆腐屋さんへの聞き取りをふまえて豆腐作りに取り組む。そのさなかで，ニガリの種類や煮る時間といった，より細かい課題の設定が必要となる。それらの経験が，「本物の豆腐とは何か」という問いを子どもたちに抱かせたのである。

さらに，市販の豆腐の値段の違いに興味をもつことによって，凝固剤など材料の違いに気づき，「本物の豆腐とは何か」に対しても，さまざまな材料を根拠にした答えが導かれていく。そのなかで，ある子の答えは少し違っていた。その子は，豆腐屋さんへのインタビューで聞いた「手作りしてこそ本物の豆腐」という言葉にこだわり，材料調べを通じて，手作りしている豆腐だったら何が入っているのかがわかり「安心」だから本物だ，という答えを導いたのである。多くの子どもが，値段の違いや材料の違い自体を課題として設定していた一方で，この子はその課題設定の裏に，「手作りすればなぜ本物なのか？」という別の課題を設定していたことになる。

このように，子どもたちが課題を自分のものとするには，一定の経験が必要であり，また探究の過程において分析や表現を行っているようには見えなくとも，集めてきた情報をもとに一人ずつの課題を設定していることがある。探究のサイクルは「課題の設定→情報の収集→整理・分析→まとめ・表現」と一直線に進むわけではないこと，探究を行う過程はむしろ複雑に入り組んでおり，サイクルとは探究の後から反省的に見いだされるものであることが，この事例からも読み取れよう。

この単元を指導した教師は，「こういう子どもの姿には，子ども自身のうちに学習を支える問いがあります。その問いを育てることが教師には求められている」と振り返っている。総合的な学習の時間を指導し評価する際は，子どもたちの問いがどのように変化しているか，それはなぜかということを，子どもの学習活動を中心にして丁寧に見ていくことが必要である。

1) 文部科学省「小学校，中学校，高等学校及び特別支援学校等における児童生徒の学習評価及び指導要録の改善について（通知）」(2010年) の別紙1「小学校及び特別支援学校小学部の指導要録に記載する事項等」。
2) 文部科学省「小学校，中学校，高等学校及び特別支援学校における児童生徒の学習評価及び指導要録の改善等について（通知）」2019年3月29日。以下「通知」と略す。
3) 中央教育審議会「幼稚園，小学校，中学校，高等学校及び特別支援学校の学習指導要領等の改善及び必要な方策等について（答申）」2016年12月21日, p. 239。
4) 文部科学省『小学校学習指導要領解説 総合的な学習の時間編』2017年, p. 124。
5) 中央教育審議会初等中等教育分科会教育課程部会「児童生徒の学習評価に関するワーキンググループ」第3回議事録, 2018年より。
6) 西岡加名恵『教科と総合に活かすポートフォリオ評価法』図書文化, 2003年, p. 60。
7) 西岡加名恵「総合学習」田中耕治編著『新しい教育評価の理論と方法 第Ⅱ巻 教科・総合学習編』日本標準, 2002年, p. 216。
8) 和田仁「『本物』の豆腐を作ろう！」行田稔彦・成田寛編『自分づくりの総合学習5・6年』旬報社, 1999年, pp. 34-43。

13 特別活動

目標を見定めた評価を

中西修一朗
●なかにし　しゅういちろう
大阪教育大学教育学部講師
専攻：教育方法学

　指導要録の改訂方針を示した「小学校，中学校，高等学校及び特別支援学校等における児童生徒の学習評価及び指導要録の改善等について（通知）」（2019年3月。以下「通知」）では，特別活動に関する変更は見られなかった。このことは，改訂のあり方を検討したワーキンググループが，学習活動の評価に議論の重点を置いていたことに直接の原因が読み取れる。特別活動に関しては，3名の委員が意見を述べたにとどまっていたのである。しかしながら，従来から指導要録における特別活動の評価の示し方には，疑問が呈されてきた。そのため，「通知」が大きな変更を指示していなかったとしても，それは特別活動の評価を工夫することが不必要であることを意味しない。

　本稿では，まず指導要録改訂にいたるワーキンググループにおける特別活動をめぐる論点を整理する。そのうえで，前回の改訂において残された問題点を振り返り，「通知」に添えて公開された評価の観点をどのようにとらえればよいのかを，特別活動の評価に関する研究の知見をふまえて考えてみよう。

1. 指導要録改訂に向けた動向

　今回の指導要録の改訂にあたっては，特別活動をめぐってどのような意見が提示されたのだろうか。指導要録の改訂に向けての議論を積み重ねてきた，中央教育審議会の「児童生徒の学習評価に関するワーキンググループ」（以下，WG）の議事録をひも解くと，特別活動についてふれているのは，石井英真氏，尾木義久氏，

川間健之介氏に限られる[1]。

WGの第1回で先鞭をつけたのは石井氏であった。教科の学力の全体像を，知識，社会的スキル，情意の3要素でとらえ，それぞれが階層性をもっていることを指摘したうえで，教科外の特別活動にもこのモデルが有効であることを述べている。社会性等を養うのは，何も特別活動だけでなく，学校教育全体で取り組むべき課題である，ということも含意しており，一方で，「まさに自分たちでいろいろな集団を作って運営するとか，そういう部分がすごく大事」であり，「教師が悩むというよりも，本来，生徒たちが悩むべきところで，それを手取り足取りやってきたところがあるのではないかというような視点も必要」であると，特別活動の独自性についても言及している。

次には，第3回WGで尾木氏が，e-Portfolioと関連させて特別活動にふれている。特別活動に関する事柄も入力の対象であるという報告のほか，キャリア教育と関係させて情報を継続的に蓄積することも可能になると推測している。最後に特別活動が議題にのぼったのは，第5回WGである。ここでは川間氏が，特別支援教育における指導要録の記録方法に関して，児童の状態に即して各教科や特別活動などを併せて取り扱い記録することも可能であることを説明している。

WGにおいて特別活動が議題にのぼったのは，全12回のうち以上の3回限りであり，学習目標や評価との関連で扱っているのは，石井氏だけであった。結果として，WGの結果を反映させた「児童生徒の学習評価の在り方について（報告）」は，特別活動について一言もふれておらず，指導要録のあり方を示す「通知」も，特別活動に関しては2010年に提示したものからの変更を示さなかった。しかしながら，2010年の指導要録は，発表された当初から，その問題性が指摘されていたのである。

2. 前回の改訂から積み残された問題点

前回の改訂がどのような課題を残したかを整理しておこう。2010年の「児童生徒の学習評価の在り方について（報告）」においては，特別活動の評価が教科における評定と並べて取り上げられている。2001年改訂の指導要録では，各活動・学校行事ごとの趣旨に照らして〇印をつける方式がとられていた。これを2010年改訂は改めた。学習指導要領に示された目標をふまえながら，各学校において評価の観点を設定して指導要録にも明示し，この観点に照らした実現状況を評価することを求めた[2]。ただし，具体的な事実等を「総合所見及び指導上参考となる諸事項」に記す方針は，一貫している。

この改訂は，しかし，問題をはらんだものであった。なぜなら，従来それぞれの特質があると考えられてきた各学年の各活動を，特定の観点に統一して評価しては，きわめて抽象的な評価になりかねないからである。この点は，改訂当時から指摘されており，たとえば渡辺貴裕氏は，「目標に準拠した評価を，各活動・学校行事ごとの区分を踏まえて行っていくのか，能力の機能別の観点で行っていくのか，その方向性に関してここには一種のねじれが存在している」と矛盾を指摘している[3]。そのうえで，特別活動全体に対して「関心・意欲・態度」，「思考・判断・実践」，「知識・理解」といった観点ごとの評価を記入するか，もしくは各活動・学校行事ごとに評価基準を作成するという案を提示している。たしかにこのようにすれば，全学年の全活動を特定の観点からのみ評価するという拘束は外されただろう。

しかし，実際には，指導要録は2010年の改訂において，全学年の全活動を評価するために1つの観点で示さねばならない，という難題を抱え込んだ。この課題は，2019年改訂においてもそのまま放置され，残されている。

3. 改訂で示された方向性と展開の可能性

それでもなお，詳細に検討すれば，2019年の「通知」が示している評価の「観点」に関しては，指導要領の改訂をふまえて，若干の改善が施されていることがわかる。表13-1は，2010年と2019年の評価の観点とその趣旨である。比較すると，2019年のものは，評価の観点が単純化している一方で，趣旨の中身は2010年よりも踏み込んだものとなっている。

これには，2017年の学習指導要領改訂において，「人間関係形成」，「社会参画」，「自己実現」という3つの視点が，特別活動の指導内容に関して重視されたことの反映が読み取れる。すなわち，「知識・技能」，「思考・判断・表現」，「主体的に学習に取り組む態度」といった機能別の観点を中心としつつも，「人間関係形成」や「社会参画」，「自己実現」といった，各活動・学校行事ごとの特質をふまえた内容に依拠した視点を取り入れる方向が示されたのである。

では，そのように示された観点を参考に評価する際，何に注意を払うべきだろうか。特別活動の「観点」欄は，各学校での重点目標をふまえて記入することが期待されている。たとえば，「主体的に生活や人間関係をよりよくしようとする態度」という文言が，比較的具体的に設定した場合の例として示されている[4]。各学年の教師は，この観点を評価規準として，○を記入する。

しかし，具体的な例として示された「主体的に生活や人間関係をよりよくしようとする態度」に○がついていなかったとしても，結局のところ，何がどのように評価されたのかを判断できないだろう。これでは，各教師の主観的な評価だという誹りを免れ得ないうえに，活動や指導の改善につながらない。従来は総合所見欄で詳述することがこれを補っていたが，今次の改訂においては，教師の勤務負担軽減の観点か

表13-1 指導要録における特別活動の評価の観点とその趣旨

(小学校)

	観点	知識・技能	思考・判断・表現	主体的に学習に取り組む態度
2019年改訂	趣旨	多様な他者と協働する様々な集団活動の意義や，活動を行う上で必要となることについて理解している。自己の生活の充実・向上や自分らしい生き方の実現に必要となることについて理解している。よりよい生活を築くための話合い活動の進め方，合意形成の図り方などの技能を身に付けている。	所属する様々な集団や自己の生活の充実・向上のため，問題を発見し，解決方法について考え，話し合い，合意形成を図ったり，意思決定をしたりして実践している。	生活や社会，人間関係をよりよく築くために，自主的に自己の役割や責任を果たし，多様な他者と協働して実践しようとしている。主体的に自己の生き方についての考えを深め，自己実現を図ろうとしている。
	観点	集団活動や生活についての知識・理解	集団の一員としての思考・判断・実践	集団活動や生活への関心・意欲・態度
2010年改訂	趣旨	集団活動の意義，よりよい生活を築くために集団として意見をまとめる話合い活動の仕方，自己の健全な生活の在り方などについて理解している。	集団の一員としての役割を自覚し，望ましい人間関係を築きながら，集団活動や自己の生活の充実と向上について考え，判断し，自己を生かして実践している。	学級や学校の集団や自己の生活に関心をもち，望ましい人間関係を築きながら，積極的に集団活動や自己の生活の充実と向上に取り組もうとする。

出典：文部科学省『小学校，中学校，高等学校及び特別支援学校等における児童生徒の学習評価及び指導要録の改善等について（通知）』2010年，2019年。

ら，要点を箇条書きにするなどの工夫により記載事項を必要最小限にとどめることが指示された[5]。教師の負担を軽減しつつ，適切に評価内容を示すためには，どうすればよいのだろうか。

重要なのは，指導要録に示した「観点」が，評価規準のすべてだとはとらえないことである。その観点にどのような教育目標や評価基準が内包されているのかを具体化し，教師が共通理解をはかっておくことである。そのうえで，総合記述欄にその評価基準を示しておけば，たとえ〇×であったとしても評価内容がより具体的にわかるだろう。記述すべき評価規準が定まっていれば，記述する教師の負担も軽減される。

評価基準を具体化して整理するにはどのような方策があるだろうか。これには，河原尚夫氏の研究が参考になる。河原氏は，教科外教育においても，到達目標を設定しようと取り組んできた。その成果の1つが，表13-2のような「教科外教育の目標―評価システム」である。

表13-2 観点と指標の一覧

観点＼指標	A	B	C	D
集団に関わる力	子供の参加のしかた	集団の形態・機能	教師の関与のレベル	集団の空気
活動内容を構想する力	活動の価値的な意味	活動内容のレベル	計画作成の主体	活動内容の広がり
交流を支える力	表現の方法と力	交流の形態	判断のプロセス	質と持続性

出典：河原尚夫「教科外活動の位置と目標・評価論の特性」『教育目標・評価学会紀要』2014年，p.52。

ここで示されている「観点」は，「知識・理解」や「態度」といった機能別の分類とは異なり，基本的な能力目標の内容を示したものである。また，それぞれの観点の成長・深化を評価するための基準として示されているのが「指標」である。各観点の指標には，さらに細かく下位の指標が設定されている。たとえば，「活動内容を構想する力」を評価するための指標の1つに，「計画作成の主体」があり，これには個人の提案であるのか，委員会等からの提起であるのか，教師が原案を出すのか，といった「下位指標」が想定されている[6]。そうした具体的な「下位指標」による判断にもとづいて最終的な評価を行うというのが，河原氏の提案するシステムである。この提案は，「観点」の内実を構想し，共有するための可能性を示してくれている。

総括しよう。指導要録に評価をつける際，1つの観点の下に〇をつけるか否かだけでは，曖昧にすぎる。かといって，総合記述欄に一人ひとりの子どもの様子を丁寧に書けばよいかといえば，それでも結局教師の主観を免れることはできないし，教師の負担も増えるばかりだろう。大切なことは，設定した観点をどのような具体的な指標によって判断するのかを，事前に描いておくことである。たんに活動するだけでなく，活動を通した教育目標を長期的な視野で見定めておくという言い古された方針を，特別活動においても具体化していくことが大切である。

1) 中央教育審議会初等中等教育分科会教育課程部会「児童生徒の学習評価に関するワーキンググループ」各回議事録（第1回，第3回，第5回）を参照。
2) 中央教育審議会初等中等教育分科会教育課程部会「児童生徒の学習評価の在り方について（報告）」2010年。
3) 渡辺貴裕「活動を通して育てたい子どもを意識し，子どもの姿を捉える」田中耕治編著『小学校新指導要録改訂のポイント』日本標準，2010年，p.101。
4) 文部科学省「小学校，中学校，高等学校及び特別支援学校等における児童生徒の学習評価及び指導要録の改善等について（通知）」の別紙1「小学校及び特別支援学校小学部の指導要録に記載する事項等」2019年3月29日。
5) 同上通知。
6) 河原尚武「教科外教育の目標づくりと評価の原則を求めて（2）」『教科外教育と到達度評価』4号，2001年，pp.5-6。川地亜弥子「教科外教育・活動」教育目標・評価学会編『『評価の時代』を読み解く下巻』日本標準，2010年，p.166も参照。

14 行動

学校における創意工夫を実現する
——子ども自身の理解と教師の子ども理解が重要

川地亜弥子
●かわじ　あやこ

神戸大学大学院
人間発達環境学研究科准教授
専攻：教育方法学・生活綴方・作文教育論

「行動の記録」とは

　小学校および特別支援学校小学部における「行動の記録」は，各教科，道徳科，外国語活動，総合的な学習の時間，特別活動，その他学校生活全体にわたる児童生徒の行動について評価するものである。項目としては，前回改訂同様に，「基本的な生活習慣」「健康・体力の向上」「自主・自律」「責任感」「創意工夫」「思いやり・協力」「生命尊重・自然愛護」「勤労・奉仕」「公正・公平」「公共心・公徳心」の10項目が参考様式に挙がっている。各項目の趣旨に照らして「十分満足できる状態にある」と判断される場合には，○印を記入することとなっている。

　この「十分満足」とは，目標に準拠した評価なので，項目ごとに○をつける人数をあらかじめ決めておくような方法は望ましくない。「十分満足」の規準を明確にして記入すべきである。行動の評価項目およびその趣旨（123ページの表14-1）が低学年，中学年，高学年ごとに記述されているため，これを参考に学年ごとの評価規準について議論する必要がある。

行動チェックリストではない

　ただし，評価規準がたんなる行動チェックリストになっては，指導に生きてこない。なぜその行動が重要なのかという理由が子どもによく理解できているか，理由がわかっているのにできなかったときに「なぜできなかったのか」という自分自身の行動の振り返りやそのときの状況の理解ができているかどうか，といった点をあわせて把握する必要がある。

　そうすると，「十分満足」に○はつかない場合に，子どもによって指導のポイントが違って

くることが見えてくる。その行動の意義が理解できていないのならばその指導が必要ということになる。意義は理解できてもまだ実行できないということならば、その理由を分析し、たとえば実行しやすい状況で指導を行い、できたときに励ますことで、自発的な行動へつなげるということも重要になってくる。今までは疑問なくできていたことでも、深く考えるとできなくなることもある。その場合は、目に見える行動としてはマイナスに思えても、子どもの成長の兆しである。とくに高学年においては、悩みや葛藤等の心の揺れを丁寧にとらえていくことが重要である。子ども自身の納得、理解を大事にしながら、指導に生きる評価となるよう、評価規準について議論しながら、学校内で指導のポイントを共有しておくことが重要であろう。

「行動の記録」欄については、前回同様、各学校がその教育目標に合わせて項目を加えることも適当であると述べられている。学校における目標と評価について議論することが求められていると言えるだろう。

1. 今回改訂のポイント

(1)「我が国」だけを強調しない

今回の改訂では、「行動の記録」欄の項目については変更されていない。ただし、趣旨については、記述の前後が入れ替わる変更が1箇所ある。

公共心・公徳心の第5学年および第6学年の記述は、「規則を尊重し、公徳を大切にするとともに、我が国や郷土の伝統と文化を大切にし、学校や人々の役に立つことを進んで行う」とある。これを前回の記述と比較すると「我が国」と「郷土」の順序が入れ替わっていることに気づく（123ページの表14-1）。

同様の変更があり、説明が記されているのが、特別の教科道徳の学習指導要領解説「C. 主として集団や社会との関わりに関すること」の第5学年および第6学年（カ）（「伝統と文化の尊重、国や郷土を愛する態度」に関する解説）である。「日本人としての帰属意識及び社会的な広がりを再考して『郷土や我が国』『郷土や国』を『我が国や郷土』『国や郷土』に改めた」とある。ここからは、「日本人」の意識が強調されていることが見て取れる[1]。

同様の傾向が道徳科では低学年でも明確であり、たとえば、同じく解説のC.の第1学年および第2学年では、「（エ）国との関わりを深められるようにするために『郷土の文化や生活に親しみ』を『我が国や郷土の文化と生活に親しみ』に改めた」とある[2]。

学校は、統廃合などが進んでいくなかでも、地域と強いつながりがある。身近な地域の人たちとの交流のなかで伝統や文化を受けとめ、時には参加していくこともあるだろう。

加えて、他の国から来て日本の学校で学んでいる子どもたちも増えているなかで、「我が国」の概念を日本だけでなく、そうした子どもたちと関わりの深い国との関係で広げていく努力も求められていよう。

(2) 道徳科との関係

道徳科のC.（キ）（「国際理解、国際親善」に関する解説）では、多様な文化の尊重が重視されており、多様な子どもたちがいる学校での行動の指導と評価は、広い視野のもとで行われる必要がある。教育基本法の第2条5には、「伝統と文化を尊重し、それらをはぐくんできた我が国と郷土を愛するとともに、他国を尊重し、国際社会の平和と発展に寄与する態度を養うこ

と」とあり，学校教育法第21条にも，教育基本法をふまえて，「進んで外国の文化の理解を通じて，他国を尊重し，国際社会の平和と発展に寄与する態度を養うこと」とある。これを見れば，自国だけでなく，外国の文化の理解を通じた他国の尊重があってしかるべきだと考えられる。

冒頭に述べたように，「行動の記録」は，学校生活全体にわたる行動に関わる項目である。とりわけ，道徳科において，「特定の価値観を押し付けたり，主体性をもたず言われるままに行動するよう指導したりすることは，道徳教育が目指す方向の対極にあるものと言わなければならない」[3]ということが繰り返し主張されていることを想起したい。学校生活全体でも，子どもの考えをよく聴き，議論していくことが求められる。たとえば約束やきまりを守ることについても，「約束だから」「きまりだから」といった短絡的な理由づけに終わることなく，なぜそのような約束をしているのか，なぜそのようなきまりがあるのかまで議論したうえで，主体的に行動が選択できるように指導していくことが重要である。その際には，子どもから出されるよりよい生活を求める創意工夫，たとえば「もっと違うきまりに変えたほうがいいのではないか」などの提案を尊重し，子どもたち自身が学校生活の主人公なのだと感じられる指導が求められるだろう。

2. 子どもと保護者への説明を十分に

通知表の思い出について学生に尋ねると，「『行動の記録』に○が少ないとがっかりした。先生に認められてないように思った。親にも『ちゃんとやってるの？』と言われた」という返答をする者がいる。評価規準について，子どもたちにも知らせておく必要がある。

また，保護者の関心は各教科の評価のほうが高いかもしれないが，「行動の記録」についても保護者に目標設定の意図と評価規準を説明しておくべきである。というのも，行動面においては学校での指導だけでなく各家庭での指導・助言が重要な役割を果たすからである。とりわけ，小学校の時期は保護者の小さな助言，支援があるかないかが，学校での行動に大きな影響を及ぼす。学校でどんなに指導しても，家庭で支援を得られないと，成果が上がらないということも起こる。

学校での指導の意図を伝え，協力してもらうためにも，「行動の記録」についての説明をしておくことが重要であろう。

---

1) 文部科学省『小学校学習指導要領解説 特別の教科 道徳編』2017年，p. 8。
2) 同上書，p. 7。
3) 中央教育審議会「道徳に係る教育課程の改善等について（答申）」2014年10月21日，p. 3。

表 14-1　行動の評価項目およびその趣旨（小学校）

項　目	学　年	趣　旨
基本的な生活習慣	第1学年及び第2学年	安全に気を付け，時間を守り，物を大切にし，気持ちのよいあいさつを行い，規則正しい生活をする。
	第3学年及び第4学年	安全に努め，物や時間を有効に使い，礼儀正しく節度のある生活をする。
	第5学年及び第6学年	自他の安全に努め，礼儀正しく行動し，節度を守り節制に心掛ける。
健康・体力の向上	第1学年及び第2学年	心身の健康に気を付け，進んで運動をし，元気に生活をする。
	第3学年及び第4学年	心身の健康に気を付け，運動をする習慣を身に付け，元気に生活をする。
	第5学年及び第6学年	心身の健康の保持増進と体力の向上に努め，元気に生活をする。
自主・自律	第1学年及び第2学年	よいと思うことは進んで行い，最後までがんばる。
	第3学年及び第4学年	自らの目標をもって進んで行い，最後までねばり強くやり通す。
	第5学年及び第6学年	夢や希望をもってより高い目標を立て，当面の課題に根気強く取り組み，努力する。
責任感	第1学年及び第2学年	自分でやらなければならないことは，しっかりと行う。
	第3学年及び第4学年	自分の言動に責任をもち，課せられた役割を誠意をもって行う。
	第5学年及び第6学年	自分の役割と責任を自覚し，信頼される行動をする。
創意工夫	第1学年及び第2学年	自分で進んで考え，工夫しながら取り組む。
	第3学年及び第4学年	自分でよく考え，課題意識をもって工夫し取り組む。
	第5学年及び第6学年	進んで新しい考えや方法を求め，工夫して生活をよりよくしようとする。
思いやり・協力	第1学年及び第2学年	身近にいる人々に温かい心で接し，親切にし，助け合う。
	第3学年及び第4学年	相手の気持ちや立場を理解して思いやり，仲よく助け合う。
	第5学年及び第6学年	思いやりと感謝の心をもち，異なる意見や立場を尊重し，力を合わせて集団生活の向上に努める。
生命尊重・自然愛護	第1学年及び第2学年	生きているものに優しく接し，自然に親しむ。
	第3学年及び第4学年	自他の生命を大切にし，生命や自然のすばらしさに感動する。
	第5学年及び第6学年	自他の生命を大切にし，自然を愛護する。
勤労・奉仕	第1学年及び第2学年	手伝いや仕事を進んで行う。
	第3学年及び第4学年	働くことの大切さを知り，進んで働くようにする。
	第5学年及び第6学年	働くことの意義を理解し，人や社会の役に立つことを考え，進んで仕事や奉仕活動をする。
公正・公平	第1学年及び第2学年	自分の好き嫌いや利害にとらわれないで行動する。
	第3学年及び第4学年	相手の立場に立って公正・公平に行動する。
	第5学年及び第6学年	だれに対しても差別をすることや偏見をもつことなく，正義を大切にし，公正・公平に行動する。
公共心・公徳心	第1学年及び第2学年	約束やきまりを守って生活し，みんなが使うものを大切にする。
	第3学年及び第4学年	約束や社会のきまりを守って公徳を大切にし，人に迷惑をかけないように心掛け，のびのびと生活する。
	第5学年及び第6学年	規則を尊重し，公徳を大切にするとともに，我が国や郷土の伝統と文化を大切にし，学校や人々の役に立つことを進んで行う。

出典：「小学校，中学校，高等学校及び特別支援学校等における児童生徒の学習評価及び指導要録の改善等について（通知）」（2019年3月29日）〔別紙4〕各教科等・各学年等の評価の観点等及びその趣旨（小学校及び特別支援学校小学部並びに中学校及び特別支援学校中学部）。

＊ □□□□ は記述の前後が入れ替わった変更箇所。

15 総合所見及び指導上参考となる諸事項

「総合所見及び指導上参考となる諸事項」を生かした「個人内評価」の共有を

二宮衆一
●にのみや　しゅういち

和歌山大学教育学部准教授
専攻：教育方法学・カリキュラム研究

1. 「個人内評価」を具体化する「総合所見及び指導上参考となる諸事項」

2016年の中央教育審議会答申、そして、それをふまえた2019年1月の「児童生徒の学習評価の在り方について（報告）」（以下「報告」）で示されたように、今回の指導要録の改訂においても、「目標に準拠した評価」が、評価の基本的な考え方として位置づけられた。

そのため、2019年の指導要録の改訂においても、これまでと同様、「目標に準拠した評価」にもとづく「観点別学習状況」欄並びに「評定」欄とともに、それらではとらえきることが難しい個々の子どもの変化や成長を「個人内評価」として記述する「所見」欄という2本柱によっ

て指導要録が構成されている。

後者の「個人内評価」を自由記述する欄として、従来から設けられてきたのが、「総合所見及び指導上参考となる諸事項」である。「個人内評価」とは、評価規準を子ども個人におき、他の子どもとの比較ではなく、その子ならではの学習の進展や発達のあゆみ、また得意不得意や長所短所を丁寧にとらえようとするものである。たとえば、ある子どもが算数や理科に比べて、国語や社会の成績がよく伸びているとか、2学期に行った国語の説明文教材の授業で今までになく、よくがんばった姿が見られたなど、以前に比べて伸びた点や子どもたち一人ひとりの良さを評価する場合に用いる。

「個人内評価」に関しては、教育評価論において縦断的個人内評価と横断的個人内評価の2種類が提起されてきた。前者は、現在の学力到

15　総合所見及び指導上参考となる諸事項

達度と過去のそれを比較し，その子の学習進歩状況をとらえるものである。後者は，さまざまな発達的視点から子どもをとらえることにより，その子の長所・短所や得意・不得意を明らかにしようとするものである。

「総合所見及び指導上参考となる諸事項」においては，以下のような事項について「個人内評価」にもとづき評価することが，従来，求められてきた。今回の指導要録改訂においても，こうした事項についての評価を行うことが，その役割となると考えられる。

---

① 各教科や外国語活動，総合的な学習の時間の学習に関する所見
② 特別活動に関する事実及び所見
③ 行動に関する所見
④ 児童（生徒）の特徴・特技，学校内外におけるボランティア活動など社会奉仕体験活動，表彰を受けた行為や活動，知能，学力について標準化された検査の結果等，指導上参考となる諸事項
⑤ 児童（生徒）の成長の状況にかかわる総合的な所見

しかしながら，これらの事項をすべて書くことは，この欄に割かれているスペースからしても無理なことである。そのため，実際には子どもの当該学年での成長や発達状況を総合的にとらえたうえで，それを表す顕著な学習事例や成長・発達事例をいくつか選び，記述することになるだろう。2019年3月の「小学校，中学校，高等学校及び特別支援学校等における児童生徒の学習評価及び指導要録の改善等について（通知）」（以下「通知」）では，記述方法について，要点を箇条書きとすることなど，記述の簡素化も提案されている。

また実際の記入に際しては，「マット運動が得意です」「算数の勉強をがんばっていました」というような印象的な表現を用いず，どのような学習活動においてどんな力がついたのかを具体的な学習事実にもとづいて書く必要がある。たとえば，社会科の地域学習に関連して「地域のお祭りについて地域の人に放課後に話を聞き，図書館で関係した本を調べ，それらを整理し，まとめて発表することができました」と記述すると，具体的に学習の成果を示すことができる。

具体的な学習事実にもとづいて「個人内評価」を行っていくためには，子どもたち一人ひとりの学習記録を蓄積し，そのなかにその子ならではの学習の進展や発達のあゆみ，長所・短所や得意・不得意を探る必要がある。後述するようなポートフォリオなどの活用が，実際の評価に際しては，有用となるだろう。

2.「学習のための評価」としての「総合所見及び指導上参考となる諸事項」の役割

前述の「報告」において，「総合所見及び指導上参考となる諸事項」について，以下のような提起がなされた。

「総合所見及び指導上参考となる諸事項」など文章記述により記載される事項は，児童生徒本人や保護者に適切に伝えられることで初めて児童生徒の学習の改善に生かされるものであり，日常の指導の場面で，評価についてのフィードバックを行う機会を充実させるとともに，通知表や面談などの機会を通して，保護者との間でも評価に関する情報共有を充実させることが重要である。これに伴い，指導要録における文章記述欄については，例えば，「総合所見及び指導上参考となる諸事項」については要点を箇条書きとするなど，必要最小

限のものにとどめる。

　戦後の教育評価の歴史を振り返ると、「個人内評価」は、相対評価にもとづく評定で良い成績をつけることができない子どもたちの救済、すなわち「所見」欄において学習以外の良さをほめることで、相対評価の選抜的性格をやわらげる役割を果たしてきた。しかし、今、「個人内評価」は、「目標に準拠した評価」と結びつくことで本来の機能を取り戻しつつある。目標と照らし合わせ、何ができていて、何ができていないのかを個々の学習の歩みに沿って明らかにするとともに、目標に到達するために、どのように学習を改善していくのかを教師と子どもがともに確認し合う評価として「個人内評価」はとらえられるようになってきている。

　先の「報告」の提起は、そうした「個人内評価」の本来の役割を、さらに前進させるものととらえることができる。「評定」や「観点別学習状況」が、総括的評価を記入する欄であるのに対して、「総合所見及び指導上参考となる諸事項」は、「個人内評価」と「目標に準拠した評価」を結合し、記入する欄であるため、形成的評価の役割を果たすことができる。形成的評価の役割とは、学習の成果や到達度を評価するのではなく、むしろ教師の指導改善や子どもたちの学習改善に利用できる情報を評価にもとづきフィードバックすることにある。

　近年、世界の教育評価論のなかでは、形成的評価の役割のなかでも、とくに学習者の学習改善を目的とした評価のあり方に関心が高まり、研究が進められている。そして、学習者の学習改善に資するフィードバックの提供を目的とした形成的評価を「学習のための評価」と呼ぶようになってきている。

　その理論によれば、「学習のための評価」として評価が機能するためには、学習の成果や到達度を適切に測るだけでなく、そこから得られた情報をどのように学習者と共有するかが、鍵ととらえられている。たとえば、評価の結果を、5段階評価などの数値や記号で返された場合、それは学習成果の判定にすぎないため、学習者にとっては学習改善のための手がかりを見いだすことができない。つまり、評価が学習改善の機能を果たすためには、教師から学習者である子どもたちへのフィードバック、すなわち評価結果の伝え方が非常に大切なのである。「学習のための評価」の研究のなかでとくに注目されているのは、子どもたちが理解でき、学習を改善する手がかりを得られるフィードバックのあり方である。

　この点を「報告」のなかでは「児童生徒本人や保護者に適切に伝えられることで初めて児童生徒の学習の改善に生かされる」と表現しており、また、「通知表や面談などの機会を通して、保護者との間でも評価に関する情報共有を充実させることが重要である」と提起している（太字は筆者による）。子どもたちに対しては、学習を通して何が理解・できるようになったのかを具体的な姿や事実を通して伝えると同時に、まだ十分に理解・できるようになっていない学習内容について、どのように学習を進めていくのか、さらに高めてほしい力について話し合い、共有していくことが重要である。保護者に対しても同様の事柄を伝え、共有していくとともに、保護者の視点から子どもたちの変化や成長を確認できる事柄を伝えていくことが大切となる。

　そのためには、これまでの評価情報の伝え方や共有の仕方を見直す必要があるだろう。学習の成果や到達度をテストの点数や通知表の評定によって子どもたちや保護者に伝えるだけでなく、子どもたちの学習の記録にもとづき、具体的に子どもと保護者に評価情報をフィードバックし、共有していく機会や場を設ける必要があ

る。たとえば，各学期末の個人懇談会を利用し，通知表をもとに，子どもと保護者と一緒に，各学期の学習内容の何が理解でき，何が理解できていないかを共有することなどが考えられるだろう。「総合所見及び指導上参考となる諸事項」を「学習のための評価」として機能させるためには，評価の根拠となる一人ひとりの子どもの具体的な学習の事実を振り返り，共有していくことが何より不可欠である。

3. ポートフォリオなどの個人の学習記録の活用

「通知」のなかでは，「総合所見及び指導上参考となる諸事項」の欄の記述について，「要点を箇条書きとするなど，その記載事項を必要最小限にとどめる」と示されている。これは指導要録の記入を簡素化するためであり，評価活動そのものを簡素化するものではない。すでに述べたように，「総合所見及び指導上参考となる諸事項」に関わる評価情報を子どもたちや保護者と共有していくことが何より重要であり，そうした共有の機会を学校生活のなか，家庭訪問や懇談の際に設けていくことが求められている。

そうした機会を充実させるものとして注目したいのが，ポートフォリオなどの子どもたち個人の学習記録の作成と活用である。ポートフォリオとは，子どもたちのレポート，テスト，日記，インタビュー記録，自己評価メモ，教師からの評価メモなどのさまざまな学習成果や学習プロセスの記録などを系統的・継続的に収集したものを意味する。ポートフォリオ評価において重視されてきたように，ポートフォリオ作成の目的は，学習記録や成果としての作品を収集することではなく，どのような作品や記録を集めるのかについて子どもと教師が話し合い，そ

して集めたものをともに振り返ることにある。ポートフォリオ評価とは，そうした振り返りの過程において，学習の成果や到達点を確認し，さらに学習を進展させていくために，どのような学習活動を行っていくのかを具体的に話し合い，共有していくことで，学習に資する評価としての機能を果たそうとするものである。

ポートフォリオ評価は，「学習のための評価」として活用できる評価活動であり，「通知」の中身を具体化できるものと考えられる。ポートフォリオを「総合所見及び指導上参考となる諸事項」に生かすためには，各教科のテストをファイルすることや子どもたちの学習プロセスを顕著に表したノートをコピーすることなどで，教科学習に関わる子どもたちの学習記録を収集し，蓄積していくことが有用であろう。また，特別活動や学校生活での記録として，「これは！」と感じた日記や作文をコピーしておくこと，係や委員会活動での活動記録や自己評価を子どもたちに書いてもらい，収集しておくことなどが有用となるであろう。収集に際しては，コピーではなく，デジタルカメラやスキャンなどを活用することも考えられる。

「総合所見及び指導上参考となる諸事項」として選び出した具体的な子どもたちの変化や成長を具体的な学習や生活の記録にもとづき保護者や子どもたち自身と共有していくことが大切である。

・中央教育審議会初等中等教育分科会教育課程部会「児童生徒の学習評価の在り方について（報告）」2019年1月21日。
・西岡加名恵・石井英真・田中耕治編『新しい教育評価入門——人を育てる評価のために』有斐閣コンパクト，2015年。
・文部科学省「小学校，中学校，高等学校及び特別支援学校等における児童生徒の学習評価及び指導要録の改善等について（通知）」2019年3月29日。

16 特別支援教育

特別支援教育における学びと評価のあり方

羽山裕子
●はやま　ゆうこ

滋賀大学教育学部講師
専攻：教育方法学・特別支援教育論

窪田知子
●くぼた　ともこ

滋賀大学教育学部准教授
専攻：障害児教育学・特別支援教育論

1. 特別支援教育の進展と課題

　特別支援教育制度がスタートして10年以上が経過した。この間，学校現場においては，障害等の困難を抱えながら通常の学級で学んでいる子どもたちが大勢いるという理解が浸透しつつある。このような子どもたちに対しては，クラスの一員として生き生きと活動できるよう，授業や学級活動のなかで必要な配慮や支援を提供するための模索が続いている。また，通級による指導や，養護教諭やスクールカウンセラーとの連携など，在籍学級外のさまざまな専門性を活用した，学校ぐるみでの支援体制づくりも進められている。

　一方で，特別支援学校や特別支援学級での教育活動も，新たな課題と向き合いながら営まれている。たとえば，特別支援学校に通う児童・生徒数の増加による大規模化は，教室数の不足や特別教室の使用回数の制限といった教育環境上の問題を生じさせ，発達に応じた細やかな学習集団編成に困難をもたらしている。

　このように新たな制度の普及・定着とともに課題も見えてきているなかで，特別支援教育における日々の授業では，どのような教えや学びが展開されるべきなのだろうか。学習指導要領や指導要録の改訂を機会として，子どもたちが何を学ぶべきか（教育目標），そしてその学びは十分に実現されたのか（教育評価）を，特別支援教育に関わる一人ひとりが改めて考えていく必要がある。

2. 特別支援教育における教育目標のあり方

(1) 新しい学習指導要領の特徴

　2017年に改訂された新たな学習指導要領では，全校種において「知識・技能の習得」「思考力・判断力・表現力等の育成」「学びに向かう力・人間性等の涵養」が三つの柱として示された。また，特別支援学校の新学習指導要領では，教育目標や教育内容の記載の体裁が従来のものから大きく変化した。これは，より細かく生徒の実態に対応することや，学部間や通常の幼稚園，小学校，中学校との「連続性」を重視することが新学習指導要領のもとでめざされているためである。

　とくに大きな変化が見られたのが，知的障害児を対象とする教科の教育目標・教育内容である。具体的には，これまで中学部の教育内容が段階ごとに分かれていなかったのに対して，新学習指導要領では2段階に分けられた。また，各段階内に当該教科の小・中・高の学習指導要領とほぼ同一の下位区分が設けられ，これまでよりも細かな記述が見られるようになった。たとえば小学部の国語科1段階では，改訂前は4項目の目標が列挙されていたのに対して，改訂後は「知識及び技能」「思考力，判断力，表現力等」に分けられた。このうち前者は，言葉の特徴や使い方に関する事項とわが国の言語文化に関する事項にさらに分けられ，それぞれについて数項目の教育内容が示されている。また後者は「聞くこと・話すこと」「書くこと」「読むこと」に分けられ，それぞれについて数項目の目標が示されている。このような細かな記述は，一つ一つを網羅することにとらわれてしまうと，実践の幅を制限することになりかねない。子どもの実態や育てたい力をまず明確に意識し，その達成に向けて各項目がどう関連し合っているのかを考えながら，実践に生かしていく必要があるだろう。

(2) 障害児教育の教育目標をめぐる課題

　学習指導要領改訂に示されるように，国レベルでの特別支援教育の教育課程の変化が進む一方で，特別支援学校現場での教育目標・評価に関する議論のなかでは，2000年代以降に強まってきた客観性やエビデンス重視の動きに対する懸念が示されてきた[1]。もちろん，教育目標が独り善がりなものにならないために客観性は必要であるし，他の教員や保護者と情報共有しながら授業をより良いものにしていくためには，エビデンスを伴って子どもの実態を語れることは大切であろう。問題なのは，ともすれば客観性重視が情意面の目標の切り捨てを招いてしまったり，エビデンス重視が数値化できるような測定可能性の高い事象に目標を限定してしまったりする点である。

　障害のある子ども，とくに障害の重い子どもの場合，「○○を学びたい」と明確に意識して学習に向かうことは難しい場合が多い。普段関わっている教師以外の人が見ると，学習の姿勢が一見受け身に思えることもあるだろう。また一時間の授業ごとに，はっきりと見える形で知識の量が増えたり，新たな技能を獲得したりということも容易ではない。このような子どもたちに対して，客観的で測定可能な目標は設定しにくく，また形式的に設定したとしても，その子どもの成長のために本当に意味のあるものとはなりにくい。子どもたちの成長につながるような授業づくりのためには，知りつつある，できつつあるという学びの萌芽を丁寧に見取ることができるような目標設定が必要となる。そこ

では，曖昧さや主観性への批判を乗り越え，かつ教育的に意味のある目標設定を行うために，新たな力を獲得する途上にある子どもの姿を的確に言語化できる力が実践者たちに求められている。

3. 特別支援教育における教育評価のあり方

(1) 特別支援学校の指導要録の特徴

特別支援学校の指導要録は，通常の小・中・高の指導要録とは異なる，障害の種別に応じた2種類の様式が設けられている。視覚障害，聴覚障害，肢体不自由，病弱の子どもたちを対象とした様式は，通常の小・中・高の指導要録と同様に各教科の観点別学習状況と評定欄があり，さらに総合的な学習の時間，特別活動，行動の記録欄や総合所見欄が設けられている。それに加えて，「自立活動の記録」と「入学時の障害の状態」を自由記述によって記入することになっている。ここでいう「自立活動」とは特別支援学校の教育課程独自の領域であり，「障害による学習上又は生活上の困難を克服し自立を図るために必要な知識技能を授けること」を目的としている。

一方，知的障害のある子どもたちの指導要録には，これまで各教科の観点別評価や評定の欄はなく，各教科・特別活動・自立活動の記録，行動の記録，総合所見及び指導上参考となる諸事項，入学時の障害の状態をそれぞれ自由記述形式で記入することが求められてきた。ただし，2016年の中央教育審議会答申「幼稚園，小学校，中学校，高等学校及び特別支援学校の学習指導要領等の改善及び必要な方策等について」において，「児童生徒一人一人の学習状況を多角的に評価するため，各教科の目標に準拠した評価の観点による学習評価を導入」することが提言されており，今後，知的障害児以外を対象とした指導要録と同様に，評価観点が細分化される可能性もある。

(2) 障害のある子どもの多様性をとらえる評価方法

指導要録に記入される子どもたちの姿は，日々の授業内での評価の積み重ねの先にある。ただし，障害のある子どもたちの場合，同じクラスで同じ授業を受けていても，めざすべき目標や，そこへの到達の道筋が一人ひとり大きく異なる。そのため，特別支援学校や特別支援学級での日々の評価は，通常の学級で行われているように，毎日の宿題，小テスト，単元末テストといった統一的な課題の出来によって成果を根拠づけ，蓄積していくことが難しい。そこで求められるのが一人ひとりの学びの軌跡を丁寧にたどることができるような評価方法である。

具体的な方法としては，たとえばポートフォリオ評価法が挙げられる。ポートフォリオ評価法とは，ファイルや箱などに「子どもたちが創造した作品（日記，ビデオテープなどを含む）やさまざまな評価記録（教師の観察記録，子どもの読書目録など）を収集」[2]し，それにもとづいて評価を行う方法のことである。ポートフォリオ評価法が障害のある子どもの評価方法として優れている点としては，決まった時間・場所でのテストとは異なり，日常のさまざまな場面で見られた姿を評価資料として採用できる点，また，蓄積する資料の形態に柔軟性がある点が挙げられる。

たとえば言語による意思表示の困難な重度重複障害の子どもたちの場合，授業に参加しているなかでの表情や身体の動きや，スイッチを使って工作を行う場面などの映像を評価の資料

として蓄積することが可能である。また、ある程度の教科学習が可能であるが、障害のない子どもたちと同様のペーパーテストでは十分に力を発揮できないような子どもの場合、校外学習での買い物場面や掃除時間といった授業外の活動のなかに、数や図形の初歩的な理解を示す姿が見られる場合がある。このような場面の写真や関連資料（買い物メモ等）も、ポートフォリオ評価法では評価資料となる。ポートフォリオに蓄積された資料は、担任教師が最終的な評価の資料として活用するだけでなく、その子どもの教育に携わる他学級の教員や保護者とも共有が容易であり、また一目で子どもの実態や成長を理解しやすい。このような点も、一人の子どもの教育実践に多くの人が関わるという特徴をもつ特別支援教育において役立つものであるといえる。

（羽山裕子）

1) 三木裕和・越野和之編『障害のある子どもの教育目標・教育評価』クリエイツかもがわ、2014年。
2) 田中耕治『教育評価』岩波書店、2008年。

4. 指導要録の改善と評価の工夫

　新学習指導要領では、障害のある子どもや日本語の習得に困難のある子ども、不登校の子どもなど特別な配慮を必要とする子どもたちへの指導について総則で明記された。また、第2章「各教科」では、すべての教科において障害のある子どもについて「学習活動を行う場合に生じる困難さに応じた指導内容や指導方法の工夫を計画的、組織的に行うこと」と明記された。子ども一人ひとりが経験している困難さや学習状況をふまえ、すべての教師が責任をもってその子どもに必要な手立てを考え、工夫していくことがますます求められている。そのなかで指導要録は、多様な教育的ニーズをもつ子どもたちが「何を」「どのように」身につけたか、まさに学習の軌跡として残されるべきものであるといえる。

　新学習指導要領で示された三つの柱、すなわち「知識・技能の習得」「思考力・判断力・表現力等の育成」「学びに向かう力・人間性等の涵養」は、障害の有無によらず、すべての子どもにとって育成をめざすべき資質・能力である。しかしながら、障害のある子どもやさまざまな教育的ニーズをもつ子どもたちの学びは、その認知特性の偏りや行動特性ゆえに、実に多様な様相を示す。また、一つ一つの学習内容を長い時間をかけて習得していく発達段階にある子どももいる。だからこそ、こうした子どもたちの学習評価を行うにあたっては、○年生ということだけにとらわれず、一人ひとりの教育的ニーズを的確に把握し、めざすべき資質・能力の育成に向けたその子どもの学びの状況、到達点、必要とする支援の中身などについて丁寧に記録していくことが求められる。そのため、指導要録の様式や記述内容についてもさまざまな工夫が必要となる。

（1）特別支援学級での学びと評価

　特別支援学級は、弱視、難聴、知的障害、肢体不自由、病弱、言語障害、自閉症・情緒障害と障害種別に設置されている。少人数の学級で、障害のある子ども一人ひとりに応じた教育が行われており、特別支援学校の学習指導要領を参考に特別の教育課程を編成することができる。そのため、特別支援学級に在籍する子どもたちの指導に関する記録については、「必要がある場合、特別支援学校小学部の指導要録に準じて

作成する」とされており[1]，先述の特別支援学校の指導要録を参考に，小学校で一般的に使用されている指導要録の様式を柔軟に改編して用いることが望ましい。具体的には，子どもがどのような力を身につけたかを自由記述形式で記入することが必要である。その際，「知識・技能」「思考力・判断力・表現力等」「学びに向かう力・人間性等」の三つの柱に即して評価することはもちろんであるが，子どもの発達段階に応じた評価の視点をもつことも重要である。

　特別支援学級に在籍する子どものなかには，登下校や着替え，給食，持ち物の管理などの身辺自立や生活面でもなんらかの支援を必要としている場合がある。社会性や対人関係を築くことに課題がある子どもも少なくない。そうした子どもたちの具体的な姿や支援の取り組みについては，「行動の記録」として記述しておくことも大切である。

　また彼らの多くは，交流および共同学習の一環として，当該学年の学級（交流学級）でも学んでおり，交流学級での様子も評価の対象となる。そのため，特別支援学級に在籍する子どもの指導要録を作成するにあたっては，特別支援学級担任だけではなく，交流学級担任と共に子どもの姿や指導を振り返り，個別の教育支援計画や個別の指導計画をもとに，評価を行うことが重要である。

(2) 通級による指導での学びと評価

　通級による指導を受けている子どもの指導要録については，「総合所見及び指導上参考となる諸事項」欄に，「通級による指導を受ける学校名（在籍する学校に通級指導教室がなく，他校に通級している場合）」「通級による指導の授業時数」「指導期間」「指導の内容や結果」等を記入する。たとえば，「たのしかった」を「たのしかんた」と表記するなど，特殊音節の定着に課題のある子どもが，通級指導教室で撥音「ん」と促音「っ」の音を視覚化したり（ex.「しっぽ」を「し●ぽ」，「しんぽ」を「し△ぽ」と表す），手を叩くなど動作化したりすることで，少しずつ「ん」と「っ」が正確に使い分けられるようになってきたといった記述ができるだろう。また，読み書きが苦手なために通常の学級では学習に対して自信を失っていた子どもが，通級による指導のなかでゆっくりじっくり話を聞いてもらうことで安心して自分の思いを表現するようになり，自分からその思いを伝える手段として書くことに前向きになったというような姿を記載できることもあるだろう。大切なのは，その子どもの通級による指導における目標に対して，どのような指導を行い，その結果どのような力が身についたかを明確に記すことである。それは，その子どもが学校生活の大半の時間を過ごす通常の学級内での指導にとっても大いに参考となる情報となる。

(3) 通常学級での学びと評価

　文部科学省の調査では，通常学級のなかで学習・行動面で何らかの困難を経験していると思われる子どもは約6.5％にのぼると報告されている[2]。このことからもわかるように，特別な支援を必要とする子どもは，通常の学級にも多く学んでいる。そうした子どもたちが「知識・技能」「思考力，判断力，表現力等」「学びに向かう力，人間性等」を身につけていくためには，日々の指導のなかでさまざまな支援や工夫が必要である。今日，それは，「合理的配慮」と呼ばれ，適切な提供と整備が重要な課題となっている。

　たとえば，教室のなかで「書く」ことの苦手さをもっている子どもが学んでいるとする。その子にとって，板書を正確に写し，そのうえでノートに自分の意見を書いてまとめることは大

変な困難を伴う。黒板をノートに写そうと思っても，手元のノートと黒板を目で追うたびに行がずれたり，一つ一つの文字を正確に覚えられずになかなか手が進まなかったりして，授業時間内に書ききれないことも起こりうる。いつまでたってもマス目の埋まらないノートやワークシートを前に，あるいは，何回練習をしても漢字を正しく覚えられない自分に自信を失っていくことは想像に難くない。そうならないために，指導要録では「総合所見及び指導上参考となる諸事項」の欄に，書くことが苦手でもどうすれば生きて働く「知識・技能」を習得し，未知の状況にも対応できる「思考力，判断力，表現力等」を育成し，「学びに向かう力，人間性等」を涵養できるかという視点で，その子どもにとって有効と考えられる指導方法の工夫を記述しておくことが大切である（例：板書の写す部分を限定して考える時間を確保する，見て写すより読み上げると書きやすい，ワークシートに罫線やマス目を入れる，など）。

（4）次の指導につながる情報を共有する

今日，連続性のある「多様な学びの場」を整備することの重要性が指摘されているように[3]，特別な支援を必要とする子どもが6年間の小学校生活を送るなかでは，通常学級で学んでいた子どもが通級による指導を利用するようになったり，特別支援学級に籍を移して支援を受けるようになったりと，さまざまな学びの場や学習形態の変化を経験することがある。そうした変化は，担任が日々の子どもの様子から「困っている」ことに気づき，その子どもに対してどういう支援を行ったらどう有効なのかを慎重に吟味した結果，訪れるものである。そのため，「総合所見及び指導上参考となる諸事項」の欄に，「放課後に少人数で学習した際，落ち着いて課題に取り組むことができたことから，特別支援学級で学習することを本児と保護者と検討しはじめた」「苦手な書字について，通級による指導で個別に指導してもらうことを望んでいる」などの記載をしておくことで，指導要録は進級・進学時の進路指導の記録も共有できる重要なツールとなりうる。

また，特別な教育的ニーズのある子どもの場合，学校内の巡回相談や発達相談，あるいは学校外の医療機関，発達支援センターなどと連携し，発達検査などのアセスメントを受けていることもある。どんな検査（検査の種類）をいつ受けたか，どのような結果だったかといった情報は，その子どもの認知特性や発達特性，発達段階などを見通した指導を行ううえで非常に大きな意味をもつ。指導要録の「総合所見及び指導上参考となる諸事項」欄で「○年生で発達相談を受けた」という事実が共有できれば，そのときの記録にまでさかのぼって子どものその当時の実態，検査や相談結果から必要と考えられる支援方法，学習内容の中身などを確認し，日々の指導に役立てることができるだろう。このように指導要録を通じて，長期的なスパンで情報を共有することで，担任が変わっても有効な支援や個に応じた配慮が継承され，次の指導に活かされる評価となるのである。

（窪田知子）

1) 文部科学省「小学校，中学校，高等学校及び特別支援学校等における児童生徒の学習評価及び指導要録の改善等について（通知）」2019年3月29日。
2) 文部科学省「通常の学級に在籍する発達障害の可能性のある特別な教育的支援を必要とする児童生徒に関する調査結果について」2012年12月5日。
3) 中央教育審議会初等中等教育分科会「共生社会の形成に向けたインクルーシブ教育システム構築のための特別支援教育の推進（報告）」2012年7月23日。

column 各国の評価事情5 韓国

国の教育改革における教育評価の取り組み

趙 卿我
●チョウ ギョンア

愛知教育大学教育学部准教授
専攻：教育方法学（カリキュラム論，学力論，教育評価論）

　グローバリゼーションの拡大等により，近代的メリトクラシーが教育において強く機能している韓国においては，2013年度から教育政策として「韓国型未来のキー・コンピテンシー（2011～2015）」というスローガンを掲げ，教育改革が推し進められている。また，キー・コンピテンシーを教育改革の一つとして導入している「2015改訂教育課程（2017～2020）」（「教育課程」は日本の学習指導要領に相当）を中心とする転換を求めている。

　これは，世界的な教育改革の流れに沿いながら，韓国独自の教育に対する考え方や状況を勘案し，提起されたものである。すなわち，コンピテンシーが学校教育カリキュラムの基盤となり，教育目標や評価の対象として位置づけられている。しかしながら，その現況，成果，課題等については，これまで詳しく検討されていない。

　コンピテンシーは，それぞれ単独で発揮されるものではない。むしろ，具体的な状況や文脈に応じて，それぞれの重要性の程度を変化させつつも，つねに組み合わされて発揮されるという理解のもとで，取り組みの方向性を探っていくべきである。また，コンピテンシーにもとづいた学習評価には，これらのキー・コンピテンシーがそれぞれ複雑な性格をもち，文脈と深い関係にあることを考慮することが重要である。したがって，教室ベースでカリキュラムに埋め込まれた評価より，多様な文脈や状況下での課題に対応するパフォーマンスを観察することで，推察しなければならない。

　ここで，キー・コンピテンシーを教育実践の評価として取り入れている実践例を紹介しよう。韓国の仁川にある京仁教育大学校附属初等学校では，学びのための評価や自ら問題点を見つけて解決していく能動的な学習を重視しているため，パフォーマンス評価の一環であるプロジェクト学習にもとづいて，評価の結果を子ども・教師・保護者がお互いに理解・調整・管理し，意見を交換している。評価方法としては，基礎・基本的な知識の習得を測る際にはペーパーテストで，創意的問題解決力のような活用を評価する際にはパフォーマンス評価を適用するなど，カリキュラムに応じて評価方法を使い分けて実践を行っている。

　表1は，同校の子ども・教師

韓国

表1 2018年度1学期のプロジェクト学習結果案内

2018年度1学期　プロジェクト学習の結果案内		第5年生（　）組（　）番　名前	
テーマ	「特別な私」を探す旅		
プロジェクトの運営内容			
プロジェクトの大テーマ	キー・コンピテンシー	プロジェクトの目標	プロジェクトの内容
「自然、当然ではないことのありがたさ」	・知識情報処理コンピテンシー ・コミュニケーションコンピテンシー ・審美的感性コンピテンシー	・本当の美しさの意味を深く考え、自然なしでは生きていけない人間としての美しい行動とは、何かを追究し、皆が一緒に実践していく努力と姿勢について考え、それを実践する。	・環境と人間との関係のあり方を探究 ・私たちが実感している環境問題に対する報告書の作成 ・環境保存のための広報ポスター制作 ・環境キャンペーンを行う。
「私の未来は、私が決める」	・共同体コンピテンシー ・創意的思考コンピテンシー ・知識情報処理コンピテンシー ・コミュニケーションコンピテンシー	・社会のさまざまな問題を認知し、合理的に解決する能力を育てる。伝統文化と現代文化の調和を土台にし、創造的な文化発展を成すための能力と姿勢を育てる。	・韓国の社会的、経済的葛藤をテーマとしたディベート ・世界文化遺産に登録されるべき伝統文化を探し、その価値をBENESCOの全体会議でプレゼンテーションするために準備する。 ・UCCでニュース映像を制作する。
私の成長記			
教師の意見			
保護者の意見			

出典：京仁教育大学校附属初等学校発行『5年1組　学級カリキュラム運営』2017年度から筆者が一部抜粋・翻訳。

が共同で評価ツールを開発し，年2回，学習結果の案内として子ども・教師・保護者が互いに共有している学習結果案内である。韓国のカリキュラムでは，「創意的な体験活動」（日本の総合的な学習の時間に相当）の時間があり，多くの活動がこの時間において実践されているが，この単元では，別の教科とも関連づけて機能的に取り組んでいる場合が多い。子どもたちは，1学期もしくは，1年間を通してプロジェクト学習のテーマを各自の教育目標に照らし合わせてクリアしないといけない。評価要素としては，大きなテーマに対するキー・コンピテンシー，プロジェクトの目標，プロジェクトの内容を軸にしている。ただし，ここでの評価は，子ども同士が競い合うのではなく，そのプロジェクトに入り込むことでそれぞれに成長していくことをめざすためのものである。また，こうした評価法を採用することで，子どもたちにとって思考を促すプロジェクト課題を設計し，型にとらわれずに必要な情報を収集したり分析・検討したりする経験を通して，現実味のある問題解決にじっくりと取り組むことができ，学習意欲を向上させる効果も期待できる。さらに，保護者に対するアカウンタビリティを果たすツールとも考えられる。

その時代において必要な教育目標を見いだし，迅速に対応していくことは重要である。現代的な諸問題を解決する能力を育む学校教育においては，「韓国型未来のキー・コンピテンシー」のような知識，実行能力，人性のコンピテンシーの本来の意義と共通認識を明確にしておくことが何よりも求められる。

しかしながら，こうしたキー・コンピテンシーを育成することで子ども一人ひとりの豊かな学びの実現ができるのか，また，子どもたちが将来にどのような社会を築き，どう関わっていくのかは，必ずしも明らかにされていないのが現状である。はたして，こうした韓国におけるキー・コンピテンシーの設定にもとづいた教育目標が具体的に達成されるために，現在，そして将来的にはどのような教育の実践方法が想定されているのであろうか。まずはその現状の確認・分析から，新たな提案を行うことを今後の課題としたい。

column 各国の評価事情 6　スウェーデン

入試がない国の評価事情

本所　恵
●ほんじょ　めぐみ

金沢大学人間社会学域
学校教育学類准教授
専攻：教育方法学

成績はいつから必要か？

　スウェーデンの学校で子どもたちが成績を受け取るのは基礎学校6年生，12歳頃になってからだ。ずいぶん遅いと思われるかもしれないが，これも2012年からで，それ以前は日本の中学2年生に相当する基礎学校8年生になって初めて成績を受け取っていた。つまり小学校段階では，子どもも教師も成績を気にする必要はなく，個人のペースで学習を進めることに寛容でいられた。

　成績づけが早まった主な理由は，子どもたちに自分の学習の到達点と最終目標とを意識させて成績向上のモチベーションをもたせ，同時に，特別な支援が必要な子どもを早期に見つけ出し適切な支援を与えるためと説明された。早期からの成績導入を求める声は以前から存在しており，6年生からの成績づけが始まった現在，さらに早い4年生からの成績導入も主張されている。

　しかし，子どもへのストレスの懸念や必要性の薄さから，成績の早期化には反対が強い。早くから成績をつけても学力が向上するわけではないし，幼い子どもに成績をつけると悪影響があるとも考えられている。さらに実態調査では，6年生の算数で合格レベルに達しなかった子どもの半数は9年生でも合格できていないことが示され，早期に成績がつけられてもそれに対応する学習支援が十分でないと指摘された。そのため，成績の低学年化よりも適切な学習支援が必要だと強調されている。

公平な評価のために

　もっとも，学校で教師がつける成績がもつ意味は日本よりも重い。スウェーデンでは，高校にも大学にも基本的には日本のような入学試験がなく，その代わり志願者が多い学校や学科では，前段階の学校卒業時の成績を資料にして選抜が行われるためだ。

　たとえば高校入学の際には，義務教育最終学年でつけられるA〜Fの成績が，A＝20点，B＝17.5点，C＝15点，D＝12.5点，E＝10点，そして不合格のFは0点と換算され，成績がよい16教科の合計点を比べて，得点が高い生徒から順に入学が認められる。

　このように入学者選抜に使うため，成績には信頼性と全国的

スウェーデン

な公平性が強く求められる。かつては全国悉皆の学力試験を使って，正規分布にもとづく相対評価で成績が調整されていたが，1990年代にこの方式は廃止され，代わって全国共通に各教科の到達目標が定められ，到達目標に照らして評価することになった。その後，全国共通の評価基準がつくられ，現在では学習指導要領のなかに評価基準が書かれている。

小中学校段階の評価基準は，長期的な学習成果がわかるように各教科3年間区切りで書かれており，具体的な学習内容ではなく，継続的に育成する能力について記述されているのが特徴だ。たとえば，6年生の国語（スウェーデン語）では「さまざまな文章の内容についてよく練られた要約を書き，文脈とうまく関連づけて中心部分にコメントすることで，非常に優れた読解力を示す」（Aの基準），「さまざまな文章の内容を単純に順に要約し，文脈と関連づけて中心部分にコメントすることで，基礎的な読解力を示す」（Eの基準）といった記述が各レベル13文ずつ並び，読む，書く，話す能力が評価される。

この記述はA，C，Eの成績に対応する3レベルが用意されており，AとCの間がB，CとEの間がDとなる。つまり，Cの基準をすべて満たして，Aは一部のみ満たしている場合にBと判定される。

しかし，共通の評価基準を用いても，評価の甘い学校と厳しい学校とがあるという批判が繰り返し行われており，全国学力テストの結果と照らし合わせて成績の妥当性を検証するなど，公平な評価の模索は続けられている。

個別の学習計画

5年生まではA～Fの成績はつかないが，評価が行われないわけではない。その間はすべての子どもたちに毎年個別の成長計画を立てることになっており，この計画は前半が現在の学習状況の評価，後半がその評価をもとにした今後の学習計画である。そしてこれはもちろん，教師や学校の学習支援計画にもなる。

成績が総括的で公的に用いられる一方で，それまでの評価には形成的な役割が期待されていることが明確だ。

成長計画のための評価に決まった形式はないが，例として学校庁が示す枠組みは，各教科の学力到達度について，学年を鑑みて「合格レベルを十分に超えている」，「合格レベル」，「まだ合格レベルではない」という3段階のどれかに印をつけ，その右に教師のコメントが記入できる。教師がその評価をした理由，子どもができるようになった事柄，得意だった単元等が記される。

学習指導要領に照らし合わせながらそれぞれの子どもたちの学習状況を評価するために，教師たちは継続的に記録を取る。最近では，学習指導要領や評価システムに対応して学習履歴を蓄積できるデジタルポータルが開発され，利用が広まっている。教師が子どもの学習の様子を記録し，本人や保護者はデジタルポータルにアクセスして記録を見たりコメントを書き込んだりできる。日常的な通信の役割を担いつつ，学期末の個人懇談会では，この学習記録を見つつ話が進められ，学年末には教師の評価資料になるというわけだ。

それぞれの場面での評価の役割や必要性に加えて，教師の現実的な仕事量を考えながら，現在も評価の改善は続けられている。

第III部

評価をめぐる最新のトピック

1 入試制度改革のなかの評価

樋口とみ子
●ひぐち　とみこ
京都教育大学教職キャリア高度化センター准教授
専攻：教育方法学・カリキュラム論・学力（リテラシー）論

1. 入試が変わる

　「入試が変われば，授業が変わる」。いやむしろ，「入試が変わらなければ，結局のところ，授業も変わらないのではないか」。こうした言葉を聞くことがある。

　その入試をめぐる改革が，今，まさに進んでいる。とりわけ，大学入試は改革の真っ最中だ。マスコミでは，特集「教えて！変わる大学入試」（朝日新聞，2018年11月）などの記事が掲載され，読売新聞教育部『大学入試改革』（中央公論新社，2016年）なども出版されている。

　大学入試は，早くも2020年度から大きく変わるという。これまでの大学入試センター試験に替わり，新たに「大学入学共通テスト」が実施される。併せて，大学ごとの個別の試験も，改革が求められている。

　塾や通信添削などの教育産業は，こうした動きを敏感に察知し，受験対策へと乗り出している。その影響は，高校生のみならず，中学生・小学生にも浸透しそうな状況にある。

　なぜ，改革が進められているのだろうか。

(1) 教育再生実行会議（2013年）の提言

　今回の大学入試改革の契機となったのは，政府の教育再生実行会議による第4次提言（2013年10月31日）だ。この提言には，「高等学校教育と大学教育との接続・大学入学者選抜の在り方について」というタイトルがつけられた。少子化のなかで，従来の大学入試のあり方を見なおす必要性を唱えたこの提言は，入試ととも

に，高校教育と大学教育の接続のあり方そのものも考えなおすことが重要だとした。

背景には，「生産年齢人口」が減少するなかで，「経済成長を持続していく」ためにも，「イノベーションの創出を活性化させる」とともに，「人材の質を飛躍的に高めていく必要」があるという認識が示された。「主体性，創造性を備えた多様な人材」が求められているにもかかわらず，それに対応するような大学入試，さらには高校教育・大学教育になっていないことが危惧されたのだ。

とりわけ，これまでの大学入試では，「大学での学びに必要な教養や知識等が身についているかどうかを確認する機能が十分発揮されておらず」，「知識偏重の1点刻みの大学入試」となってしまっている一方，「事実上学力不問の選抜になっている一部の推薦・AO入試」があることなども問題視された。

そこで，新たに，「能力・意欲・適性」を「多面的・総合的」にとらえることができるような入試制度の必要性が提案された。

(2) 中央教育審議会（2014年）の答申

教育再生実行会議の提言を受けて，中央教育審議会は，2014年12月22日に答申を出した。「新しい時代にふさわしい高大接続の実現に向けた高等学校教育，大学教育，大学入学者選抜の一体的改革について〜すべての若者が夢や目標を芽吹かせ，未来に花開かせるために〜」と題したこの答申では，より具体的な改革の方向性が打ち出された。

「知識の多寡」のみを判断材料とすることのないよう，新しく「多面的」な評価を行うイメージを具体化したのが図1-1である。ここでは，3種類の試験によって，学力の3要素，すなわち「知識・技能」「思考力・判断力・表現力」「主体性・多様性・協働性」をとらえようとする提案がなされた。

簡略化していえば，①主に「知識・技能」を測る「高等学校基礎学力テスト（仮称）」と，②「思考力・判断力・表現力」も問う「大学入学希望者学力評価テスト（仮称）」，さらに③「主体性・多様性・協働性」も視野に入れ，集団討論や面接などを課す「各大学における個別選抜」，これら3つを併用する案となっている。

なお，この答申が出された後，高大接続システム改革会議などの議論をへて，2017年7月に文部科学省は今後の方針を明示した。①「高

図1-1 新しい入試制度で測ろうとするもの

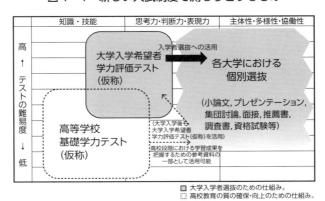

出典：中央教育審議会「新しい時代にふさわしい高大接続の実現に向けた高等学校教育，大学教育，大学入学者選抜の一体的改革について（答申）」2014年，別添資料5より一部抜粋。

等学校基礎学力テスト（仮称）」は，基礎学力の定着に向けたＰＤＣＡサイクルの構築を目的とする「高校生のための学びの基礎診断」となった。一方，②「大学入学希望者学力評価テスト（仮称）」は，大学入試センター試験に代わるものとして，「大学入学共通テスト」と名づけられた。公表された「大学入学共通テスト実施方針」では，2020年度の入試（2021年1月）から本格実施するとされた。

2. 新しい入試はどんな力を測るのか

　改革された大学入試制度は，2019年度の高校2年生が3年生になったときから運用される予定だ。具体的にはどんな出題形式となるのだろうか。

(1)「大学入学共通テスト」の問題例

　新しく，思考力・判断力・表現力等も試すとされる「大学入学共通テスト」の作成を担うのは，大学入試センターである。そのホームページ上では，本格実施に向けた「試行調査」の出題例が公開され，話題を呼んでいる（https://www.dnc.ac.jp/daigakunyugakukibousyagakuryokuhyoka_test/ 2019年7月15日確認）。

　たとえば，国語では，ある具体的なテーマについて「探究レポート」を書くという場面を想定した問題が出されている（平成30年度試行調査）。その際，2つの異なる出典の文章を関連づけて読み取る力をみる問題とともに，提示された目的や条件に応じて思考したことを表現する力を問う記述型のものも出題されている。後者の具体的な例としては，あるテーマに関する資料を読んで○○ということに気づいた「まことさん」が，なぜ○○なのかについてレポートをまとめることにした，という設定のもとで，「まことさん」はどのようにまとめたと考えられるかについて，いくつかの与えられた条件のもとに表現するというテスト問題になっている。与えられた条件とは，「二つの文に分けて，八十字以上，百二十字以内で書くこと」などである。

　また，数学Ⅰ・数学Ａ（同試行調査）では，久しぶりに小学校に行ったときに階段の一段分の高さが低く感じられたという場面を設定し（図1-2），建築基準法をもとに階段の傾斜を考え，踏面の取り得る値を不等式で記述することを求める問題が出されている。これは，「日常事象を数理的にとらえ，数学的な表現を用いて説明する力」を問うものだとされている。

　いずれの問題例も，従来のマークシート方式の大学入試センター試験とは異なり，記述型を一部導入している。また，生活のなかで遭遇することが想定される具体的な場面や文脈，状況を設定して問題を作成している点も特徴的だ。

図1-2 「テスト」試行調査の例

数学Ⅰ・数学Ａ

出典：「大学入試センター」ホームページより一部抜粋。
https://www.dnc.ac.jp/daigakunyugakukibousyagakuryokuhyoka_test/pre-test_h30_1111.html（2019年7月15日確認）

(2)「多面的・総合的」な評価

　各大学における個別選抜のあり方も，変わることを要請されている。教育再生実行会議が「多

面的・総合的」な評価を求めたことを契機に，個別選抜においては，たとえば，選抜材料として，「小論文，面接，集団討論，プレゼンテーション，調査書，活動報告書，大学入学希望理由書や学修計画書，資格・検定試験などの成績，各種大会等での活動や顕彰の記録，その他受検者のこれまでの努力を証明する資料など」の活用も求められている[1]。これらのさまざまな材料を活用し，一人ひとりの「主体性・多様性・協働性」を評価する必要があるというわけだ。

知識のみでなく，人間の内面にあたる主体性や意欲なども測ろうとする発想をここに見て取れる。

その背景には，入試における「既存の『公平性』についての社会的意識」を変えねばならないという認識が関係している。入試の公平性とは，同じ日に同じ問題を解き，同一の採点基準をもとに出た点数の高低で合否が決まることを重視するものであった。

それに対して，先述の中央教育審議会答申では，今後は公平性に代わり，新たに「公正」であることを追究すると宣言されている。つまり，「それぞれの学びを支援する観点から，多様な背景を持つ一人ひとりが積み上げてきた多様な力を，多様な方法で『公正』に評価するという理念に基づく新たな評価」[2]，その実現をめざすのが今回の一連の改革だとされるのだ。

改革の担い手によれば，今後の経済成長・イノベーションを担い得る人材を育成するためには，画一的な知識の再生能力の高低を「公平」に問う時代は終わりを告げている。これからは，主体的・創造的な「多様な人材」を育成するためにも，各々の特性を生かす「公正」さを重視すべきだ，という叫びが聞こえてくるようだ。

(3) 学校間の接続

「多面的」な入試の実現のために挙げられている選抜材料を，今一度よく見てみると，その1つに調査書が位置づけられている。

文部科学省は，2017年7月に出した「平成33年度大学入学者選抜実施要項の見直しに係る予告」(2018年10月改正)のなかで，「主体性を持って多様な人々と協働して学ぶ態度」を「より積極的に評価する」ためにも，調査書の活用を促している。調査書は従来，指導要録をもとに記述されてきた。今後は，両面一枚の制限をなくし，部活動やボランティア活動，特別活動の記録なども充実させることで，「多様な能力や個性の評価」を実現させたいという。

これら一連の動きに対しては，結局のところ，学校教育の外側で，対策のための塾や体験活動の経験があるかないか，また，意欲や協働性を高めるための家庭での支援がどの程度充実しているかによって，格差の拡大を招くという懸念も生じている[3]。

たとえ選抜方法は「多面的」であるにせよ，個人の能力・内面を，望ましいとされる人材像で「判定」するという側面が強調されることにならないか。先述の提言や答申は，入試のみならず，高校・大学の教育内容も改善し，接続を円滑にする必要性を指摘していた。「評価」とは，子どもの能力の「判定」ではなく，教師の指導の改善につながるものだという発想に照らし合わせれば[4]，学校間の教育内容の接続という視点とともに，指導を改善し，教育内容を問いなおすという発想も求められるのではないか。

1) 中央教育審議会「新しい時代にふさわしい高大接続の実現に向けた高等学校教育，大学教育，大学入学者選抜の一体的改革について(答申)」2014年，p. 12。
2) 同上答申，p. 11。
3) 山内太地・本間正人『高大接続改革』ちくま新書，2016年。
4) 田中耕治『教育評価』岩波書店，2008年。

2 eポートフォリオと学びの履歴の評価

樋口太郎
●ひぐち　たろう
大阪経済大学経済学部准教授
専攻：教育方法学

1. eポートフォリオとは何か

　ポートフォリオとは，子どもの作品や自己評価の記録，教師の指導と評価の記録などを，ファイルや箱などに系統的に蓄積，整理していくものである。また，ポートフォリオ評価法とは，そのようなポートフォリオを子どもたちが作ることで，子どもの自己評価力を育むとともに，教師も子どもの学習をより幅広く，深く評価しようとするアプローチである[1]。

　eポートフォリオとはこのポートフォリオを電子化し，学習や評価に活用しようとするものである，ひとまずはそういえよう。現在，Classi，マナビジョン，まなBOX，スタディサプリ，Feelnoteなどのeポートフォリオがシステムとして提供されている[2]。各ホームページ（以下，HPと表記）から特徴をまとめると表2-1のようになる。

　これらは主に民間企業が運営しているもので，有料のものほど，生徒，教師，保護者，第三者へと活用主体が拡大している。また，評価機能も，自己評価から教員評価，相互評価へと拡大していることがわかる。このように，民間のeポートフォリオは，日々の評価場面における活用という指導機能を主目的としている。これに加えて，大学入試，つまり選抜の場面において証明機能としてeポートフォリオを活用しようとするのが，JAPAN e-Portfolioである。

　JAPAN e-Portfolioは，文部科学省（以下，文科省）の大学入学者選抜改革推進委託事業（主体性等分野）の取り組みにおいて開発され，一

表2-1 eポートフォリオの特徴の比較（2019年7月7日現在）

	機能・活用場面	記録できる項目（主要なもの）	その他
Classi	連絡・授業・面談・自学自習	教師：アンケート，授業記録，生徒カルテ 生徒：学習記録，ポートフォリオ	有料。ベネッセとソフトバンクが共同で設立。相互評価が可能。JAPAN e-Portfolio と連携。
マナビジョン	基本的に生徒が自ら使うことを想定	日常の記録，ベネッセのテスト振り返りの記録，進路探究の記録，成果の記録	無料。ベネッセが運営。
まなBOX	学習成果物の蓄積・多様な評価・学習成果物の公開	学習資料配布，レポート提出管理，掲示板，日記，アンケート，確認テスト	有料。河合塾と提携。自己評価，教員評価，相互評価が点数，段階，観点別，コメントとして可能。
スタディサプリ	学習支援・進路選択支援	活動メモ，アンケート，学びのデータ	一部有料。リクルートが運営。JAPAN e-Portfolio と連携。
Feelnote	活動を記録する・仲間とつながる・記録をまとめる	ライフログ，テーマ，プロジェクト，コメント，掲示板，ポートフォリオ	一部有料。海外の大学入試でも提出が認められている。JAPAN e-Portfolio と連携。

＊大沢悠・芦原千晶「主体性評価とは1」中日進学ナビ（2019年1月6日付）も参照した。

般社団法人教育情報管理機構が提供するサービスである。このJAPAN e-Portfolioでは、「自分の活動成果や学びを記録」し、「活動成果や学びを振り返る」とともに、「蓄積した『学びのデータ』を、大学へ提出」することができる（JAPAN e-PortfolioのHPより）。日々の学習成果を蓄積し、それを自己評価しつつ、大学入試の出願の際に利用することができるのである。

次に、記録される情報は以下のようになる。

■探究活動（実験の記録，研究室訪問の履歴，フィールドスタディの記録，論文，コンクール／コンテスト／大会の結果 等）
■生徒会・委員会（役職，果たした役割，会議の記録，企画の実施 等）
■学校行事（式典，行事，修学旅行，研修旅行，スポーツ大会，体育祭，文化祭，学園祭，校内コンテスト 等）
■部活動・学校以外の活動（大会，試合の結果，代表への選抜履歴，段級位の取得，役職の履歴，雑誌新聞等の記事 等）
■留学・海外経験（海外フィールドスタディ，海外コンクール，大会の結果，海外交流イベント，帰国生徒に関する情報 等）
■表彰・顕彰（皆勤賞，感謝状，特待生 等）
■資格・検定
（「Japan e-Portfolio」公開仕様〈項目一覧等資料〉[3]）

かなり多様な情報を記録できることがわかる。JAPAN e-PortfolioのHPによれば、2019年3月8日時点で、112大学がJAPAN e-Portfolioに参画している（ただし、そのうちeポートフォリオを入学者選抜に利用するのは11校である。残りの大学では、今後の入学者選抜改革に向けて「参考・参照として活用」や、入試問題の分析・追跡調査のための「統計データとして活用」とされており、合否判定に影響しない。なお、2019年7月7日現在、この情報をHPから確認することはできなくなっている）。

以上、eポートフォリオについて具体的なイメージを伴いつつ理解を深めてきた。最後に、

なぜ大学入試においてeポートフォリオの重要性が高まっているのかについて押さえておきたい。そこには，文科省による大学入学者選抜改革推進委託事業の趣旨が大きく関わっている。

> 高大接続改革を実現するためには，高等学校教育と大学教育の接続面である大学入学者選抜において，「学力の3要素」（(1) 知識・技能，(2) 思考力・判断力・表現力等，(3) 主体性を持って多様な人々と協働して学ぶ態度）を多面的・総合的に評価し，大学教育における質の高い人材育成につなげていくことが重要である。このため，個別大学の入学者選抜において，「思考力・判断力・表現力」や「主体性を持って多様な人々と協働して学ぶ態度」を評価することが必要である。[4]

つまり，「主体性を持って多様な人々と協働して学ぶ態度」に相当する「主体性等分野」を多面的・総合的に評価する方法としてeポートフォリオが重要視されているのである。さらに，大学入学者選抜改革は，高等学校教育改革，大学教育改革も含む高大接続改革に位置するものであり，eポートフォリオを高校と大学の学びをつなぐものとして活用することも同時に求められているのである。

2. 学習や評価に何をもたらすか

次に，もう少し歴史的，理論的にみていこう。森本康彦によれば，紙のポートフォリオからeポートフォリオに至るまでの変遷は表2-2のように整理することができる。

1970年代から，アメリカにおいて「紙ベースのポートフォリオ」が学習や評価の場面で用いられるようになり，1990年頃になると，PCの教育利用が拡大して，紙ベースのポートフォリオを電子的に保存する「デジタルポートフォリオ」が多く用いられるようになった。

1990年代後半にインターネットが学校にもつながりはじめたことで，Web形式のポートフォリオ，すなわち「eポートフォリオ」が登場した。これにより，遠隔地からでも相互作用を活かした活動が可能となった。

2000年頃から，eポートフォリオの作成・管理だけでなく，学習者の利用やコミュニケーション支援を可能とする「eポートフォリオシステム」が欧米で開発されはじめる。これが，2010年頃には日本でも大学を中心に利用された。

その後，タブレット端末の普及やICT（情報通信技術）環境の進化を受け，文科省は「学びのイノベーション事業」（2014年）において，児童生徒の継続的な学びを記録した一連のデータを「学習記録データ」と名づけた。

こうした経緯を表2-2と重ねれば，「ツール」の歴史的進歩に沿って学習者間，学習者－教師，学習者－第三者などの相互作用がより簡便となり，それにともなって「評価活動」などもより多様になっていくことがわかる。

以上が歴史と現在だとすると，では未来はどうなるのか。森本は，「教育ビッグデータ時代」のeポートフォリオを「eポートフォリオ2.0」として次のように提案している[5]。

> ①学習者中心
> ②あらゆる学びのツールとなる
> ③いつでも，どこでも
> ④学習習慣の確立
> ⑤データを柔軟かつ密に記録する
> ⑥教育コミュニティの形成
> ⑦学びの見える化

表2-2 eポートフォリオの変遷

	紙ベースのポートフォリオ	デジタルポートフォリオ	eポートフォリオ	学習記録データ
通称	ポートフォリオ		eポートフォリオ	
学習理論	構成主義		社会構成主義	
知識観	知識は一人一人が自ら構成するもの		知識は（共同体の）社会的な営みのなかで構成するもの	
代表的な学習方法	個別指導／個別学習　自己調整学習		協働学習（学び合い）　アクティブ・ラーニング	
定義	学習過程での学びの成果を収集したもの	ポートフォリオを単に電子化したもの	個の学習エビデンスを電子的に継続して密に記録したもの	学習者らのあらゆる学びを記録したデータの集合体
鍵となるポートフォリオ	学習成果物　振り返りの記録		コミュニティ内での仲間同士や教員との相互作用を記録したデータ	思考データ　学習記録データ
ICTとの関係	ICTを用いない	PCとPC上で動作するアプリケーションソフトを利用	ネットに接続されたサーバシステムに各人がログインし利用	タブレット等の情報端末を用いて日常的に蓄積・活用
ツール	紙と鉛筆	PC　マルチメディアツール	eポートフォリオシステム	情報端末 LRS (Learning Record Store)
ポートフォリオ構造	ページ単位		リンク構造	複雑ネットワーク構造
特徴的な目的	・テスト中心の評価の代替評価（パフォーマンスに基づく評価）		・キャリア形成・専門性開発・ジェネリックスキル育成などの長期にわたる学習支援 ・学習成果にもとづく教育の質保証	・学習分析による主体的な学びの促進／学習改善 ・教育ネットワークの構築
主な評価活動	自己評価（セルフ・アセスメント）		相互評価（ピア・アセスメント）	他者評価
期間	数ヵ月（単元や学期など切りのいい時期）		数年（生涯学習（lifelong learning）を視野に長期間）	

出典：森本康彦「eポートフォリオとは」森本康彦ほか編『教育分野におけるeポートフォリオ』ミネルヴァ書房, 2017年, p.7。ただし引用者が一部改変した。

学習記録データを分析（ラーニングアナリティクス）し，学習過程における状況や推測を見える化して児童生徒に提示することで，学習促進のための足場かけになる。

⑧教育ビッグデータの構築

継続的に蓄積された各人の学習記録データを集結することで，教育ビッグデータとして扱うことができる。

未来のeポートフォリオの特徴としてみるべきは，とりわけ⑦・⑧だろう。学習者は，①から⑤によって蓄積された学習記録データ，そして⑥での他者との交流を通じて，⑦にもとづきながら自己の学習を振り返りつつ進めていくことになるだろう。また，大学入試との関連でいえば，⑧について，とくに選考作業の効率化という観点から利用が進むと予想される。

3. eポートフォリオの課題

　課題を大きく3つに分けて考察してみたい。
　第1は，技術的な課題である。その一つめとしてまず思い浮かぶのは，教師の多忙化の問題である。先述のように，eポートフォリオにはさまざまな情報を記録することになる。その入力作業は基本的に生徒に委ねられるわけだが，それを大学への出願書類にする際には，当然教師による作成が求められる。文科省による「平成33年度大学入学者選抜実施要項の見直しに係る予告」（2017年7月）では，調査書について，「生徒の特長や個性，多様な学習や活動の履歴についてより適切に評価する」べく，6つの項目についてより具体的な記載を求めている。また，推薦書についても，たんに本人の長所だけを記述するのではなく，学力の3要素に即した評価の記載を求めている。こうした出願書類の充実という方針に対応するためには，eポートフォリオによって平素より生徒の活動を把握することが業務の効率化をもたらすという[6]。出願書類の充実という方向性自体の妥当性も含めて，検討を要するものと思われる。
　二つめは，情報の管理と利用の問題である。eポートフォリオに記録される個人情報の利用についても規制が当然必要となろう。本人同意を基本とする，調査・分析目的では匿名化を行うなど，ネット上の教育サービスに関わる事業者が自主規制のためのガイドラインを策定している事例もある[7]。
　第2は，評価論的な課題である。その一つめとしてわかりやすいのは，評価の客観性の問題であろう。この問題は日本の大学入試においてとくに重視されてきたが，今後は従来型の「公平性・客観性」よりも多元的な評価に対する「妥当性・信頼性」が求められ，各大学が設定した求める学生像（アドミッションポリシー）に適うかどうかによってそれが担保される。そしてその一翼を担うのがeポートフォリオであるという[8]。もちろん，「妥当性・信頼性」重視の選抜は，これまでも推薦入試として存在してきた。それは，「非進学校」の生徒を大学進学へと水路づけ，後期近代的なマス選抜を実現してきた[9]。しかし，今回の大学入試改革を含む高大接続改革は，それをいわゆる進学校にも拡大するものととらえられる。これは日本のメリトクラシーに何をもたらすのか。「メリット（能力）をめぐる定義闘争（身分→学歴→真の能力）」，さらには「メリトクラシーとメリトクラート（エリート）そのものを転覆の対象にしはじめた最終戦の始まり」ともいえるのではないか[10]。
　二つめは，大学入試において「主体性等分野」を評価するeポートフォリオが，指導要録に記された評価論と矛盾するのではないかという問題である。たとえば，文部科学省「児童生徒の学習評価の在り方について（報告）」（2019年1月）において，「主体的に学習に取り組む態度」の評価に際しては，継続的な行動や積極的な発言をしているかなど，「性格や行動面の傾向」を評価するということではなく，知識・技能を身につけ，思考力，判断力，表現力を高めるために，自らの学習を自己調整しながら進めていこうとする「意志的な側面」を評価することが重要であるとされる。もちろん，eポートフォリオがまさしくそれを可能にするのだとも考えうるわけだが，選考作業の効率性と天秤にかけると，結局は多様な活動を点数化して「傾向」を評価することになるのではないか。そもそも，主体的な態度などの「情意領域については，目標として掲げ（形成的に）評価はしても，評定（成績づけ）することには慎重であるべき」[11]では

ないのか。受験生によるプレゼンテーションなどのより充実した選考プロセスが，効率性との兼ね合いのなかで求められよう。

第3は，社会的な課題である。その一つめとして挙がるのは，経済的・文化的資本による格差の問題である。つまり，留学や資格など，相応の経済的出費を要する，あるいは家庭の文化的背景によりその動機づけが左右されるような情報を選抜資料として一定の重みづけのもと活用することの拡大の是非という問題である。

二つめは，先述の「教育ビッグデータ」に係る問題である。文科省による大臣懇談会による報告書「Society 5.0に向けた人材育成」（2018年6月）において，次のような記述がみられる。

> 教育用AIが発達し普及していくことにより，AIが個人のスタディ・ログ（学習履歴，学習評価・学習到達度など）や健康状況等の情報を把握・分析し，一人一人に対応した学習計画や学習コンテンツを提示することや，スタディ・ログを蓄積していくことで，個人の特性や発達段階に応じた支援や，学習者と学習の場のマッチングをより高い精度で行うことなどが可能となるだろう。（8ページ）

ここで描かれるのは，eポートフォリオなどによって収集される情報がビッグデータとしてAI（人工知能）に学習され，その成果が最適な学習環境として提示されるという未来像である。選考作業の効率化という点からも，eポートフォリオはまさしくこのユートピア（ディストピア？）のために推進されているのではないか（ただし，「ビッグデータの限界や倫理的課題」については直後に指摘されている）。

そもそも選抜システムにおいては，入学試験に至るまでの学校教育を主とする過程で，選抜される側にあり，権力関係の下方に位置する生徒たちを規律化すべく日常的に絶え間ない視線が注がれる。つまり，「躾けるべき個人が，同時に，知るべき客体として構成される」[12]。eポートフォリオがさらなる「進化」を遂げれば，その「知るべき客体」が掻き集められたビッグデータによって構成され，主体性に残された余白は塗りつぶされうる。主体性を評価しようとするほど主体性が遠ざかるという逆説がここにある。

1) 西岡加名恵「ポートフォリオ評価法とはどのような評価方法ですか？」西岡加名恵・石井英真編著『Q&Aでよくわかる！「見方・考え方」を育てるパフォーマンス評価』明治図書，2018年。
2) 大沢悠・芦原千晶「主体性評価とは1」中日進学ナビ2019年1月6日付。https://edu.chunichi.co.jp/pages/entryexam-newexam-04/（2019年7月15日確認）
3) 文部科学省「JAPAN e-Portfolio」公開仕様＜項目一覧等資料＞
http://www.mext.go.jp/a_menu/koutou/senbatsu/__icsFiles/afieldfile/2019/01/22/1397824_005_02.pdf（2019年7月15日確認）
4) 文部科学省「大学入学者選抜改革推進委託事業」「1.事業の趣旨」
http://www.mext.go.jp/a_menu/koutou/senbatsu/1397824.htm（2019年7月15日確認）
5) 森本康彦・北澤武「eポートフォリオのこれから」森本康彦ほか編『教育分野におけるeポートフォリオ』ミネルヴァ書房，2017年，pp. 200-201。
6) 尾木義久「主体性を評価する仕組みとeポートフォリオ」『月刊高校教育』2018年11月号。
7) 森本・北澤，前掲論文，p. 203。
8) 尾木義久「主体性を評価する仕組みはどこまで進んでいるのか」『リクルート カレッジマネジメント』2017年11・12月号，p. 16。
9) 中村高康『大衆化とメリトクラシー』東京大学出版会，2011年。
10) 竹内洋「日本型選抜の狡知と帰趨」『UP』2017年3月号，p. 5。
11) 石井英真「高校の学習評価をめぐる議論のポイント」『月刊高校教育』2018年11月号，p. 26。
12) 慎改康之『フーコーの言説』筑摩書房，2019年，p. 179。

column 各国の評価事情7 中国

試験のための評価から「総合素質評価」へ

鄭 谷心
●てい こくしん

琉球大学教育学部講師
専攻：教育方法学（総合学習論・カリキュラム開発論）

　ここ十数年，中国は受験勉強の風潮を改め，児童生徒の豊かな人間性を育てる「素質教育」をめざす教育改革を進めてきている。教育評価の改革もその一環となる。2002年，日本の文部科学省にあたる中国の教育部は「初等・中等教育評価と試験制度の改革の積極的な推進に関する通知」という文書を公布し，①児童生徒の発達を促すこと，②教師の職業モラルと専門レベルを向上させること，③学校の発展を促すことという３つの教育評価システムの機能を示した。
　また，児童生徒の学習評価は「教科学習目標」と「基礎発達目標」に準拠して行うことが決められた。教科学習目標は，各教科のカリキュラム・スタンダードを拠り所としつつ，それまでの「知識と技能」のみならず「過程と方法」「感情・態度・価値観」という３次元の目標が設定されるようになった。一方，基礎発達目標は基礎的・汎用的な資質・能力の育成を指しており，公民の教養，道徳や品性，学習能力，コミュニケーション能力，協働する力，スポーツと健康，審美力と表現力から構成される。これが後の「発展性評価」の土台となった。評価方法については，パフォーマンス評価を代表とする多様かつ開放的な評価方法が提案された。
　こうした新しい評価理念・方法を導入した結果，中国各地では地方・学校の裁量権を活用し，多彩な評価改革を行い，数多くの成果を上げてきた。たとえば，評価を従来の選別・選抜から児童生徒への激励や学習・指導への改善に生かす方向性への転換を果たしたことや，多くの教師は結果よりも過程，学びの量よりも質，個人の特性に応じた指導を重視するようになったことが挙げられる。
　しかし一方で，進級や進学の要求に沿った評価の選別・選抜の機能も捨て難いという意見や，使う目的や必要性が不明なポートフォリオ評価が負担になるという声も多数あがっている。そして，「感情・態度と価値観」の評価が教師の主観に左右されたり，自己評価が形式的・表面的な評価にとどまったりする問題が報告されている。
　これらをふまえ，教育部はまず，高校における「発展性評価」を構築するために2003年に「普通高校カリキュラム方案（実験）」を公布した。そこで現れた評価基準の欠如の問題を改善

表1　上海市小中学生「総合素質評価」表（中学6-9年）（智の分野）

一級指標	二級指標	三級指標	チェック・ポイント	レベル				評価方法
				優秀	良好	合格	努力が必要	
智	学習態度 (20%)	学習意欲	教科の学習に対する興味。授業参加の程度。					
		学習習慣	宿題の出来具合。協同の出来具合。					
	実践能力 (10%)	実践的な操作力	簡単な実験操作。					
		技術的な操作力	簡単な加工操作と情報技術操作。					
		教科における実践活動	教科に関する部活動。教科に関する課外実践。					
	学習能力 (20%)	読む力・コミュニケーション力・表現力	教科の年次目標による。					
		批判的・科学的に探究する力	教科の年次目標による。					
	学習成績 (50%)	総評成績（50%）	教科の期末テスト得点。教科の期末総合得点。					
		総評偏差値（百分位）	教科の期末テストの偏差値。教科の期末総評偏差値。					

出典：「上海市小中学生総合素質評価表」（上海教育委員会，2004年）を一部抜粋し，筆者訳。

し，2004年に「発展性評価」を中学校における卒業試験と進学試験における重要な要素として位置づけた。同時に，それが先述した基礎発達目標に準拠するものであると公示した。さらに，2008年の大学入試において，生徒の「発展性評価」の電子記録を合格の主な根拠とすることを公布し，大きな関心を集めた。こうして中国のほとんどの地域は数年間をかけて，試験のための評価から「発展性評価」への転換を果たしつつある。

教育先進地域である上海における評価改革の取り組み

上海は1988年に「素質教育」の実験区として選ばれ，中国の教育改革を牽引してきた。PISA 2009とPISA 2012において首位の成績を収めており，多様な評価方法の開発と運用に力を注いでいる。なかでも特筆すべき成果は，2006年に導入された，「発展性評価」をさらに改善した「総合素質評価」表（表1）である。その特徴として次の3つが挙げられる。

1つめは，「実践能力」の育成の重視である。実践能力とは，基礎知識や応用力・操作力および主体性・協調性・創造性などの資質・能力を指しており，それらをパフォーマンス課題のような総合的な実践活動を通して評価することが求められている。

2つめは，評価における教師の主観性を克服するための取り組みである。たとえば，「学習態度」の評価は，学習活動における積極性や協調性および宿題の出来具合などの項目について，生徒の自己評価と仲間による評価の両方を拠り所としている。

3つめは，「学習能力」は具体的な知識・技能を学ぶ力よりも，表現力や批判的・科学的に探究する力などの汎用的な力が評価のポイントとなっていることである。

加えて，「総合素質評価」表の電子化による教師の負担の軽減が図られており，それは結果的に指導と学習の充実に寄与したといえる。今後，上海のような先進的な評価の取り組みを，いかにして公教育の共通性と多様性の促進に生かしていくのか，中国全体の課題となるだろう。

・鄭谷心「上海におけるカリキュラムと評価改革の展開」田中耕治編著『グローバル化時代の教育評価改革』日本標準，2016年，pp. 16-27。

3 教師の力量と評価能力の育成

吉永紀子
●よしなが　のりこ
同志社女子大学現代社会学部現代こども学科准教授
専攻：教育方法学（授業論・教師論）

1. 授業改善の一環としての学習評価の見直し

(1)「学習としての評価」が要請する省察の層

　2017年版の学習指導要領では，変化の激しい社会を生きる子どもに育てたい資質・能力が明確にされると同時に，授業改善の視点である「主体的・対話的で深い学び」の実現に向けた具体的な取り組みが各学校，各教師に求められている。こうした授業改善に加え，これまで行ってきた学習評価も，「子供たちの学習の成果を的確に捉え，教員が指導の改善を図るとともに，子供たち自身が自らの学びを振り返って次の学びに向かうことができるようにする」[1]必要がある。つまり，評価のなかでも教師が日々の教育活動に関する意思決定を行うために情報収集し，その分析・判断にもとづいて指導改善を図る「学習のための評価（Assessment for Learning）」の側面のみならず，「学習としての評価（Assessment as Learning）」，すなわち，子どもが目標をもって自ら学習の進め方を吟味し調整を図り，学習過程をモニタリングしてメタ的に振り返り，次の学習につなげる側面に重心を置く考え方が近年注目されている[2]。

　単元終了後に行う「学習の評価（Assessment of Learning）」が評価の中心ととらえられがちだが，子どもが自分の学習過程を評価できるように学習評価に対する見方をまず教師自身が問い直していくことが授業改善の出発点となる。これまでも実践されてきた学習のための評価だが，評価のタイミングや授業での見取り，観察・

記録の方法のみを問題にし，評価の手段を変えるにとどまっていては本質的な改善にはなり得ない。むしろ授業を通して自分の学びを評価することのできる学習の自己調整〈主体〉として子どもを育むという授業観や学習者観の転換をも要請するものととらえるべきだろう（図3-1）。

図3-1　教師の省察の3つの次元

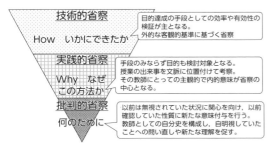

出典：吉永紀子「授業研究と教師としての発達」田中耕治編著『戦後日本教育方法論史（上）』ミネルヴァ書房，2017年，p.263。

さらに新学習指導要領では「知っている」レベルや「わかる」レベルを内包しつつ「使える」レベルの学力形成がめざされている。となれば，学習のための評価の拡充はもちろん，それを梃子にして学習としての評価を実現していくことが，「主体的・対話的で深い学習」に向けた授業改善を一歩進めることになるのである。

（2）対話が呼び起こされるときを見逃さない

学習のための評価は，授業における子どもの学びの事実をどうとらえ，解釈し，次なる指導にいかに生かしていくかにかかっている。その際，子どもの学びの何をどうみるかが問われる。教科や学年を問わず，「学ぶ」ということは対象との対話，他者との対話，自己との対話の複合的実践ととらえることができる（図3-2）。複合的実践とは換言すれば，ひとつの対話が別の対話を誘発し得るだけの質をともなった対話となっているかどうかということである。一見すると対話しているように見えても，それが別

図3-2　対話的実践としての学び

の対話を引き起こし得るものになっていなければ，それを「学び」＝「対話的実践」と呼ぶわけにはいかない，ととらえてみよう。

たとえば，他者と話してはいるが，それが自己や対象との対話を引き起こし得ないような場合を想起してみよう。授業でよく目にするグループやペアでのやりとりを教師が指示しても子どもの文脈からみて必然性がない場合や，わかりきったことを話しているだけでそこに気づきや新たな問いが生まれない状況がある。また，そもそも課題自体に自分ごとになりきらない間遠さがあったり，子どもの内に「わからないことがない」ことをよしとする学習観が根強かったりすると，話し合いがさらなる自己との対話や対象との対話を呼び起こすことは難しい。

同様に，課題や対象について自分なりの考えや仮説をもっても，それが他者との対話を誘発するものになりづらい背景として，たとえば同質的・同調的傾向が強く，他者との差異が許容されにくい教室であれば，自分と異なる考えや自分の抱いたわからなさが相手に聴き届けられる安心感は生まれづらく，学び合うヨコのつながりの希薄さが外的な緊張感を高めることも考えられる。「わからない」と周囲にSOSを出すことに抵抗を感じるがゆえに貝のように口を閉ざしてしまう独力志向性の強い学習観もまた他者との対話を阻む要因といえよう（図3-3）。

図3-3 学びのプロセスの質を規定する要因

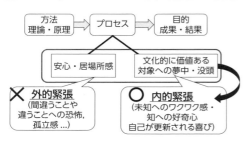

出典：秋田喜代美『学びの心理学』左右社，2012年に筆者が加筆。

　こう考えると，授業においてひとつの対話が他の対話を引き起こし得るような学びが展開されているかを視点として実践を省察することは，教師の評価能力を高めるうえではきわめて重要である。授業研究会等で授業を見あう際も，図3-1の技術的省察の問いに終始せず，具体的文脈のなかで子どもの言動の意味を考え合うなかから，自身が自明視していたことを問い直していく実践的・批判的省察に向けた同僚との対話を意識的に行っていく必要があるだろう。

2. 学習評価実践が深い学びの実現を左右する

（1）学習としての評価を可能にする単元デザイン

　石井英真は「使える」レベルの学習機会を保障する授業づくりの指針として，①単元末や学期の節目に「使える」レベルの課題を設定し，②それに学習者が独力でうまく取り組むために何を指導し形成的に評価すべきかを意識し，③日常の授業では，むしろシンプルな課題を豊かに深く追求する「わかる」授業を組織することを提起する[3]。こうした真正の学びを通して培われた学力は「使える」レベルの思考を活性化

し，さらには自己の生き方を見つめ，内面世界を構築する思春期のニーズにも応えるものとなる。つまり，真正の学びを意識した単元をデザインすることと，学習としての評価を可能にする評価実践に取り組むこととは相即不離の関係にあるのではないだろうか。大阪府の久保恵美教諭が行った5年国語「大造じいさんとがん」実践を事例として具体的にみてみよう。

　久保教諭は，本単元をより深く学ぶために，4年で学んだ「ごんぎつね」での構造的な読み方や言葉の奥に潜む作者の思い，言葉の深さを味わう体験を足場にして読むことが重要だと判断した。この2作品が前話や伝承という形，色彩語や情景描写，呼称の変化，動物と人間の関係の変化など構造的な類似性を有する一方で，他者との向き合い方の違いが作品の終わり方の違いに繋がっていることを，教材研究を通して読み解いた久保教諭は，2作品の「比べ読み」を軸に単元「比べることで主題にせまろう」を表3-1のようにデザインした。

表3-1 「大造じいさんとがん」指導計画（全13時間）

第1次	題名から人物像を予想する／前話の効果について考える
第2次	初発の感想／設定を読み取る
	情景描写，色彩語に着目して2作品を比べ読みする（登場人物の思いを読み取る）
	視点の変化による効果，呼称の変化に着目して，人間の動物への思いの変化を読む
	変換点，擬音語，2作品の最後の一文の効果を考え，大造じいさんの思い，主題を読む
第3次	椋鳩十の他の作品を読み，学んだ読み方を使って作品を味わう

（2）自己の変容を物語る学び手の育ちをめざして

　単元末，2作品を比べ読みした学びを振り返り，T也とH子は作品を読んで感じたことと

自分の成長について学習作文を書いた（抜粋）。

【T也】1学期の時は、発表中に先生に言われたらすぐにあきらめて発表をやめていたけど、「大造じいさんとがん」を勉強し始めてからは先生こうげきに負けずにゆっくりだけど答えられるようになったような気がする。そして家で本を読んでいるときも主題とか呼称とかを考えるようになった。学校で習う1つの単元にこんなに深く作者の人生を表しているとは知らなかった。そして最初に読んだ時とは全く違う結果になったし、1つの言葉でどれだけ物語の内容が変わるかがわかった。

【H子】今回のごんぎつねはどんどん深く考えられました。私は情景描写が一番楽しかったです。景色からごんの感情を考えるのは初めてだったけど、景色はどんなふうかなとか想像するのが楽しかったです。今回の色彩語は、私のその色のイメージとは逆の意味、象徴が出てきて、読み返すと確かに!!ってなりました。みんなの意見と違うことで他の意見もよく聴けるようになったし、自分の意見だけでなく他の意見も深く考えられるようになったと思います。私は読むのが好きだから今回勉強して本を読むのがとても遅くなりました。なぜなら景色の文章が出てきた時など、ごんぎつねで習ったことを考えて読んでいるからです。そのおかげで本を読むのが今までよりも楽しくなったし、国語も好きになりました（下線はすべて引用者による）。

久保教諭は、子どもが自分の考えに対してもう一歩踏み込んで深く考えるために、子ども同士の聴き合いの合間に「それってどういうこと？」などの問いかけをする（それを子どもたちは「先生こうげき」と称し、それによって言葉にこだわって深く考えられるようになったとT也をはじめ口々に語る）。机間指導でも子ども一人ひとりに働きかけ、その子の次なる言葉を引き出していく。子どもは自分の最初の発言や書いた考えを「言い換え（再解釈）」たり「具体化（たとえば？）」「抽象化（要するに？）」したりして、いわば一人二役の対話を促される。単元の途中からは、こうした再解釈や具体化・抽象化を促す問いかけは次第に子ども同士のグループ対話や一斉の聴き合いで子どもから発せられるようになっていった。つまり、授業内で子どもの学びの具体を教師が把握する「学習のための評価」を行いながら、そこでの教師の働きかけは子どもの側からみると、子ども自身が思考をメタ的にとらえ直す「学習としての評価」の機能を果たし、対話的実践としての学びの深さを支えていたのである。

授業で学んだ読みの方法を、授業外の読書の文脈でも活かして読み味わう楽しみ方を知り、学びを通した自身の変容の手応えに新たな意味を見いだしたうえに、文学的表現を味わう国語学習の世界が違って見えてくる、いわば眼鏡を手にしたことによって、読むという行為への見方を子どもたちは拡張させている。

学習としての評価を可能にし、学習と評価の〈主体〉としての子どもの育ちを考えていくためには、真正の学びを志向した単元をデザインするなかで育みたい資質・能力を教師自身が解釈し直し、自身の評価軸を構築しながら学習のための評価（形成的評価）を実践できるかどうかにかかっている。深い学びの実現に向けた評価実践の試行錯誤はこれからが正念場である。

1) 中央教育審議会初等中等教育分科会教育課程部会「児童生徒の学習評価の在り方について（報告）」2019年。
2) 石井英真『今求められる学力と学びとは』日本標準、2015年。
3) 同上書。

4 カリキュラム・マネジメントと教育評価の役割

奥村好美
●おくむら　よしみ
兵庫教育大学大学院学校教育研究科准教授
専攻：教育方法学・カリキュラム論・教育評価論

1. カリキュラム・マネジメントと教育評価

(1) カリキュラム・マネジメントの定義と経緯

　最初に，カリキュラム・マネジメント（以下，カリマネ[1]）とは何かについて確認しておこう。田村知子によれば，カリマネとは「各学校が，学校の教育目標をよりよく達成するために，組織としてカリキュラムを創り，動かし，変えていく，継続的かつ発展的な，課題解決の営み」[2]とされている。このようにカリマネは管理職等の一部の人が行う何か特別なことではない。各学校の教育目標をより良く達成するために，カリキュラムをより良くしていく組織としての日常的な営みであり，学校の教育活動の土台となるものといえよう。

　しかしながら，1990年代の後半になるまで，（教育課程経営研究の発展はあったものの）カリマネはあまり学校に定着してはこなかった。これは，1958年版以降，学習指導要領が「告示」として出され，法的拘束力をもつようになったことと関わっている。この時から，学校や教師は学習指導要領に書かれていることを守って，カリキュラムを編成しなくてはならなくなった。学校や教師が自主的にカリキュラムを創ったり，変えていったりすることは難しく，カリマネを行うための条件が整っていなかったといえる。

　こうした状況に変化が生じたのは，1990年代の後半に学校の自主性・自律性の確立や特色ある教育・学校づくりが強調されるようになってからである。とくに1998年版学習指導要領

では，総合的な学習の時間が導入され，各学校は地域や学校，児童生徒の実態に応じて創意工夫を生かした教育活動を行うことが求められた。また，2003年には学習指導要領が「最低基準」と規定され，教えるべき内容の上限を定めるような「はどめ規定」の見直しも行われた。こうして各学校の自由な裁量が大きくなると，必然的に学校は教育目標の実現をめざしてカリキュラムを編成し，実施し，評価し，改善していくこと（＝カリマネ）が求められるようになる。

今では，カリマネは学習指導要領に明記されている。2017年版学習指導要領「総則」によると，カリマネとは，各学校において，①児童や学校，地域の実態を適切に把握し，教育の目的や目標の実現に必要な教育の内容等を<u>教科等横断的な視点</u>で組み立てていくこと，②<u>教育課程の実施状況を評価してその改善を図っていく</u>こと，③<u>教育課程の実施に必要な人的又は物的な体制を確保するとともにその改善を図っていく</u>ことなどを通して，教育課程に基づき<u>組織的かつ計画的に</u>各学校の教育活動の質の向上を図っていくこと（傍線部筆者）とされている。

まとめると，学校教育の目的や目標の実現をめざして（個別の授業だけでなく）教科等横断的な視点を取り入れてカリキュラムを編成し，実施，評価を行い，（教育活動だけでなく）人的・物的な体制といった経営活動の改善もはかることで，（教師個人だけでなく）組織的かつ計画的に，教育活動の質向上をめざすことが求められているといえる。

(2) 教育評価をカリキュラム・マネジメントへ生かす

今回の指導要録の改訂においては，学習指導要領の改訂と同様にカリマネがキーワードの一つとなっている。中央教育審議会答申「幼稚園，小学校，中学校，高等学校及び特別支援学校の学習指導要領等の改善及び必要な方策等について」（2016年12月）においても，評価とカリマネの関係について「学習評価については，子供の学びの評価にとどまらず，『カリキュラム・マネジメント』の中で，教育課程や学習・指導方法の評価と結び付け，子供たちの学びに関わる学習評価の改善を，更に教育課程や学習・指導の改善に発展・展開させ，授業改善及び組織運営の改善に向けた学校教育全体のサイクルに位置付けていくことが必要」とされている。

カリキュラムの評価というと，アンケートなどがイメージされやすく，子どもたちの学びの評価がカリマネにつながるといわれても，ピンとこないと思う人もいるかもしれない。実は，カリマネに着目することは，教育評価の考え方の転換を促すものととらえることができる。

これまで評価については，テスト等を通じて，子どもたちの学力を「測定」し，その結果を指導要録や通知表の作成に用いるものというイメージが強かった。一方，そのような状況を受けて，本来の教育評価とは「子どもたちを値踏みして，序列・選別するのではなく，教育活動それ自体に反省を加えて，教育活動を修正・改善するためにおこなう」[3]ものであることも田中耕治らによって繰り返し主張されてきた。

しかしながら，ともするとここでの「教育活動の修正・改善」は各々の教師に委ねられてきた側面がある。今回，「小学校，中学校，高等学校及び特別支援学校等における児童生徒の学習評価及び指導要録の改善等について（通知）」（2019年3月）において，「カリキュラム・マネジメントの一環としての指導と評価」が求められたことは，この「教育活動の修正・改善」の内実についてのある種の見直しを意味する。つまり，教師一人ひとりが個人レベルで修正・改善に取り組むだけではなく，学校，学年，教科などさまざまなレベルで組織的・協働的に修正・

改善に取り組むことが求められているといえる。

　さらに，先述したように，カリマネは教育活動だけでなく経営活動の側面ももつ。この点で，教育評価の結果を生かして改善を行う対象を教育活動のみに限定せずに経営活動へと広げることにもなるといえる。以上のような形で教育評価をカリマネに生かすことは，カリマネを管理職など一部の人が行うものではなく，一人ひとりの教師が参画していく回路を開くことにもつながるだろう。

2. カリキュラム・マネジメントの実践に向けて

(1) カリキュラム・マネジメントの考え方や手法例

　カリマネを実践するに際しては，参考になる考え方やさまざまな手法がある。まず，考え方として，ここでは「逆向き設計」論を取り上げる。「逆向き設計」論とは，「カリキュラム設計にあたって，教育目標，評価方法，学習経験と指導を三位一体のものとして設計することを提案するもの」[4]であり，カリマネの実施を主とする理論ではない。ただし，「逆向き設計」論は，単元設計（「ミクロな設計」）とより長期的な指導計画（「マクロな設計」）とを往還させながら，カリキュラム全体の改善をはかるという発想が採られており，その意味ではカリマネ（とくにカリキュラム評価）に活かすことができる[5]。具体的には，生徒からのフィードバック，生徒の作品，外部のデータ（統一テストの結果など）を用いて結果を評価し，ミクロ・マクロの双方で改良をはかることが提案されている。

　こうした考え方にもとづいてカリマネを実施することで，アンケートだけによらない，子どもの学びの評価を位置づけたカリキュラムの評価が可能になる。この時，「逆向き設計」論で主張されているように，いわゆる客観テストのみではなく，パフォーマンス課題（複数の知識やスキルを総合して使いこなすことを求めるような複雑な課題）を含めたさまざまな評価方法を用いて評価を行うことで子どもの学びの実態を明らかにすることが重要である。

　次に，カリマネの手法についてである。たとえば，図4-1は田村によって開発された「カリキュラムマネジメント・モデル」図である。この図に学校の状況を書き込むことで，教育目標とカリキュラムや組織構造・文化等とのつながり等を把握することができるようになっている。

　その他にカリマネで用いられる手法として，根津朋実によって開発されたカリキュラム評価のためのチェックリストがある[6]。チェックリストは「記述」「背景および文脈」等の14項目からなる。それぞれに「評価を行なうカリキュラムは，どういうカリキュラムなのか？」「なぜこのカリキュラムを実施しようとしたのか？また，このカリキュラムにより何が意図されているのか？」などの「開かれた問い」（open question）が示されている。評価者の質的な判断をもとに，カリキュラムをめぐる事実を究明できるようになっている。

　カリマネのために用いられる手法は他にも存在する。これらの手法を用いるにあたって，手法の取り入れ方についての研究も進められている。たとえば，本節で取り上げた2つの手法に，もう1つの手法（学校を基盤としたカリキュラム開発と評価のための調査項目）を加えた3つの手法について，それぞれの特徴にもとづき，目的・時期（何のためにいつ行うか：診断的評価，形成的評価，総括的評価），主体（誰が評価を行うか：管理職，中堅教員，若手教員），組織（どのような形態で行うか：個人で評価，小集団で評価，学

図4-1 「カリキュラムマネジメント・モデル」図

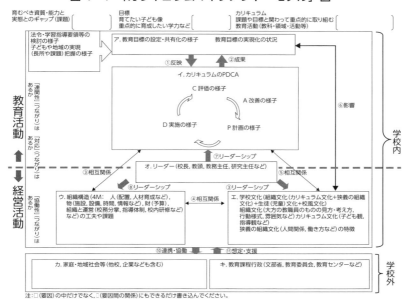

出典：ぎょうせいオンラインショップ [https://shop.gyosei.jp/products/detail/9096] より（2019年7月15日確認）。

校全体で評価）に関してどの手法がどのように適しているかといった調査が行われている[7]。特定の手法を絶対視するのではなく，学校の状況，目的や主体等に応じて使い分けたり組み合わせたりしながら取り入れていくことが重要である。ただし，カリマネを実践するにあたって，何らかの既存の手法を必ず用いなくてはならないわけではない。

（2）カリキュラム・マネジメントの実践例

ここでは，京都市立高倉小学校の実践例を取り上げる[8]。高倉小学校は，1869年に創立された7つの番組小学校を系譜にもつ学校である。豊かな教育資源と人的資源を生かした，地域とともに学ぶ教育課程が編成されている。

高倉小学校では，先述した「逆向き設計」論のミクロとマクロを往還させながら双方を改善していくカリマネが実施されている。具体的には，読解の時間を中心としてカリキュラムの評価を行い，改善が行われている。読解の時間とは，高倉小学校が小中一貫教育の一環として取り組む特設の時間であり，読解力（課題設定力，情報活用力，記述力，コミュニケーション力）の育成をめざすものである。たとえば，2年生でコミュニケーション力育成をめざす授業として，付箋を用いて野菜等を分類することで，自分と友達とでは考え方や分ける視点が異なるということに気づくとともに，付箋を活用しながら話し合うことの良さを考えるような授業等が実践されている。

高倉小学校では，こうして育まれた読解力を基盤としつつ，算数科を中心とするパフォーマンス課題を取り入れた単元構想とルーブリックを用いたパフォーマンス評価についての研究を進めている。近年では，算数科だけでなく教科を超えたクロスカリキュラムの授業も実践されるようになっている。たとえば，5年生の家庭科でパフォーマンス評価としてマイ・ミニバッグと来年の5年生のためのマイ・ミニバッグ作り方ガイドブックを作成し，外国語活動でマイ

バッグクイズを行うといった実践などがある。

こうした実践の背景として、高倉小学校ではどの時期にどの単元をどのように行うと効果的なのかを考慮して年間指導計画を立て、再考・検討を繰り返すなかで、学年間の系統性や他教科・領域との関わりをつねに意識した単元構成を行っている。たとえば、5年生の読解の時間の内容「プレゼン力アップ！」は、国語の「説得力のある構成を考え、すいせんするスピーチをしよう」や、総合的な学習の時間における「○○で守る高倉の街」という防災に関する探究学習とつなげて実践されている。こうしたつながりを年間指導計画のなかに矢印の形で書き込み、読解科の学びが他教科・領域で生かされるようにしている。また、教科・領域を超えた関連は、指導案にも書き込まれる。

このような高倉小学校でのカリマネは、全教員で組織的に取り組まれている。教育評価を通じて把握した子どもの学びの姿をもとにミクロ（単元）とマクロ（年間指導計画）を往還させることで、より質の高い単元を構想できるとともに、年間指導計画も順序を入れ替えたり、より重点的に指導を行う場所が明らかになったりするなど双方を改良できるようになっている。まさに学校の教育活動の土台としてカリマネを位置づけている事例であるといえよう。

3. 子ども一人ひとりの学びのカリキュラム・マネジメント

(1)「子どものカリマネ」という考え方

カリマネという用語は、これまで述べてきたように、一般的には教師（たち）による教育活動や経営活動のカリマネを指す。しかしながら、これに対して、「子ども一人ひとりの学びのカ

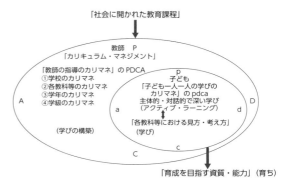

図4-2 カリキュラム・マネジメント関係図

出典：村川雅弘編『学力向上・授業改善・学校改革　カリマネ100の処方』教育開発研究所、2018年、p.16。

リキュラム・マネジメント」（以下、子どものカリマネ）こそが、カリマネの最終ゴールであるという考えもある[9]。村川雅弘によれば、子どものカリマネとは、「子ども一人ひとりがなりたい姿やつけたい力を思い描き、その実現をめざして生活したり学んだりしていくこと」[10]とされる。つまり、子どものカリマネとは教師のカリマネに子どもが参加することではなく、子どもが自分で自分の学びをより良くしていく営みであるといえる。

教師のカリマネと子どものカリマネ等の関係は図4-2に整理されている。それによると、「社会に開かれた教育課程」が、子どものカリマネを包含した教師のカリマネによって、より良いカリキュラムとなり、「育成をめざす資質・能力」が子どもたちに育つという構図になっている。

村川によれば、子どものカリマネが最終ゴールであったとしても、子どもの力だけで子どものカリマネが実現するわけではない。子どものカリマネには、教師の適切な指導・支援が必要である。ただし、個々の教師ができることにも限界があるため、学校での取り組みが重要となる。さらにいえば、学校だけの力も限られていることから、地域と共に子どもを育成していく視点が必要となる。

ただし，子どものカリマネという考え方に対しては，品質管理や経営管理といった文脈から出てきたPDCAサイクルという考え方を子どもの学びにあてはめることによる危険性が危惧される側面もある。子どものカリマネを考える際は，一面的な評価・能力育成の論理で子どもをしばるのではなく，子ども自身が仲間とともに豊かな問題解決をしていくような学びを創造していくことが鍵となるといえるだろう。

(2)「子どものカリマネ」に向けて

最後に，子どものカリマネに向けて参考になる取り組みとして，オランダの事例を取り上げる[11]。オランダでは子どもたちが自ら計画を立てて自立的（zelfstandig）・共働的（samenwerkend）に学習に取り組み，教師がそれを支援するような教育活動を行う学校が複数ある。

たとえば，ダルトン・スクールでは，子どもが自立的・共働的に学習できるようになる力等を長期的に育成するためのカリキュラムが組まれている。ここで紹介するダルトン・スクールでは，幼児から低学年の頃は子どもが自分で行いたい学習を選び，取り組めるような活動が取り入れられていた。低学年から中学年になると，子どもが取り組む学習課題が1日ごとに示された1週間分の学習課題表を用いて，1日の学習の計画，実施，評価を子どもが行うことが求められていた。その後，中学年から高学年にかけては，だんだん1週間分の学習課題がまとめて示された学習課題表を用いて1週間の学習の計画，実施，評価を子どもが行うことが求められるようになっていた。

なお，これらの学習はすべて子ども一人ひとり個別に行われるわけではない。ここで取り上げている学校では，子どもたちが他者と共働的に学習に取り組む場や学習を振り返る場が埋め込まれていた。こうして子どもたちは，ゆっくり時間をかけて自立的・共働的に学習を進められるようになる。

このような自立的・共働的な学習の進め方の学習はこれまでの日本の教育ではあまり強調されてこなかったように思われる。しかしながら，子どもを自立的・共働的な学習者に育てたいと考える場合には，参考になるといえよう。ただしそれは，たんに手続きとしての学習の進め方の学びにとどまってはいけない。豊かな探究的な学びのなかで，教科内容の理解の深まりと合わせて考えていくことが重要であろう。

1)「カリキュラム・マネジメント」の語については，下記の田村（2011）のように「・」を入れずに表記する例もあるが，本稿では引用以外「カリキュラム・マネジメント」もしくは「カリマネ」とする。
2) 田村知子『実践・カリキュラムマネジメント』ぎょうせい，2011年，p.2。
3) 田中耕治編『よくわかる教育評価（第2版）』ミネルヴァ書房，2010年，pp.6-7。
4) 西岡加名恵『教科と総合学習のカリキュラム設計』図書文化，2016年，p.21。
5) 同上書，p.146，p.234。
6) 根津朋実『カリキュラム評価の方法』多賀出版，2006年，p.192。
7) 田村知子，本間学，根津朋実，村川雅弘「カリキュラムマネジメントの評価手法の比較検討」『カリキュラム研究』第26号，2017年，pp.29-42。
8) 高倉小学校の事例に関しては，田中耕治・岸田蘭子監修『資質・能力を育てるカリキュラム・マネジメント』（日本標準，2017年），および拙著「カリキュラム評価と学校評価」細尾萌子，田中耕治編著『教育課程・教育評価』（ミネルヴァ書房，2018年）を参考にした。
9) 村川雅弘「新学習指導要領がめざすもの」村川雅弘編『学力向上・授業改善・学校改革 カリマネ100の処方』教育開発研究所，2018年，p.13。
10) 同上。
11) 拙著「オランダにおけるダルトン・プランの長期的な指導と評価」田中耕治（研究代表者）『思考力・判断力・表現力育成のための長期的ルーブリックの開発』（平成25〜27年度 科学研究費補助金基盤研究（C） 研究成果最終報告書），2016年3月，pp.21-32。

column 各国の評価事情 8 **ドイツ**

記述式評価の実践と課題

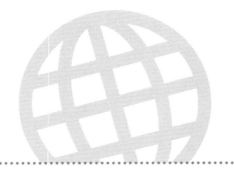

伊藤実歩子
●いとう みほこ
立教大学文学部教育学科教授
専攻：教育方法学

ドイツの教育制度の特徴

ドイツ連邦共和国（以下，ドイツ）は，16ある各州が教育・芸術・学問などの領域に関する政策を決定する権限をもっている。したがって各州によって，教育制度や学習指導要領が異なる。これが第1の特徴である。

第2の特徴は，教育制度の複線型である。つまり，基礎学校（多くの州で4年制）を修了すると，一般的には基礎学校，実科学校，ギムナジウム，あるいは総合制学校のどれかに進学する。

記述式評価の導入と課題

旧西ドイツでは，1970年，基礎学校第2学年までは評点と記述による評価を併用することが勧告された。

たとえば，ノルトライン・ウェストファーレン州（以下，NRW州）では，第3学年まで記述による通知表で，第4学年から評点のみになる。ベルリン州では，第3学年まで記述式である。ただし1学級あたり保護者の3分の2の同意が得られれば，第3，4学年で評点を選択できる。第5学年からは評点のみになる。

この違いは，両州の初等教育の長さの違いである（NRW州は，初等教育が4年制であり，ベルリン州では6年制）。ただし，両州ともに前期中等教育進学以前には評点による評価になる。

記述による評価は，評点のみによる評価を補足あるいは代替する主要な方法の一つであるが，次のような弱点も指摘されている。すなわち，教員が大きな労力を割かなければならないこと，

またその訓練も受けていないこと，「きれいな」通知表のために，同じような表現が繰り返し使用され，子どもの学習の様子がわからないことなどである。さらに記述式は，生徒の自己概念，学習動機，学力不安などに効果がなく，評点の弱点を補うことができないという指摘もある。加えて，教育的意識の低い階層の保護者，移民の背景をもつ保護者も同様に，言葉による評価を理解できないという深刻な問題もある。このような弱点から，記述式評価は評点と併用される場合も多い。

記述式評価の事例

ここでは，記述式評価の強みを生かした，教師と学習者が対話的で，学習者を励ますような通知表の事例を2つ紹介する。

ドイツ

どれも手紙の形式をとっており，親密な語りで学習を評価していることが読み取れる。**資料 1** は，チュービンゲンの基礎学校 1 年生の通知表である。子どもに親しみやすい形式をとりながらも，2 つのルーブリックで評価している。

資料 2 は，ハンブルクの基幹学校第 4 学年の子どもに宛てたもので，学習者が何を学習して何ができたか/できなかったかということが，国語科の領域に従って書かれ，カリキュラム全体を見渡せるものになっている。

態度に関する評価

ドイツでは，2000 年ごろから，多くの州において態度に関する評点の再導入がみられるようになった[1)]。態度に関する評

資料 1　手紙式通知表①

出典：Werner Sacher, Felix Winter, *Diagnose und Beurteilung von Schülerleistungen*, Schneider Verlag, 2011, S. 64. 和訳は引用者による。

資料 2　手紙式通知表②

親愛なるマイテ
君は今年も多くの領域で能力を発揮したね。(……) 授業での発言は，控えめだったように思う。君はよいアイデアを持っていることも多いのだから，もっと参加するべきではないかな。それで私たちをもっと助けてくれるとよいね。読むことについては，難しい言葉でも知らない文章でも，確実に，流ちょうに，意味をつかんで読むことができるね。作文は，直観的にまた想像力豊かに描くことができた。(……)

出典：同上，S. 65。引用者が一部抜粋。

価は一般的に，「学習の態度」と「社会的態度」に分けられる。前者では，学習に対する準備，注意力，忍耐力，自立性などが，後者では，責任感，協調性，葛藤（し，解決）する能力，寛容さなどがある。

再導入の理由としては，教科横断的な授業の増加により，自立的な学習の態度がより求められるようになったこと，記述式評価が形式的なものになってしまったこと，一部の荒れる子どもたちへの対応などが挙げられる。

日本と異なる点で注目すべきは，このような態度に関する評価が，教科の評価とは切り離されて位置づけられていることである。

まとめ

ドイツでは，評点による評価から記述式へ，またその充実化が取り組まれている。しかし，分岐型の教育制度によって，選抜機能をもつ評点による評価が廃止されることは今のところない。評価は教育制度，とりわけ学校間の接続の問題と強く結びついている。

ドイツの評価論の現在は，これまでの選抜機能重視から教育的機能を重視する評価への転換途上とまとめることができる。日本においても，記述による評価について議論する余地は残されているのではないだろうか。

---

1) 態度に関する評点は，1970 年代まで通知表に記載されていたが，管理強化につながるなどとして廃止されてきた経緯がある。
- 卜部匡司『ドイツにおける通信簿の歴史』渓水社，2009 年。
- *Handbuch Grundschulpädagogik und Grundschuldidaktik*, 4., ergänzte und akutualisierte Auflage, Verlag Julius Klinkhardt, 2014.
- https://www.schulministerium.nrw.de/docs/Schulsystem/Schulformen/Grundschule/Von-A-bis-Z/Zeugnisse/index.html
- https://www.berlin.de/sen/bildung/schule/bildungswege/grundschule/
- https://www.isb.bayern.de/download/19757/zeugnisse_gs_endversion_gr.pdf
  URL は 2019 年 7 月 15 日確認。

第Ⅲ部　評価をめぐる最新のトピック

column 各国の評価事情 9 フランス

無理せず学習や指導の改善に生かす評価簿

細尾萌子
●ほそお　もえこ

立命館大学文学部准教授
専攻：教育方法学，教育評価論

フランスの評価簿

　日本の新指導要録では，①学習評価を学習や指導の改善に生かすことと，②慣行として行われてきたことでも必要性・妥当性がないものは見直すこと（毎時に全観点を評価しなくてよい，など）が基本方針となっている。フランスの評価簿である「学習記録簿（livret scolaire）」は，この2点で参考になる。

　フランスの小学校は6歳で入学する5年制，中学校は4年制である。小学校と中学校は義務教育である。小学校1～3年生の第2学習期と，小学校4，5年生および中学校1年生の第3学習期というまとまりがある。

　学習記録簿は，日本での指導要録と通知表の機能を合わせた公的文書である。

　2016年度以降，学習記録簿は，小学校と中学校で全国共通様式になり，デジタル化されている。そのため，子どもや保護者はいつでも閲覧することができ，学習改善に役立てられる。また，子どもの進学や引っ越しの際にデータを引き継ぐのも容易であり，指導改善に役立てやすい。

学習記録簿の内容

　学習記録簿には，「学期まとめ」と「学習期まとめ」がある。

　学期まとめ（表1参照）は，各学期末に，担任教師（小学校は学級担任，中学校は各教科の担任）が記載する。各教科の内容領域ごとに，学習指導要領で定められた目標の到達度を評価する。小学校では4段階（未到達，部分的な到達，到達，超過）で評価するが，中学校では20点満点で評価する。さらに，各教科についてのコメントと，学期の総評，保護者への連絡を書く。

　学習期まとめには，各学習期末に担任教師が共通基礎の到達度を書く。共通基礎とは，義務教育段階ですべての子どもに保障すべき基礎学力として法律で定められたものである。学習期まとめでは，共通基礎の8要素について，4段階（習得が不十分，習得できていないところあり，十分に習得，とてもよく習得）で評価し，総評を書く。

　8要素とは，a）フランス語を用いて口頭や筆記で理解し表現する，b）外国語，場合によっては地域語を用いて理解し表現する，c）数学や科学，情報の言語を用いて理解し表現する，

表1　小学校2年生の学期まとめの抜粋

教科	教育領域	学習指導要領のうち学習した主な要素	習得した点，進歩した点，困難な点	学習目標との位置づけ			
				未到達	部分的な到達	到達	超過
フランス語	話し言葉						
	朗読と文章理解						
	筆記						
	言語学習（文法，綴り，語彙）						
数学	数と計算						
	大きさと測定						
	空間幾何						

d）芸術と身体の言語を用いて理解し表現する，e）学ぶための方法とツール，f）人格と市民の教育，g）自然と技術のシステム，h）世界観と人間活動，である。

学習記録簿の特徴

学習記録簿には，次の3つの特徴がある。1つめは，日本のような能力の観点（知識・技能，思考・判断・表現，主体的に学習に取り組む態度）ではなく，数と計算といった内容領域ごとの評価をする点にある。情意面だけを取り出して評価しない。各領域の内容を習得したか，習得できていない場合はどんな困難があるのかを示すことが，学習改善のために大事とされる。

大学入試のバカロレア試験が論述試験中心であることから，フランスでは思考力・判断力・表現力が学力・評価対象の中心である。共通基礎も，複数の領域の知識や能力，態度を総合して具体的な状況の課題を解決するコンピテンシーで構成されている。そのため，知識だけでなく思考力・判断力・表現力の指導・評価を促すためにこの評価の観点を設ける必要がないのである。

2つめの特徴は，学期ごとの評価簿だけではなく，数年をまとめた学習期ごとの評価簿もある点である。子どもの学力には，1学期単位で伸びるものもあれば，数年かけて少しずつ伸びるものもある。この漸次的な成長をとらえることで，「学ぶための方法とツール」といった，テストではとらえられない学力を伸ばすための学習改善につなげられる。また，教師にとっては，共通基礎のうち，到達度合いが低い要素があれば，次の学習期で集中的に指導することができる。

3つめの特徴は，学期まとめはA4判で2枚，学習期まとめはA4判で1枚の簡潔な様式であることである。それは，「コンピテンシー個人簿（LPC）」というかつての評価簿への反省にもとづいている。共通基礎の習得度を評価すべく作られたLPCは，多くの項目に細分化されていた（第2学習期で110項目）。LPCは，評価の労働負担が重い，学習の断片化を招くなど，教員の反発を招いた。そこで，現在の学習記録簿に改訂されたのである。

学習や指導の改善に生かすためには，何ができて何ができていないかを評価することが重要だが，それを無理なく行える様式は日本にとって示唆的である。

第Ⅳ部

指導要録の あゆみと これから

指導要録のあゆみとこれから

田中耕治
●たなか　こうじ
佛教大学教育学部教授
京都大学名誉教授
専攻：教育方法学，教育評価論

はじめに

　中央教育審議会初等中等教育分科会教育課程部会より，「児童生徒の学習評価の在り方について（報告）」（2019年1月21日）が提示された（以下「報告」）。また，文部科学省初等中等教育局長名で「小学校，中学校，高等学校及び特別支援学校等における児童生徒の学習評価及び指導要録の改善等について（通知）」（2019年3月29日）が出された（以下「通知」）。1948年に児童指導要録が公表されて以降（この時は，「小学校学籍簿」と呼称。1949年に「児童指導要録」と改称），8回目の改訂となる。小論では，今次指導要録に至る歴史的経過をふまえ，新指導要録の特徴を浮き彫りにするとともに，今後の指導要録の課題を展望してみたいと思う。なお，小論では，戦後指導要録史の主戦場ともなった，小学校の指導要録における学力評価分野に焦点をあわせて検討する。

　さて，指導要録は学校教育法施行規則第24条に規定されるように，教育評価に関する公的な表示制度形態である。しかしながら，それは一般に開示されないという性格から，保護者・国民にとっては，長くその存在すら知られていなかったものである。また，多くの学校現場においても，年度末の記入時を除いては，校長室の金庫に保管される事務文書のひとつとみなされてきた。このような存在であった指導要録が，今日のように社会的な関心を集めるようになったことは，それ自体すぐれて歴史的な出来事といえよう。

戦後に改訂された指導要録の歴史を仮説的に時期区分すると，以下のようになる。

表1　要録改訂史の時期区分

第1期　1948年版指導要録＝戦前の「考査」への反省と「指導機能」重視
第2期　1955年版指導要録，1961年版指導要録，1971年版指導要録＝「相対評価」の強化と矛盾の激化
第3期　1980年版指導要録，1991年版指導要録＝矛盾の「解消」としての「観点別学習状況」の登場
第4期　2001年版指導要録，2010年版指導要録，2019年版指導要録＝「目標に準拠した評価」の全面採用，「目標に準拠した評価」と「個人内評価」の結合

小論では，紙幅の制約から，各時期の個別の指導要録の特徴を仔細に論じることはせず[1]，現時点に立って，戦後指導要録史の画期（または転換点）となった指導要録に焦点を合わせ，その転換の様相と意義を説明したい。

まずは1955年版指導要録である。そこでは，高度経済成長政策の遂行に伴う本格的な学歴社会の進展を背景として，「相対評価」にもとづく「外部に対する証明機能」が強調された。次の画期となったのは，2001年版指導要録である。「相対評価」に対する内外の批判を受けて，そこでは，指導要録の創設時から採用されていた「相対評価」を放逐して，「目標に準拠した評価」を全面的に採用するとともに，「目標に準拠した評価」と「個人内評価」との結合を提起した。この意味で，第4期は戦後指導要録史にとって，きわめて重要な時期になった。後に詳述するように，今般の指導要録は，「目標に準拠した評価」を堅持しつつ，第4期の指導要録において残された課題を解決することをめざそうとしたものといえよう。

1. 「外部に対する証明機能」としての「相対評価」の重視

戦後最初の指導要録では，文部省学校教育長名の通達「小学校学籍簿について」（1948年11月12日）において，「小学校学籍簿の趣旨」として，次の3点が述べられていた。「1. 個々の児童について，<u>全体的に，継続的に，その発達の経過を記録し，その指導上必要な原簿となる</u>ものである。2. 記録事項は，新らしい教育の精神からみて，とくに重要と思われるものを選定してある。3. 出来るだけ客観的に，しかも簡単に，かつ容易に記録されるように作られてある」（下線は引用者）とされた。下線で示した内容は，旧絶対評価（「考査」）が支配的であった戦前の学籍簿[2]に対する反省を投影している。

ところが，第2期にあたる1955年9月13日付の文部省初等中等教育局長通達では，その改訂の要旨として，「現行指導要録を改善して，児童生徒の学籍ならびに指導の過程および結果の要約を記録し，<u>指導および外部に対する証明等のために役立つ簡明な原簿とした</u>」（下線は引用者）と記されるようになり，この表現は今日の改訂に至るまで，ほぼ踏襲されている。

このように指導要録において「指導機能」に加えて外部に対する「証明機能（事実上，「相対評価」を要求する選抜入試のために）」が明記されたことによって，その後の展開をみると，「証明機能」によって「指導機能」が萎縮（拘束）させられるという経緯を歩むことになった。なお，やや仔細にみると，「小学校学籍簿の趣旨」（1948年11月12日）における3点目に「出来るだけ客観的に，しかも簡単に，かつ容易に記録」とあり，この表現が「証明機能」重視の呼び水となったと考えられる。

さらには，第2期から「評定」欄に「総合評定」が復活したことである。この点について，当時の文部事務次官の大内茂男は，興味深い証言を行っている[3]。すなわち，「総合評定」の提起の根拠は，①各教科はそれ自体ひとつのまとまりをもって指導されるからであり，②法定公簿はできるだけ簡単な記述が望ましいし，③一教科・一評定のほうが選抜資料として使いやすいという主張であった。そして，1948年版の指導要録にあった「分析評定」を主張する委員（省外委員のほとんど全員）との「妥協」の産物として，「所見」欄が設けられたと述べている。つまり，「一教科・一評定」とする「総合評定」は，選抜資料として簡便であるという主張であった。

これに対して，「分析評定」を主張した委員の論拠は[4]，①評価は分析的・診断的でなければならないし，②一教科・一評定にすれば，知識・理解面に偏る危険があり，何よりも③一教科・一評定は，勘に頼った主観的な評価に陥ると考えられたのである。この主張を読むと，戦前の学籍簿（旧絶対評価）の復活が危惧されていたことが理解できよう。

このような経緯をへて，第2期から「評定」欄に「総合評定」が復活して，さらには「相対評価」が「総合評定」として採用され，指導要録の「証明機能」としての内申書に貫徹されると，いわば「相対評価」が独り歩きを始めて，当初指導要録に期待されていた「指導機能」の形骸化につながっていったのである。

2.「目標に準拠した評価」の採用と課題

やや急いで時代を下るとして，戦後指導要録史の画期となったのは，まさしく2001年版指導要録において，およそ半世紀にわたって採用されてきた「相対評価」が否定されて，「目標に準拠した評価」が採用されたことである（正確には「目標に準拠した評価」と「個人内評価」の結合であった）。それでは，「相対評価」の問題点を確認するために，2001年版指導要録を提起した教育課程審議会答申「児童生徒の学習と教育課程の実施状況の評価の在り方について」（2000年12月4日）の説明を聞いてみよう。「集団に準拠した評価（いわゆる相対評価）は，集団の中での相対的な位置付けによって児童生徒の学習の状況を評価するものであることから，学習指導要領に示す基礎的・基本的な内容を確実に習得し，目標を実現しているかどうかの状況や，一人一人の児童生徒のよい点や可能性，進歩の状況について直接把握することには適していない。また，児童生徒数の減少などにより，学年，学級の中での相対的な位置付けを明らかにする評価では，客観性や信頼性が確保されにくくなっていることも指摘されている」つまり，「相対評価」は集団での位置づけを示すものであるので，目標の実現度や児童生徒のよい点や可能性を見ることができないと指摘されている。また，クラス・サイズが小さくなるなかでは，「相対評価」はうまく機能しなくなっているとも述べられている。さらに，あえて言えば，「相対評価」の根底にある優勝劣敗を肯定する社会ダーウィニズム[5]にまで批判が及ばなければ，「目標に準拠した評価」は，子どもたちの学力の到達点をたんに点検することにとどまり，目標の実現を子どもたちの学習権に結びつけるという見地（学力保障論）に立つことができないのではないかという点を指摘しておきたい。

指導要録の基調に「目標に準拠した評価」が据えられることによって，「相対評価」の時代とは異なる課題が浮上することになった。そのひとつは，「観点別学習状況」のあり方と構造

である。もうひとつは，分析評定にあたる「観点別学習状況」と総合評定にあたる「評定」との関係性である。今般の指導要録は，この2つの課題に対して，いかなる解決策をとろうとしているのであろうか。

3. 新指導要録の基本方針と課題

今般の指導要録に委ねられた2つの課題の検討に入る前に，「報告」「通知」に示されている新指導要録の基本方針を確認してみたい。

まず，注目したいのは，従前の教育評価をめぐる問題状況が率直に指摘されているところである。それは，以下の5点にわたっている。

「・学期末や学年末などの事後での評価に終始してしまうことが多く，評価の結果が児童生徒の具体的な学習改善につながっていない，
・現行の「関心・意欲・態度」の観点について，挙手の回数や毎時間ノートをとっているかなど，性格や行動面の傾向が一時的に表出された場面を捉える評価であるような誤解が払拭しきれていない，
・教師によって評価の方針が異なり，学習改善につなげにくい，
・教師が評価のための「記録」に労力を割かれて，指導に注力できない，
・相当な労力をかけて記述した指導要録が，次の学年や学校段階で十分に活用されていない」

このような問題状況を克服する基本方向として，次の3点が示されている。すなわち，教育評価を真に意味あるものにするためには，
「【1】児童生徒の学習改善につながるものにしていくこと，
【2】教師の指導改善につながるものにしていくこと，
【3】これまで慣行として行われてきたことでも，必要性・妥当性が認められないものは見直していくこと」

まさしく，学習改善と指導改善をめざす「教育評価evaluation」の仕組みとして指導要録を改訂するという明確な立場が表明されている。さらに，次のような指摘にも注目しておきたい。

「学習評価の方針を事前に児童生徒と共有する場面を必要に応じて設けることは，学習評価の妥当性や信頼性を高めるとともに，児童生徒自身に学習の見通しをもたせる上で重要であること。その際，児童生徒の発達の段階等を踏まえ，適切な工夫が求められること」

評価場面に児童生徒の参加を促す指摘として，教育評価研究の新しいステージも意識されているのである。

さて，以上のように，積極的な方向を打ち出した新指導要録は，先述した2つの課題にどのように対応しようとしているのかをみてみよう。

(1) 新指導要録における「観点別学習状況」のあり方と構造

「観点別学習状況」の構造とあり方が本格的に問われたのは，それが「目標に準拠した評価」の対象になってからである。それ以前は，基本的には「個人内評価」の対象であり，あくまで「評定」を独占していた「相対評価」の補完的存在にすぎなかったからである。その観点も仔細にみると各教科において異同があるものの，領域概念から能力概念に移行した。したがって，観点とは，教育方法学でいわれる「学力モデル」[6]とみなしてよいであろう。

今般の指導要録では，学習指導要領の「資質・能力」重視を受けて，「知識・技能」「思考・判断・表現」「主体的に学習に取り組む態度」の3観点に整理された。評価の段階表示としては現行と同様に3段階（ABC）とされている（Aと

は「十分満足できる状況」，Bとは「おおむね満足できる状況」，Cとは「努力を要する状況」）。PISAショック（2004年）以来，とりわけ重視されている「思考・判断・表現」とは，「知識及び技能を活用して課題を解決する」こととされ，その内容として「問題解決過程」「集団思考過程」「創造過程」と整理されている。そして，「報告」では「具体的な評価方法としては，ペーパーテストのみならず，論述やレポートの作成，発表，グループでの話合い，作品の制作や表現等の多様な活動を取り入れたり，それらを集めたポートフォリオを活用したりするなど評価方法を工夫すること」とあり，事実上「パフォーマンス評価」と「ポートフォリオ評価」が推奨されている。

指導要録における観点のうち，いわゆる「関心・意欲・態度」問題としてつねに問われてきたのは，このたびの「主体的に学習に取り組む態度」である。それらは，内面の価値観に関わり，長期的で発達的な視点を要することから，教育現場においては，多くの教師が「学習態度」（授業への参加態度，発表態度，学習への真面目さなど）と「その教科の学習内容への関心」（学習したことを日常生活に活用する傾向性）とを混同し，主に観察可能な前者を対象にして評価していることが判明したと報告[7]されてきた。「目標に準拠した評価」と教師の主観的判断による「旧絶対評価」との混同も，この「関心・意欲・態度」問題が影響していると考えてよいだろう[8]。

今般の指導要録改訂においても，以上の問題点を自覚して，「主体的に学習に取り組む態度」を「報告」において次の2つの側面で把握することを提案している。「① 知識及び技能を獲得したり，思考力，判断力，表現力等を身に付けたりすることに向けた粘り強い取組を行おうとする側面と，② ①の粘り強い取組を行う中で，自らの学習を調整しようとする側面」である。なお，実際の教科指導の場面では，両側面は相即不離な関係であり，アンビバレントではないと説明される。さらには，「報告」では「知識・技能や思考・判断・表現の観点が十分満足できるものであれば，基本的には，学習の調整も適切に行われていると考えられる」ことに留意すべきであると説明される。これを読むと，あえて観点「主体的に学習に取り組む態度」を独立させ，指導と評価の対象とすることの必要性の根拠が問われているといえるのではないか。

(2) 新指導要録における観点別学習状況（分析評定）と評定（総合評定）との関係について

「相対評価」の時代においては，何よりも総合評定としての「評定（五段階相対評価）」が重視され，分析評定であった「所見」や「観点別学習状況」は基本的には「個人内評価」の対象であったことから，両者の評価結果は異質なものとして扱われていた。しかし，「目標に準拠した評価」が，観点別学習状況（分析評定）と評定（総合評定）の両方に貫かれるようになると，あらためて両者の関係が問われるようになった。より直截に言えば，「評定」を行う積極的な根拠が問われたのである。

今般の指導要録においては，「評定」については，各教科の学習状況を全般的に把握する指標であり，入学試験等の選抜や選考の審査においても広く利用されているという理由で，存続することになった。

しかしながら，今般の指導要録に関する「報告」では，選抜，選考する際に，「評定」のみが偏重され，学習状況を分析的に把握する「観点別学習状況」が軽視されていることに警告を発している。それならば，屋上屋を架すごとき「評定」を残すことは，指導要録史を振り返ってみれば，明らかな「指導機能」の後退を導く危惧を払拭できないのではないだろうか。

ところで，「報告」では，分析的な「観点別

学習状況」とはいえ,「観点別学習状況の評価自体も, 各教科の単元・領域の学習を単元のレベルで数値的に（A, B, Cの三段階で）総括したものである。したがって, 観点別学習状況の評価も評定の一種であることには留意が必要である」と, やや踏み込んだ指摘がなされている。とすれば,「接続」に必要とされる学習状況をよりきめ細かく具体的に把握することが求められる入学試験（とくに「内申書」）において, 現行の指導要録の様式では機能不全が生じているということではないだろうか。入学試験における「内申書」の内容や様式については, さらに検討すべき時期が到来しているといえよう。

そのうえで, 観点別学習状況の評価をいかに評定に総括するのかについては, 前回の指導要録同様に,「各学校で定める」とされている。まさしく, その具体的方法が問われているのである。そのために, これから説明する内容は, 教育現場での議論を整理するための筆者の提案と受けとめてもらいたい。

まず, 問われるべきは,「分析」の総和として「総合」をとらえるのか,「分析」の総和に解消されない「総合」それ自体に固有の意味があると考えるのか, この２つに選択肢は分かれることになるだろう。前者の立場に立てば,「観点別学習状況」評価（各観点では傾斜配点になっていたとしても）の平均値が「評定」の評価になる。したがって,「観点別学習状況」評価で高得点を取っている子どもは「評定」の評価も高得点になり, その逆もまたしかりである。後者の立場に立てば,「評定」の評価をつけるための総合的な評価課題（「パフォーマンス評価」や「ポートフォリオ評価」など）が与えられ, その結果が記述されることになる。その場合, たとえ「観点別学習状況」評価で高得点を取っている子どもでも,「評定」の評価が良くないということは起こりうるかもしれない。しかし,「観点別学習状況」評価で低い成績しか取っていない子どもが,「評定」の評価でよい成績を取ることは理論的には起こりえない。もし, そのようなことが起これば, 学力の質を区分する評価課題や評価方法に問題があったと考えるべきだろう。以上, やや込み入った説明を行ったが, どの立場を選択するにせよ, その裏づけとしての「評定」欄と「観点別学習状況」欄に関する確かな構造認識が求められており, それこそが学校が保護者や児童生徒に対して「説明責任」を果たすうえで不可欠なものとなる。

おわりに

戦後指導要録の歴史をふまえて, 今般の指導要録の特徴を浮き彫りにした。既述したように, 今般の指導要録の基本的な方向は, 戦後当初から強調されていた「指導機能」の重視と通底するものがあり, 積極面をおおいに評価したい。しかしながら, 積み残された「評定」のあり方や「評定」と「観点」との関係をみれば, いまだ不完全燃焼という感なきを得ずというところであり, 今後の指導要録の改訂作業に期待したい。

1) 田中耕治『指導要録の改訂と学力問題』三学出版, 2002年参照。
2) 田中耕治『教育評価』岩波書店, 2008年の第7章参照。
3) 大内茂男「改訂指導要録の『学習の記録』」,『児童心理』1956年6月, p. 10。
4) 黒橋粂一「改訂指導要録の批判」,『児童心理』1956年6月, pp. 9-10。
5) 田中, 前掲書, 2008年の第1章参照。
6) 同上書の第4章参照。
7) 竹田清夫「指導要録における『関心・態度』評価の実態」,『教育方法学研究』第17巻, 1991年参照。
8) 田中耕治『新しい「評価のあり方」を拓く』日本標準, 2010年参照。

戦後児童指導要録の特徴

年	基本方針・特徴	教科の評価	行動と性格の評価他
1948（昭23）	○個々の児童について，全体的に，継続的に，その発達の経過を記録し，その指導上必要な原簿となるものである……できるだけ客観的に，しかも簡易に，かつ容易に記録されるように作られてある。 ○様式・規格は，地方の学校の特殊性に応じて変更可能。 ○指導の累加記録という性格上，進学先に原本を送付。10年間保存。 ○要録は，補助簿（精密な累加記録）の作成を前提としている。	○指導の有効性のために，分析的に評価する。 ○評価の客観性のために，評定法は，「+2，+1，0，-1，-2」（相対評価法）。 ○児童の個性を全体的に把握するために，「学習指導上とくに必要と思われる事項」「全体についての指導の経過」欄を設ける。	○「行動の記録」欄は，分析目標（23項目）に即して，「+2，+1，0，-1，-2」（相対評価法）。 ○B「どんなものに興味をもつか」「どんな特技をもつか」「とくに指導を要する行動」，C「とくに参考となる行動や経験の記録」の欄設定。 ○「標準検査の記録」「身体の記録」の欄設定。
1955（昭30）	○指導および外部に対する証明等のために役立つ簡明な原簿とした。 ○原本は保存し，転学の場合は写し，進学の場合は抄本を送付。保存期間は20年間。	○「評定」欄の設定——総合評定を採用。5，4，3，2，1の相対評価法。 ○「所見」欄の設定——個人内評価。観点は分析目標ではない。能力的観点と領域的観点の並記（○印，×印，特徴のない場合は無記入）。 ○「備考」欄設定——学習態度，努力度などの記述。	○「教科以外の活動の記録」欄の設定——教科外教育の位置づけ。個人の特性に応じた文章記述。 ○「行動の記録」欄——価値的項目はABCの絶対評価。性格的傾向性の項目は個人としての比較から特徴のある場合には○×の印。 ○「趣味・特技」「所見」の欄設定。
1961（昭36）	○1955年版の要録の方針を継承し，その趣旨をより徹底する方向で改訂する。 ○1958年改訂の告示版指導要録に照らして，必要な改訂を行う。 ○要録の用紙規格を統一。住民票＝要録の学籍の記録という関係を明確にし，公簿としての性格をはっきりさせる。	○「各教科の評定」欄——「学習指導要領に定めるその教科の教科目標および学年目標に照らし，学級または学年において」5段階の相対評価法。 ○「各教科の学習についての所見」欄——個人内評価。観点は評定にあたり参考。「進歩の状況」の新設。〈○印記入〉。 ○「備考」欄は前回と同趣旨。	○「行動および性格の記録」として一括したうえで，各欄の設定（指導要領の改訂等の影響）。 ○「事実の記録」欄——教科外の活動を文章記述。 ○「評定」欄——ABCの評定。自省心・向上心・同情心の新項目（特設道徳の影響）。 ○「所見」欄。
1971（昭46）	○1968年の指導要領改訂に伴う改訂であり，部分的な改訂にとどまる。 ○「本籍」欄，「健康の記録」欄の廃止。 通信簿には，要録の様式，記載方法等をそのまま転用することは必ずしも適当でない旨を注意する。	○「評定」欄——5段階に機械的に割り振ることのないように明記。絶対評価を加味した相対評価。平素の学習態度も考慮すること。 ○「所見」欄——個人内評価。各観点は評定を行う際の分析的要素。関心の削除。無記入の禁止。 ○「備考」欄。	○「特別活動の記録」欄の新設——学習指導要領の改訂により設定。原則として全員記入。 ○「行動および性格の記録」欄——「評定」欄はABC。〈創意くふう〉が新項目。 ○「所見」欄には健康状況。趣味，特技などを記入。
1980（昭55）	○要録を児童生徒の指導にいっそう役立たせるという観点から改善を図った（1977年版学習指導領の趣旨に即し，かつ要録の記入・活用を積極的に行う姿勢づくりや日常の学習評価改善の契機にしたいという意図）。 ○要録の様式等も教育委員会，学校の主体的な工夫を期待する。用紙の規格も言及しない。	○「評定」欄——絶対評価を加味した相対評価。小学校低学年は3段階に変更。 ○「観点別学習状況」欄——絶対評価を導入。＋（十分達成），空欄（達成），－（達成不十分）の3段階。観点として，能力分析的観点で統一し，全教科に関心・態度。 ○「所見」欄——個人内評価。	○「特別活動の記録」欄——活動の意欲と集団への寄与という二つの観点を設定。活動状況を書く。 ○「行動及び性格の記録」欄——「評定」欄は，＋（優れたもの），空欄（特徴を認めがたいもの），－（特に指導を要するもの）。〈勤労意欲〉が新項目。 ○「所見」欄は全体的にとらえた特徴記述。

［参考文献］後藤岩男ほか監修『小学校新学籍簿の記入法』金子書房，1948年。岩下富蔵ほか『改訂指導要録の記入法』明治図書，1955年。上野芳太郎ほか『新指導要録の解説』帝国地方行政学会，1961年。諸沢正道ほか編著『新指導要録必携』第一法規，1971年。諸沢正道監修『指導要録の解説：昭和55年改訂』ぎょうせい，1980年。

年	基本方針・特徴	教科の評価	行動と性格の評価他
1991（平3）	○1989年版学習指導要領がめざす学力観（自ら学ぶ意欲の育成や思考力，判断力などの能力育成）に立ち，かつ児童生徒一人一人の可能性を積極的に評価し，確かな自己実現に役立つようにする。 ○指導要録に記録する内容の精選。学籍に関する記録の部分と指導に関する記録の部分を別葉として編製し，後者の保存期間を5年。 ○「標準検査の記録」欄の廃止。新設欄※で記述。	○「観点別学習状況」欄を基本——絶対評価。A「十分満足できる」，B「おおむね満足できる」，C「努力を要する」。観点は，「関心・意欲・態度」「思考・判断」「技能・表現」「知識・理解」の順。 ○「評定」欄——低学年廃止。中・高学年は3段階相対評価。 ○「所見」欄——個人内評価。	○「特別活動の記録」欄——「活動状況」欄では学級活動，児童会活動，クラブ活動，学校行事につき○印を記入。「事実及び所見」欄では長所を書く。 ○「行動の記録」欄と改称——「行動の状況」欄では発達段階考慮。○印を記入。 ○「所見」欄に総合的視点。 ○「指導上参考となる諸事項」欄※新設。
2001（平13）	○1998年版学習指導要領に即して，基礎・基本を確実に身につけ，また「生きる力」の育成を図る評価の考え方や方法を工夫する。 ○「評定」欄も相対評価をやめて目標に準拠した観点別の評価を基本として，児童の可能性や進歩の状況をみる個人内評価も重視する。 ○「総合的な学習」における評価の観点を定め，文章記述する欄を設ける。 ○「生きる力」を総合的にとらえるために，所見欄等を統合して「総合所見及び指導上参考となる諸事項」とする。	○「観点別学習状況」欄が基本——目標に準拠した評価。ABCの3段階と「観点」の内容は前回と同様。 ○「評定」欄——第3学年以上は3段階の目標に準拠した評価。 ○分析的な「観点別学習状況」の評価を「評定」の評価にどう総括するのかは各学校において工夫すること。	○「特別活動の記録」欄では，各内容ごとに十分に満足できる場合は○印。 ○「行動の記録」欄では，学校生活全体にわたる行動について，十分に満足できる場合は○印。 ○「総合的所見及び指導上参考となる諸事項」欄を新設。
2010（平22）	○2008年版学習指導要領の改訂（とくに「確かな学力」観）の趣旨を反映した改訂である。 ○2001年版指導要録の考え方を大枠維持し，深化を図る。 ○PDCAサイクルのなかに学習評価を位置づけ，現場主義を重視する。	○「観点別学習状況」欄を重視——「確かな学力」観の三要素にあわせて，「観点」を整理。「習得」レベルは「知識・理解」「技能」，「活用」レベルは「思考・判断・表現」，「学習意欲」は「関心・意欲・態度」（とくに「表現」の位置づけが変化）。 ○小学校「外国語活動」は，「総合的な学習の時間」の評価と同様に評価の観点を設定して文章記述。 ○「パフォーマンス評価」「ポートフォリオの活用」を明記。 ○「評定」欄は存続，その決定方法は各地域，学校に委ねる。	○「特別活動の記録」欄では，各活動・学校行事ごとに十分に満足できる場合は○印。その場合，評価の観点を明示する必要。 ○「行動の記録」欄では，学校生活全般にわたって，十分に満足できる場合は○印。改正教育基本法や学校教育法の一部改正の趣旨を反映する必要。 ○「総合所見及び指導上参考となる諸事項」欄では，個人内評価の結果を記入。
2019（平31）	○2017年版学習指導要領（とくに「資質・能力」の育成やカリキュラム・マネジメントの重視）の趣旨を反映した改訂である。 ○学習評価の基本的な方向性（学習改善，指導改善，教師の勤務負担軽減のための記載事項の簡略化，電子化）を確認する。	○「観点別学習状況」欄は，資質・能力に関わる「知識・技能」「思考・判断・表現」「主体的に学習に取り組む態度」の3観点に整理する。 ○分析的な「観点別学習状況」欄はABCとし，総括的な「評定」欄は，第3学年以上の学年において1，2，3の3段階をつける。 ○「特別の教科 道徳」は個人内評価として文章で記述。「外国語活動の記録」については評価の観点に照らして顕著な特徴を記述する。	○「特別活動の記録」欄は各学校が定める評価の観点に照らして十分満足できる場合には○印を記入。 ○「行動の記録」欄は各学校の設定した評価項目に照らして十分満足できる状況の場合は○印を記入する。 ○「総合所見及び指導上参考となる諸事項」欄は指導上必要な事項を精選して文章で箇条書き等により端的に記述する。

渋沢憲一ほか『小学校児童新指導要録の解説と実務：平成3年改訂』図書文化，1991年。井上正明編『小学校指導要録・通信簿の記入例と用語例』国土社，2001年。教育開発研究所編『小学校・中学校「新指導要録」解説と記入』教育開発研究所，2010年。

（田中耕治作成）

戦後児童指導要録に関する改訂委員一覧

1948（昭和23）年版	1955（昭和30）年版	1961（昭和36）年版
学籍簿改正委員会 （1947年9月発足）	指導要録研究協議会 （1955年4月発足）	教材等調査研究会一般指導法小委員会 （1960年9月発足）
井坂行男　（文部事務官） 伊藤祐時　（職業指導協会嘱託） 牛島義友　（東京女子高等師範学校教授） <u>岡部弥太郎</u>　（東京大学教授） 久保舜一　（文部省教育研修所員） 小見山栄一　（文部事務官） 後藤岩男　（東京文理科大学講師） 沢田慶輔　（東京第三師範学校教授） 柴田薫　（東京高等師範学校附属中学校教諭） 武田一郎　（文部視学官） 荷見秋次郎　（文部事務官） 林部一二　（文部事務官） 水谷統夫　（横浜市蒔田中学校長） 三橋嘉一　（横浜市蒔田中学校長）	井坂行男　（東京教育大学助教授） 大内茂男　（文部事務官） 大島文義　（文部省初等中等教育局視学官） <u>岩下富蔵</u>　（東京大学教授） 武田一郎 （お茶の水女子大学教授・同附属小学校主事） 石谷博　（東京都渋谷区立笹塚小学校教諭） 内田安久　（お茶の水女子大学教授・附属中学校長） 小田信人　（女子聖学院長） 小山田幾子　（東京都港区立南山幼稚園教諭） 菊池文男　（東京都教育委員会指導主事） 小山浩　（東京都目黒区立第五中学校教諭） 佐久間伸敬　（静岡県伊東市立伊東中学校教諭） 沢田慶輔　（東京大学教授） 高田卓郎　（東京都荒川区立第一中学校長） 中村昇　（東京都港区立西桜小学校教諭） 布川正吉　（東京都立新宿高等学校教諭） 野原隆治　（東京都立江東工業高等学校教諭） 林次一　（東京教育大学附属ろう学校教諭） 藤本博　（神奈川県教育委員会指導主事） 星一雄　（東京都立九段高等学校長） 山極武利　（東京都中央区立常盤幼稚園長）	安藤新太郎　（都教委指導第三課長） 猪野広治　（浦和市立上木崎小学校教頭） 江波戸敏　（市川市立第三中学校長） 遠藤五郎　（藤沢市立鵠沼小学校長） 小川浩　（港区立三光小学校長） 小山田三郎　（千代田区立麹町中学校長） <u>坂元彦太郎</u> （お茶の水女子大学教授・同附属小学校長） 沢田慶輔　（東京大学教授・同附属中学校長） 田中清六　（都教委学務課長） 手塚六郎　（国立教育研究所研究調査部長） 中川秀夫　（埼玉県教委指導主事） 中島保俊　（新宿区立成女学園中・高等学校長） 滑川道夫　（武蔵野市立成蹊学園教育研究所長） 根本英夫　（柏市立柏第五小学校長） 橋本重治　（東京教育大学教授・同桐ケ丘養護学校長） 松原元一　（東京学芸大学教授・同附属中学校長） 松本芳治　（横浜市教委指導主事）

2001（平成13）年版		2010（平成22）年版
指導要録検討のためのワーキンググループ委員・ 専門調査員名簿 （1999年12月17日発足）		教育課程部会 児童生徒の学習評価の在り方に関するワーキンググループ （2009年6月8日発足）
（委員） 安斎省一　（前東京都世田谷区立八幡中学校長） 今成昭　（東京都立晴海総合高等学校長） <u>梶田正巳</u>　（名古屋大学高等教育研究センター長） 児島邦宏　（東京学芸大学教授） 立中幸江　（東京都江東区立数矢小学校長） 野口克海 （大阪府教育委員会理事、大阪教育センター所長） 細村迪夫　（群馬大学名誉教授） <u>山極隆</u>　（玉川大学教授） （専門調査員） 石井智子　（栃木県宇都宮市立雀宮中央小学校長） 北尾倫彦　（京都女子大学教授） 黒須健治　（千葉県立市川東高等学校長） 小島宏　（東京都台東区立根岸小学校長） 猿田祐嗣 （国立教育研究所科学教育研究センター物理教育研究室長） 鈴木秀幸　（静岡県立島田高等学校教諭） 田中耕治　（京都大学助教授） 高木清文　（東京都青梅市立第一中学校長） 奈須正裕 （国立教育研究所教育指導研究部教育方法研究室長） 無藤隆　（お茶の水女子大学教授） 山西実　（埼玉教育委員会東部教育事務所副所長） 横山孝子　（静岡県教育委員会養護教育課指導主事）	秋田喜代美 （東京大学大学院教育学研究科教授） 安彦忠彦 （早稲田大学教育学部教授） 天笠茂 （千葉大学教育学部教授） 市川伸一 （東京大学大学院教育学研究科教授） 岩瀬正司 （東京都世田谷区立尾山台中学校長、全日本中学校長会長） 逢見稔嗣 （北海道中川商業高等学校長） 加藤明 （京都ノートルダム女子大学心理学部教授） 河村久 （聖徳大学児童学部教授） 工藤文三 （国立教育政策研究所初等中等教育部長） 上月敏子 （兵庫県芦屋市教育委員会学校教育部長） 櫻井康治 （神奈川県川崎市立高津小学校長） 佐々木孝弘 （宮崎県教育庁学校政策課指導主事）	鈴木秀幸 （静岡県立袋井高等学校教諭） 鈴木真 （静岡県浜松市立天竜中学校教頭） 髙木展郎 （横浜国立大学教育人間学部教授） 戸谷賢司 （東京都立文京高等学校長、全国高等学校長協会長） 西岡加名恵 （京都大学大学院教育学研究科准教授） 松浦伸和 （広島大学大学院教育学研究科教授） 向山行雄 （東京都中央区立泰明小学校長、東京都中央区立泰明幼稚園長、全国連合小学校長会長） <u>無藤隆</u> （白梅学園大学教授） 吉田明史 （奈良教育大学大学院教育学研究科教授）

（注）下線は会長（座長）である。

	1971（昭和46）年版	1980（昭和55）年版	1991（平成3）年版
	指導要録改善協力者会議 (1970年9月発足)	指導要録改善協力者会議 (1979年9月発足)	指導要録改善協力者会議 (1990年1月発足)
	宇留田敬一　（都教委指導部中学校教育指導課長） 大倉清　（大阪府教委指導第二課長） 加藤嘉男　（全国連合小学校長会調査研究部長） 金井達蔵　（横浜国立大学教授） 金子敏　（東京学芸大学教授） 斎藤圭治 （埼玉県北葛飾郡杉戸町立杉戸中学校教諭） 渋谷憲一　（国立教育研究所第三研究部室長） 相馬孝之　（板橋区立板橋第五小学校長） 西村清　（葛飾区立清和小学校教諭） 人見楠郎 （昭和女子大学附属幼、小、中、高等学校長） 藤原喜悦　（東京学芸大学助教授） 細谷俊夫　（立教大学教授） 堀和夫　（千葉県市川市立第七中学校長） 松村謙　（東京都立教育研究所次長） 村瀬隆二　（宮城教育大学教授） 吉住伝吉　（全日本中学校長会調査研究部長） 吉本二郎　（東京教育大学教授）	岩崎袈裟男　（大田区立貝塚中学校長） 上田照子　（目黒区立大岡山小学校教諭） 奥田真丈　（横浜国立大学教授） 梶田叡一　（日本女子大学助教授） 金井達蔵　（横浜国立大学教授） 下田迪雄　（都教委指導部初等教育指導課長） 高橋栄　（千代田区立錦華小学校長） 辰野千寿　（上越教育大学長） 田村嘉正　（世田谷区立深沢中学校長） 永野重史　（国立教育研究所第三研究部長） 根本栄　（静岡市教育委員会学校教育課指導主事） 長谷川栄　（筑波大学教授） 八野正男　（東京学芸大学教授） 初雁登　（千葉県立葛城中学校教諭） 肥田野直　（東京大学教授） 平井文雄　（杉並区立松庵小学校長） 包刀和秀　（大阪府教育委員会指導第二課長） 宮本三郎　（茨城県下館市立下館小学校長）	石田恒好　（文教大学教授） 奥田真丈　（東京都立教育研究所長） 梶田叡一　（大阪大学助教授） 梶原康史　（武庫川女子大学教授） 北尾倫彦　（大阪教育大学教授） 木山高美　（世田谷区立希望丘中学校長） 楠山三香男　（教育評論家） 佐藤倫子　（東久留米市立南中学校教諭） 沢田利夫　（国立教育研究所科学教育センター長） 渋谷憲一　（上越教育大学教授） 島津忍　（東京都教育委員会初等教育指導課長） 清水武夫　（大阪府教育委員会指導第二課長） 滝沢武久　（電気通信大学教授） 武井洋子　（東京学芸大学教授） 田中公一　（東京都立大森高校長） 塚野巳三郎　（新潟市立新潟小学校長） 中川健二　（世田谷区立桜丘小学校教頭） 中西朗　（新宿区立戸山中学校長） 根本栄　（静岡市教育委員会学校教育課長） 野口玲子　（杉並区立桃井第三小学校長）

	2019（平成31）年版
	中央教育審議会初等中等教育分科会教育課程部会 児童生徒の学習評価に 関するワーキンググループ（2017年7月18日発足）
	秋田喜代美 （東京大学大学院教育学研究科教授） 荒瀬克己 （大谷大学文学部教授） 石井英真 （京都大学大学院教育学研究科准教授） 市川伸一 （東京大学大学院教育学研究科教授） 伊藤幸子 （光市立浅江中学校長） 川間健之介 （筑波大学人間系教授） 河野真理子 （株式会社キャリアン代表取締役、神奈川県教育委員会委員） 佐藤真 （関西学院大学学長特命・高大接続センター副長・教育学部教授） 嶋田晶子 （武蔵野市立第五小学校長）　　　　清水雅己 （埼玉県立川越工業高等学校長、埼玉県工業教育研究会会長） 鈴木秀幸 （静岡県立袋井高等学校教諭） 髙木展郎 （横浜国立大学名誉教授） 奈須正裕 （上智大学総合人間科学部教授） 藤本泰雄 （高松市教育委員会教育長） 松尾圭子 （筑紫女学園中学校、筑紫女学園高等学校長） 善本久子 （東京都立白鷗高等学校・附属中学校長） 若江眞紀 （株式会社キャリアリンク代表取締役） 渡瀬恵一 （玉川学園学園教学部長）

（文部科学省発表資料等を参考，田中耕治作成）

巻末資料

児童生徒の学習評価の在り方について（報告）

1. はじめに
2. 学習評価についての基本的な考え方
   (1) カリキュラム・マネジメントの一環としての指導と評価
   (2) 主体的・対話的で深い学びの視点からの授業改善と評価
   (3) 学習評価について指摘されている課題
   (4) 学習評価の改善の基本的な方向性
3. 学習評価の基本的な枠組みと改善の方向性
   (1) 学習評価の基本的な枠組み
   (2) 観点別学習状況の評価の改善について
   (3) 評価の方針等の児童生徒との共有について
   (4) 教科等横断的な視点で育成を目指すこととされた資質・能力の評価について
   (5) 評価を行う場面や頻度について
   (6) 障害のある児童生徒など特別な配慮を必要とする児童生徒に係る学習評価について
   (7) 指導要録の改善について
   (8) 学習評価の高等学校入学者選抜・大学入学者選抜での利用について
   (9) 外部試験や検定等の学習評価への利用について
4. 学習評価の円滑な改善に向けた条件整備
   (1) 国立教育政策研究所に求められる取組について
   (2) 教育委員会，学校，教員養成課程等に求められる取組について
   (3) 教職員や保護者等の学校関係者，社会一般への周知について
● 表1　各教科の観点（小学校）　● 表2　各教科の観点（中学校）

小学校，中学校，高等学校及び特別支援学校等における児童生徒の学習評価及び指導要録の改善等について（通知）

〔別紙1〕小学校及び特別支援学校小学部の指導要録に記載する事項等
〔別紙2〕中学校及び特別支援学校中学部の指導要録に記載する事項等
〔別紙3〕高等学校及び特別支援学校高等部の指導要録に記載する事項等 ※1
〔別紙4〕各教科等・各学年等の評価の観点等及びその趣旨（小学校及び特別支援学校小学部並びに中学校及び特別支援学校中学部）【平成31年4月4日付け31文科初第13号初等中等教育局長通知による一部修正（小学校理科）】
〔別紙5〕各教科等の評価の観点及びその趣旨（高等学校及び特別支援学校高等部）※2
指導要録（参考様式）※3
※1，2は省略，※3は小学校及び特別支援学校小学部のみ抜粋

児童生徒の学習評価の在り方について（報告）

平成31年1月21日
中央教育審議会　初等中等教育分科会　教育課程部会

1．はじめに

○　中央教育審議会においては，平成28年12月に「幼稚園，小学校，中学校，高等学校及び特別支援学校の学習指導要領等の改善及び必要な方策等について」の答申（以下「答申」という。）をとりまとめた。

○　答申では，「よりよい学校教育がよりよい社会をつくる」という理念を共有し，学校と社会との連携・協働を求める「社会に開かれた教育課程」の実現に向けて，変化の激しいこれからの社会を生きる子供たちに必要な資質・能力（何ができるようになるか）を整理した上で，その育成に向けた教育内容（何を学ぶか），学習・指導の改善（どのように学ぶか），児童生徒の発達を踏まえた指導（子供一人一人の発達をどのように支援するか），学習評価（何が身に付いたか）の在り方など，学習指導要領等の改善に向けた基本的な考え方を示している。
　　また，新しい学習指導要領等の下での各学校における教育課程の編成，実施，評価，改善の一連の取組が，授業改善を含めた学校の教育活動の質の向上につながるものとして組織的，計画的に展開されるよう，各学校におけるカリキュラム・マネジメントの確立を求めている。

○　文部科学省では，本答申に示された基本的な考え方を踏まえ，平成29年3月に幼稚園教育要領，小学校学習指導要領，中学校学習指導要領並びに特別支援学校の幼稚部及び小学部・中学部に係る学習指導要領等を，平成30年3月に高等学校学習指導要領を公示（※1）したところである。

○　学習評価については，答申では，学習評価の重要性や観点別学習状況の評価の在り方，評価に当たっての留意点などの基本的な考え方を整理した上で，「指導要録の改善・充実や多様な評価の充実・普及など，今後の専門的な検討については，本答申の考え方を前提として，それを実現するためのものとして行われること」を求めている（※2）。

○　このような経緯の下，本部会では，答申を踏まえ，2020年度以降に順次実施される小学校，中学校，高等学校及び特別支援学校の新学習指導要領の下での学習評価の在り方について，校長会等の関係団体のヒアリング（※3）に加え，教育研究者並びに民間の教育関係者はもとより，現役の高校生や大学生，新社会人等からも幅広く意見聴取（※4）をしながら，議論を進めてきた。以下は，これまでの議論を整理し，その基本的な考え方や具体的な改善の方向性についてまとめたものである。

◆原文の注は全体の通し番号で頁下段に適宜入れているが，ここでは1～4の項目ごとに（※1）～の番号をふり，項目の末尾にまとめている。（日本標準編集部注）
（※1）　特別支援学校高等部に係る学習指導要領については，本年度中に公示予定。

(※2) 答申に向けた議論の過程においては，教育課程部会の下に設置された教科等別のワーキンググループにおいて「議論の取りまとめ」をそれぞれ行っている。これらの取りまとめにおいて各教科等の特質に応じた学習評価の在り方を整理している。
(※3) 平成30年6月に書面によるヒアリングを行った。意見表明を行った団体は以下のとおりである。
全国連合小学校長会，全日本中学校長会，全国高等学校長協会，全国特別支援学校長会，全国特別支援学級設置学校長協会，日本私立小学校連合会，日本私立中学高等学校連合会，全国都道府県教育長協議会，指定都市教育委員会協議会，中核市教育長会，全国市町村教育委員会連合会，全国都市教育長協議会，全国町村教育長会，日本PTA全国協議会，全国高等学校PTA連合会，全日本教職員組合，全日本教職員連盟，日本高等学校教職員組合，日本教職員組合，全国教育管理職員団体協議会，国立大学協会，公立大学協会，日本私立大学団体協議会，日本私立大学連盟，日本経済団体連合会，日本青年会議所
(※4) 平成30年12月18日から平成31年1月9日まで意見募集を行い，181件の意見が寄せられた。

2. 学習評価についての基本的な考え方

　答申では，「子供たちの学習の成果を的確に捉え，教員が指導の改善を図るとともに，子供たち自身が自らの学びを振り返って次の学びに向かうことができるようにするためには，学習評価の在り方が極めて重要」として，その意義に言及している。
　また，「学習評価については，子供の学びの評価にとどまらず，『カリキュラム・マネジメント』の中で，教育課程や学習・指導方法の評価と結び付け，子供たちの学びに関わる学習評価の改善を，更に教育課程や学習・指導の改善に発展・展開させ，授業改善及び組織運営の改善に向けた学校教育全体のサイクルに位置付けていくことが必要」とし学習評価に関わる取組をカリキュラム・マネジメントに位置付けることの必要性に言及している。

(1) カリキュラム・マネジメントの一環としての指導と評価

○　各学校における教育活動は，学習指導要領等に従い，児童生徒や地域の実態を踏まえて編成した教育課程の下で作成された各種指導計画に基づく授業（「学習指導」）として展開される。各学校は，日々の授業の下で児童生徒の学習状況を評価し，その結果を児童生徒の学習や教師による指導の改善や学校全体としての教育課程の改善（※1），校務分掌を含めた組織運営等の改善に生かす中で，学校全体として組織的かつ計画的に教育活動の質の向上を図っている。このように，「学習指導」と「学習評価」は学校の教育活動の根幹であり，教育課程に基づいて組織的かつ計画的に教育活動の質の向上を図る「カリキュラム・マネジメント（※2）」の中核的な役割を担っている。

(2) 主体的・対話的で深い学びの視点からの授業改善と評価

○　特に指導と評価の一体化を図るためには，児童生徒一人一人の学習の成立を促すための評価という視点を一層重視することによって，教師が自らの指導のねらいに応じて授業の中での児童生徒の学びを振り返り学習や指導の改善に生かしていくというサイクルが大切である。すなわち，新学習指導要領で重視している「主体的・対話的で深い学び」の視点からの授業改善を通して各教科等における資質・能力を確実に育成する上で，学習評価は重要な役割を担っている。

(3) 学習評価について指摘されている課題

○　現状としては，前述したような教育課程の改善や授業改善の一連の過程に学習評価を適切に位置付けた学校運営の取組がなされる一方で，例えば，学校や教師の状況によっては，
　・学期末や学年末などの事後での評価に終始してしまうことが多く，評価の結果が児童生徒の具体的な学習改善につながっていない（※3），

- 現行の「関心・意欲・態度」の観点について，挙手の回数や毎時間ノートを取っているかなど，性格や行動面の傾向が一時的に表出された場面を捉える評価であるような誤解が払拭し切れていない（※4）．
- 教師によって評価の方針が異なり，学習改善につなげにくい（※5）．
- 教師が評価のための「記録」に労力を割かれて，指導に注力できない．
- 相当な労力をかけて記述した指導要録が，次学年や次学校段階において十分に活用されていない．

といった課題も指摘されている。

(4) 学習評価の改善の基本的な方向性

○ 本ワーキンググループでは，こうした課題に応えるとともに，中央教育審議会初等中等教育分科会学校における働き方改革特別部会（※6）において，教師の働き方改革が喫緊の課題となっていることも踏まえ，学習評価を真に意味のあるものとする観点から，前述のとおり，校長会等の関係団体のヒアリングに加え，教育研究者並びに民間の教育関係者，高校生や大学生，新社会人等からも幅広く意見聴取しながら検討を行ってきた。

○ その上で，学習評価の在り方については，
　① 児童生徒の学習改善につながるものにしていくこと，
　② 教師の指導改善につながるものにしていくこと，
　③ これまで慣行として行われてきたことでも，必要性・妥当性が認められないものは見直していくこと，
を基本として，特に答申における指摘等を踏まえ，改善を要する点について以下に示すとおり，専門的な検討を行ってきたところである。

（※1）　学習評価を踏まえた改善としては，例えば，教科等・学年の各種指導計画の改善並びに，各種全体計画，教育課程編成の方針，学校のグランドデザインや学校経営方針など指導の改善や学校としての教育課程の改善に係る諸計画等が考えられる。

（※2）　カリキュラム・マネジメントに関わる学習指導要領の規定は次のとおり。
　　○小学校学習指導要領（平成29年3月公示）※中学校，高等学校も同旨
　　　　第1章総則第1の4
　　　　　各学校においては，児童や学校，地域の実態を適切に把握し，教育の目的や目標の実現に必要な教育の内容等を教科等横断的な視点で組み立てていくこと，教育課程の実施状況を評価してその改善を図っていくこと，教育課程の実施に必要な人的又は物的な体制を確保するとともにその改善を図っていくことなどを通して，教育課程に基づき組織的かつ計画的に各学校の教育活動の質の向上を図っていくこと（以下「カリキュラム・マネジメント」という。）に努めるものとする。

（※3）　平成30年8月7日に行われた第7回の本ワーキンググループにおけるヒアリングでは，「先生方の負担は増えると思うのですが，学校の授業内でも，テストの際だけでもいいので，どういう点がよかった，どういう点をもう少し頑張ってほしい，という一言だけでも毎回頂ければ，自分を向上させるための一つのきっかけになると考えます。」（新社会人），「通知表で数字だけ示されても分からないので，中身をもっと提示してほしいと思います。…（観点別評価ではなく）数字での評価だけでは，そう評価された理由を推測することしかできないということがあります。」（高等学校三年生）といった意見が出された。

（※4）　上記の第7回ワーキンググループにおけるヒアリングでは，「私の通っていた高校では…授業中に寝たらマイナス1点，発言したらプラス1点といったように，学力とは直接関係のないことをポイント化して評価を付けているという現状が実際にありました。…これだと，能力がある子ではなくて，真面目に授業を聞く子，それから，積極的に発言する子というのが評価されてしまいますので，それらを意欲として評価し，それによって評定値を上下させるというのは，評価の正当性に欠けていると思います。関心・意欲・態度という観点でポイントを付けたとしても，それは科目に対する意欲ではなくて，授業に真面目に取り組むという意欲なので，本来評価するべき点とすり替わってしまっていると，私は思っていました。」（大学一年生）という意見が出された。

（※5）　第7回ワーキンググループにおけるヒアリングでは，「先生によって観点の重みが違うんです。授業態度をとても重視する先生もいるし，テストだけで判断するという先生もいます。そうすると，どう努力していけばよいのか本当に分かりにくいんです。」（高等学校三年生）という意見が出された。

（※6）　平成30年5月に公表された教員の勤務実態調査（速報値）の結果を受け設置された。

3. 学習評価の基本的な枠組みと改善の方向性

(1) 学習評価の基本的な枠組み

○ 学習評価は、学校における教育活動に関し、児童生徒の学習状況を評価するものである（※1）。

現在、各教科の評価については、学習状況を分析的に捉える「観点別学習状況の評価」と、これらを総括的に捉える「評定」の両方について、学習指導要領に定める目標に準拠した評価として実施するものとされており、観点別学習状況の評価や評定には示しきれない児童生徒一人一人のよい点や可能性、進歩の状況については、「個人内評価」として実施するものとされている（図1参照）。

また、外国語活動や総合的な学習の時間、特別の教科である道徳、特別活動についても、それぞれの特質に応じ適切に評価することとされている。

図1　各教科における評価の基本構造

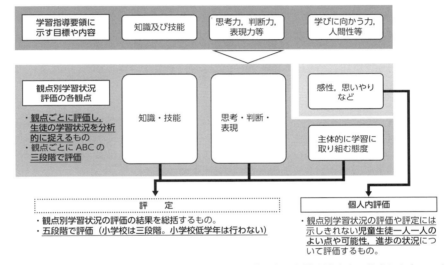

※この図は、現行の取扱いに「答申」の指摘や新しい学習指導要領の趣旨を踏まえて作成したものである。

(2) 観点別学習状況の評価の改善について

> 答申では、「観点別評価については、目標に準拠した評価の実質化や、教科・校種を超えた共通理解に基づく組織的な取組を促す観点から、小・中・高等学校の各教科を通じて、『知識・技能』『思考・判断・表現』『主体的に学習に取り組む態度』の3観点に整理することとし、指導要録の様式を改善することが必要」とされている。
>
> また、「資質・能力のバランスのとれた学習評価を行っていくためには、指導と評価の一体化を図る中で、論述やレポートの作成、発表、グループでの話合い、作品の制作等といった多様な活動に取り組ませるパフォーマンス評価などを取り入れ、ペーパーテストの結果にとどまらない、多面的・多角的な評価を行っていくことが必要である」とされている。

①観点別学習状況の評価について

○　今回の学習指導要領改訂では，各教科等の目標や内容を「知識及び技能」，「思考力，判断力，表現力等」，「学びに向かう力，人間性等」の資質・能力の三つの柱で再整理している。
　　これらの資質・能力に関わる「知識・技能」，「思考・判断・表現」，「主体的に学習に取り組む態度」の観点別学習状況の評価の実施に際しては，このような学習指導要領の規定に沿って評価規準を作成し，各教科等の特質を踏まえて適切に評価方法等を工夫することにより，学習評価の結果が児童生徒の学習や教師による指導の改善に生きるものとすることが重要である。

○　また，これまで各学校において取り組まれてきた観点別学習状況の評価やそれに基づく学習や指導の改善の更なる定着につなげる観点からも，評価の段階及び表示の方法については，現行と同様に３段階（ABC）とすることが適当である。

②「知識・技能」の評価について

○　「知識・技能」の評価は，各教科等における学習の過程を通した知識及び技能の習得状況について評価を行うとともに，それらを既有の知識及び技能と関連付けたり活用したりする中で，他の学習や生活の場面でも活用できる程度に概念等を理解したり，技能を習得したりしているかについて評価するものである。

○　このような考え方は，現行の評価の観点である「知識・理解」（各教科等において習得すべき知識や重要な概念等を理解しているかを評価），「技能」（各教科等において習得すべき技能を児童生徒が身に付けているかを評価）においても重視してきたところであるが，新しい学習指導要領に示された知識及び技能に関わる目標や内容の規定を踏まえ，各教科等の特質（※2）に応じた評価方法の工夫改善を進めることが重要である。
　　具体的な評価方法としては，ペーパーテストにおいて，事実的な知識の習得を問う問題と，知識の概念的な理解を問う問題とのバランスに配慮するなどの工夫改善を図るとともに，例えば，児童生徒が文章による説明をしたり，各教科等の内容の特質に応じて，観察・実験をしたり，式やグラフで表現したりするなど実際に知識や技能を用いる場面を設けるなど，多様な方法を適切に取り入れていくことが考えられる。

③「思考・判断・表現」の評価について

○　「思考・判断・表現」の評価は，各教科等の知識及び技能を活用して課題を解決する等（※3）のために必要な思考力，判断力，表現力等を身に付けているかどうかを評価するものである。

○　このような考え方は，現行の「思考・判断・表現」の観点においても重視してきたところであるが，新学習指導要領に示された，各教科等における思考力，判断力，表現力等に関わる目標や内容の規定を踏まえ，各教科等の特質に応じた評価方法の工夫改善を進めることが重要である。
　　具体的な評価方法としては，ペーパーテストのみならず，論述やレポートの作成，発表，グループでの話合い，作品の制作や表現等の多様な活動を取り入れたり，それらを集めたポートフォリオを活用したりするなど評価方法を工夫することが考えられる。

④「主体的に学習に取り組む態度」の評価について

　　答申では，「『主体的に学習に取り組む態度』と，資質・能力の柱である『学びに向かう力・人間性』の関係については，『学びに向かう力・人間性』には①『主体的に学習に取り組む態度』として観点別評価（学習状況を分析的に捉える）を通じて見取ることができる部分と，②観点別評価や評定にはなじまず，こうした評価では示しきれないことから個人内評価（個人のよい点や可能性，進歩の状況について評価する）を通じて見取る部分があることに留意する必要がある」とされている。

また,「主体的に学習に取り組む態度」については,挙手の回数やノートの取り方などの形式的な活動ではなく,児童生徒が「子供たちが自ら学習の目標を持ち,進め方を見直しながら学習を進め,その過程を評価して新たな学習につなげるといった,学習に関する自己調整を行いながら,粘り強く知識・技能を獲得したり思考・判断・表現しようとしたりしているかどうかという,意思的な側面を捉えて評価することが求められる」とされている。

　また,答申において,「このことは現行の『関心・意欲・態度』の観点についても本来は同じ趣旨であるが」,上述のような「誤解が払拭し切れていないのではないか,という問題点が長年指摘され現在に至ることから,『関心・意欲・態度』を改め『主体的に学習に取り組む態度』としたものである」と指摘されている。

ア)「学びに向かう力,人間性等」との関係
○　答申では「学びに向かう力,人間性等」には,①「主体的に学習に取り組む態度」として観点別評価を通じて見取ることができる部分と,②観点別評価や評定にはなじまず,こうした評価では示しきれないことから個人内評価を通じて見取る部分があることに留意する必要があるとされており,新学習指導要領に示された,各教科等における学びに向かう力,人間性等に関わる目標や内容の規定(※4)を踏まえ,各教科等の特質に応じた評価方法の工夫改善を進めることが重要である。

○　また,答申が指摘するとおり「学びに向かう力,人間性等」は,知識及び技能,思考力,判断力,表現力等をどのような方向性で働かせていくかを決定付ける重要な要素であり,学習評価と学習指導を通じて「学びに向かう力,人間性等」の涵養を図ることは,生涯にわたり学習する基盤を形成する上でも極めて重要である。

○　したがって,「主体的に学習に取り組む態度」の評価とそれに基づく学習や指導の改善を考える際には,生涯にわたり学習する基盤を培う視点をもつことが重要である。このことに関して,心理学や教育学等の学問的な発展に伴って,自己の感情や行動を統制する能力,自らの思考の過程等を客観的に捉える力(いわゆるメタ認知)など,学習に関する自己調整にかかわるスキルなどが重視されていることにも留意する必要がある。

イ)「主体的に学習に取り組む態度」の評価の基本的な考え方
○　以上を踏まえると,「主体的に学習に取り組む態度」の評価に際しては,単に継続的な行動や積極的な発言等を行うなど,性格や行動面の傾向を評価するということではなく,各教科等の「主体的に学習に取り組む態度」に係る評価の観点の趣旨に照らして,知識及び技能を獲得したり,思考力,判断力,表現力等を身に付けたりするために,自らの学習状況を把握し,学習の進め方について試行錯誤するなど自らの学習を調整しながら,学ぼうとしているかどうかという意思的な側面を評価することが重要である。

　現行の「関心・意欲・態度」の観点も,各教科等の学習内容に関心をもつことのみならず,よりよく学ぼうとする意欲をもって学習に取り組む態度を評価するのが,その本来の趣旨である。したがって,こうした考え方は従来から重視されてきたものであり,この点を「主体的に学習に取り組む態度」として改めて強調するものである。

○　本観点に基づく評価としては,「主体的に学習に取り組む態度」に係る各教科等の評価の観点の趣旨に照らし,
　①　知識及び技能を獲得したり,思考力,判断力,表現力等を身に付けたりすることに向けた粘り強い取組を行おうとする側面と,
　②　①の粘り強い取組を行う中で,自らの学習を調整しようとする側面,
という二つの側面を評価することが(※5)求められる。

○　ここで評価の対象とする学習の調整に関する態度は必ずしも，その学習の調整が「適切に行われているか」を判断するものではなく，それが各教科等における知識及び技能の習得や，思考力，判断力，表現力等の育成に結び付いていない場合には，それらの資質・能力の育成に向けて児童生徒が適切に学習を調整することができるよう，その実態に応じて教師が学習の進め方を適切に指導するなどの対応が求められる（※６）。その際，前述したような学習に関する自己調整にかかわるスキルなど，心理学や教育学等における学問的知見を活用することも有効である。

　　なお，学習の調整に向けた取組のプロセスには児童生徒一人一人の特性があることから，特定の型に沿った学習の進め方を一律に指導することのないよう配慮することが必要であり（※７），学習目標の達成に向けて適切な評価と指導が行われるよう授業改善に努めることが求められる。

○　このような考え方に基づき評価を行った場合には，例えば，①の「粘り強い取組を行おうとする側面」が十分に認められたとしても，②の「自らの学習を調整しようとしている側面」が認められない場合には，「主体的に学習に取り組む態度」の評価としては，基本的に「十分満足できる」（Ａ）とは評価されないことになる。

　　これは，「主体的に学習に取り組む態度」の観点については，ただ単に学習に対する粘り強さや積極性といった児童生徒の取組のみを承認・肯定するだけではなく，学習改善に向かって自らの学習を調整しようとしているかどうかを含めて評価することが必要であるとの趣旨を踏まえたものである。仮に，①や②の側面について特筆すべき事項がある場合には，「総合所見及び指導上参考となる諸事項」において評価を記述することも考えられる。

図２　「主体的に学習に取り組む態度」の評価のイメージ

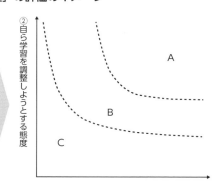

○　「主体的に学習に取り組む態度」の評価は，知識及び技能を習得させたり，思考力，判断力，表現力等を育成したりする場面に関わって，行うものであり，その評価の結果を，知識及び技能の習得や思考力，判断力，表現力等の育成に関わる教師の指導や児童生徒の学習の改善にも生かすことによりバランスのとれた資質・能力の育成を図るという視点が重要である。すなわち，この観点のみを取り出して，例えば挙手の回数など，その形式的態度を評価することは適当ではなく，他の観点に関わる児童生徒の学習状況と照らし合わせながら学習や指導の改善を図ることが重要である。

○　この考え方に基づけば，単元の導入の段階では観点別の学習状況にばらつきが生じるとしても，指導と評価の取組を重ねながら授業を展開することにより，単元末や学期末，学年末の結果（※８）として算出される３段階の観点別学習状況の評価については，観点ごとに大きな差は生じないものと考えられる。仮に，単元末や学期末，学年末の結果として算出された評価の結果が「知識・技能」，「思考・判断・表現」，「主体的に学習に取り組む態度」の各観点について，「ＣＣＡ」や「ＡＡＣ」といったばらつきのあるものとなった場合

には,児童生徒の実態や教師の授業の在り方などそのばらつきの原因を検討し,必要に応じて,児童生徒への支援を行い,児童生徒の学習や教師の指導の改善を図るなど速やかな対応が求められる。

ウ)「主体的に学習に取り組む態度」の評価の方法

○ 「主体的に学習に取り組む態度」の具体的な評価の方法としては,ノートやレポート等における記述,授業中の発言,教師による行動観察や,児童生徒による自己評価や相互評価等の状況を教師が評価を行う際に考慮する材料の一つとして用いることなどが考えられる。その際,各教科等の特質に応じて,児童生徒の発達の段階や一人一人の個性を十分に考慮しながら,「知識・技能」や「思考・判断・表現」の観点の状況を踏まえた上で,評価を行う必要がある。したがって,例えば,ノートにおける特定の記述などを取り出して,他の観点から切り離して「主体的に学習に取り組む態度」として評価することは適切ではないことに留意する必要がある。

○ また,発達の段階に照らした場合には,児童自ら目標を立てるなど学習を調整する姿が顕著にみられるようになるのは,一般に抽象的な思考力が高まる小学校高学年以降からであるとの指摘もあり,児童自ら学習を調整する姿を見取ることが困難な場合もあり得る。このため,国においては,①各教科等の「主体的に学習に取り組む態度」の評価の観点の趣旨の作成等に当たって,児童の発達の段階や各教科等の特質を踏まえて柔軟な対応が可能となるよう工夫するとともに,②特に小学校低学年・中学年段階では,例えば,学習の目標を教師が「めあて」などの形で適切に提示し,その「めあて」に向かって自分なりに様々な工夫を行おうとしているかを評価することや,他の児童との対話を通して自らの考えを修正したり,立場を明確にして話していたりする点を評価するなど,児童の学習状況を適切に把握するための学習評価の工夫の取組例を示すことが求められる。

○ それぞれの観点別学習状況の評価を行っていく上では,児童生徒の学習状況を適切に評価することができるよう授業デザインを考えていくことは不可欠である。特に,「主体的に学習に取り組む態度」の評価に当たっては,児童生徒が自らの理解の状況を振り返ることができるような発問の工夫をしたり,自らの考えを記述したり話し合ったりする場面,他者との協働を通じて自らの考えを相対化する場面を単元や題材などの内容のまとまりの中で設けたりするなど,「主体的・対話的で深い学び」の視点からの授業改善を図る中で,適切に評価できるようにしていくことが重要である。

(3) 評価の方針等の児童生徒との共有について

○ これまで,評価規準や評価方法等の評価の方針等について,必ずしも教師が十分に児童生徒等に伝えていない場合があることが指摘されている(※9)。しかしながら,どのような方針によって評価を行うのかを事前に示し,共有しておくことは,評価の妥当性・信頼性を高めるとともに,児童生徒に各教科等において身に付けるべき資質・能力の具体的なイメージをもたせる観点からも不可欠であるとともに児童生徒に自らの学習の見通しをもたせ自己の学習の調整を図るきっかけとなることも期待される。
　また,児童生徒に評価の結果をフィードバックする際にも,どのような方針によって評価したのかを改めて共有することも重要である。

○ その際,児童生徒の発達の段階にも留意した上で,児童生徒用に学習の見通しとして学習の計画や評価の方針を事前に示すことが考えられる。特に小学校低学年の児童に対しては,学習の「めあて」などのわかり易い言葉で伝えたりするなどの工夫が求められる。

(4) 教科等横断的な視点で育成を目指すこととされた資質・能力の評価について

○ 言語能力,情報活用能力や問題発見・解決能力など教科等横断的な視点で育成を目指すこととされた資質・能力は,各教科等における「知識・技能」「思考・判断・表現」「主体的に学習に取り組む態度」の評価に反

映することとし，各教科等の学習の文脈の中で，これらの資質・能力が横断的に育成・発揮されることを目指すことが適当である。

(5) 評価を行う場面や頻度について

○　平成28年の中央教育審議会答申では，毎回の授業で全ての観点を評価するのではなく，単元や題材などのまとまりの中で，指導内容に照らして評価の場面を適切に位置付けることを求めている。しかしながら，実際には，毎回の授業において複数の観点を評価する運用が行われていることも多く，教師にとっては評価の「記録」が常に求められるとともに，児童生徒にとっても，教師からの評価を必要以上に意識してしまうため，新しい解法に積極的に取り組んだり，斬新な発想を示したりすることなどが難しくなっているとの指摘もある。

したがって，日々の授業の中では児童生徒の学習状況を把握して指導に生かすことに重点を置きつつ，「知識・技能」及び「思考・判断・表現」の評価の記録については，原則として単元や題材等のまとまりごとに，それぞれの実現状況が把握できる段階で評価を行うこととする。また，学習指導要領に定められた各教科等の目標や内容の特質に照らして，単元や題材ごとに全ての観点別学習状況の評価の場面を設けるのではなく，複数の単元や題材にわたって長期的な視点で評価することを可能とすることも考えられるが，その場合には，児童生徒に対して評価方法について誤解がないように伝えておくことが必要である。

○　なお，評価については，記録を集めることに終始して，学期末や学年末になるまで必要な指導や支援を行わないまま一方的に評価をするようなことがないようにしなければならない。

(6) 障害のある児童生徒など特別な配慮を必要とする児童生徒に係る学習評価について

> 答申では，障害のある児童生徒や日本語の習得に困難のある児童生徒，不登校の児童生徒など，特別な配慮を必要とする児童生徒の発達を支えることの重要性を指摘している。
>
> 障害のある児童生徒については，通常の学級，通級による指導，特別支援学級，特別支援学校において子供たちの十分な学びを確保し，一人一人の子供の障害の状態や発達の段階に応じた指導を一層充実させていく必要があるとされている。
>
> また，知的障害者である児童生徒に対する教育課程については，児童生徒の一人一人の学習状況を多角的に評価するため，各教科の目標に準拠した評価による学習評価を導入し，学習評価を基に授業評価や指導評価を行い，教育課程編成の改善・充実に生かすことのできるPDCAサイクルを確立することが必要あるとされている。

○　児童生徒一人一人の学習状況を適切に把握することは，新学習指導要領で目指す資質・能力を育成する観点からも重要であり，障害のある児童生徒，日本語指導を必要とする児童生徒（※10）や不登校の児童生徒（※11），特別な配慮を必要とする児童生徒に対する指導についても，個々の児童生徒の状況に応じた評価方法の工夫改善を通じて，各教科等の目標や内容に応じた学習状況を適切に把握し，指導や学習の改善に生かしていくことを基本に，それぞれの実態に応じた対応が求められる。

○　このうち，障害のある児童生徒に係る学習評価については，一人一人の児童生徒の障害の状態等に応じた指導と配慮及び評価を適切に行う（※12）ことを前提としつつ，特に以下のような観点から改善することが必要である。
- 知的障害者である児童生徒に対する教育を行う特別支援学校の各教科（※13）においても，文章による記述という考え方を維持しつつ，観点別の学習状況を踏まえた評価を取り入れることとする。
- 障害のある児童生徒について，個別の指導計画に基づく評価等が行われる場合があることを踏まえ，こうした評価等と指導要録との関係を整理することにより，指導に関する記録を大幅に簡素化し，学習評価の結果を学習や指導の改善につなげることに重点を置くこととする。

(7) 指導要録の改善について

> 答申では,「観点別評価については,目標に準拠した評価の実質化や,教科・校種を超えた共通理解に基づく組織的な取組を促す観点から,小・中・高等学校の各教科を通じて,『知識・技能』『思考・判断・表現』『主体的に学習に取り組む態度』の3観点に整理することとし,指導要録の様式を改善することが必要」とされている。

①高等学校における観点別学習状況の評価の扱いについて

○　高等学校においては,従前より観点別学習状況の評価が行われてきたところであるが,地域や学校によっては,その取組に差があり,形骸化している場合があるとの指摘もある。文部科学省が平成29年度に実施した委託調査では,高等学校が指導要録に観点別学習状況の評価を記録している割合は13.3%にとどまる（※14）。そのため,高等学校における観点別学習状況の評価を更に充実し,その質を高める観点から,今後国が発出する学習評価及び指導要録の改善等に係る通知（以下,「指導要録等の改善通知」という）の「高等学校及び特別支援学校高等部の指導要録に記載する事項等」において,観点別学習状況の評価に係る説明を充実するとともに,指導要録の参考様式に記載欄を設けることとする。

②指導要録の取扱いについて

○　教師の勤務実態などを踏まえ,指導要録のうち指導に関する記録については大幅に簡素化し,学習評価の結果を教師が自らの指導の改善や児童生徒の学習の改善につなげることに重点を置くこととする。
　具体的には,国において,以下の点について今後発出する指導要録等の改善通知などにおいて示すことが考えられる。

・　「総合所見及び指導上参考となる諸事項」など文章記述により記載される事項は,児童生徒本人や保護者に適切に伝えられることで初めて児童生徒の学習の改善に生かされるものであり,日常の指導の場面で,評価についてのフィードバックを行う機会を充実させるとともに,通知表や面談などの機会を通して,保護者との間でも評価に関する情報共有を充実させることが重要である。これに伴い,指導要録における文章記述欄については,例えば,「総合所見及び指導上参考となる諸事項」については要点を箇条書きとするなど,必要最小限のものにとどめる。
・　小学校外国語活動の記録については,現在第5学年・第6学年においては,観点別にそれぞれの学習状況を個別に文章で記述する欄を設けているが,新しい学習指導要領の下での第3学年・第4学年における外国語活動については,記述欄を簡素化した上で,評価の観点に即して,児童の学習状況に顕著な事項がある場合などにその特徴を記入することとする。

○　各学校の設置者が様式を定めることとされている指導要録と,各学校が独自に作成するいわゆる通知表のそれぞれの性格を踏まえた上で,域内の各学校において,指導要録の「指導に関する記録」に記載する事項を全て満たす通知表を作成するような場合には,指導要録と通知表の様式を共通のものとすることが可能であることを明示する。

○　教師の勤務実態なども踏まえ,指導要録や通知表,調査書等の電子化に向けた取組を推進することは不可欠であり,設置者である各教育委員会において学習評価や成績処理に係る事務作業の負担軽減に向けて,統合型校務支援システム等のICT環境を整備し,校務の情報化を推進する必要がある。
　とりわけ,現在CBT化が検討されている全国学力・学習状況調査をはじめ,様々な学習に関するデータが記録・蓄積されるようになると,こうしたデータについて,進学や転校等に際してデータ・ポータビリティの検討が求められる。各学校設置者においては,こうした点も視野に入れながら,ICT環境整備を行うとともに,電子的に記録された様々な学習情報の保護と活用についても検討していくことが求められる。

③観点別学習状況の評価と評定の取扱い(※15)について

○ 現在，各教科の評価については，学習状況を分析的に捉える観点別学習状況の評価と，これらを総括的に捉える評定の両方について，学習指導要領に定める目標に準拠した評価として実施するものとされており，観点別学習状況の評価や評定には示しきれない児童生徒一人一人のよい点や可能性，進歩の状況については，個人内評価として実施するものとされている。

このうち，評定については，平成13年の指導要録等の改善通知において，それまで集団に準拠した評価を中心に行うこととされていた取扱いが，学習指導要領に定める目標に準拠した評価に改められており，すなわち評定には，各教科等における児童生徒一人一人の進歩の状況や教科の目標の実現状況を的確に把握し，学習指導の改善に生かすことが期待されている。

○ このように「観点別学習状況の評価」と「評定」については指導と評価の一体化の観点から見た場合には，それぞれ次のような役割が期待されている。

・ 各教科の学習状況を分析的に捉える「観点別学習状況の評価」は，児童生徒がそれぞれの教科での学習において，どの観点で望ましい学習状況が認められ，どの観点に課題が認められるかを明らかにすることにより，具体的な学習や指導の改善に生かすことを可能とするものである。

・ 各教科の観点別学習状況の評価を総括的に捉える「評定」は，児童生徒がどの教科の学習に望ましい学習状況が認められ，どの教科の学習に課題が認められるのかを明らかにすることにより，教育課程全体を見渡した学習状況の把握と指導や学習の改善に生かすことを可能とするものである。

○ また評定は，各教科の観点別学習状況の評価を総括した数値を示すものであり，児童生徒や保護者にとっては，学習状況を全般的に把握できる指標として捉えられてきており，また，高等学校の入学者選抜やAO・推薦入試を中心とした大学の入学者選抜，奨学金の審査でも用いられている等，広く利用されている。

○ 一方で現状の課題としては，いまだに評定が学習指導要領に定める目標に照らして，その実現状況を総括的に評価するものであるという趣旨が十分浸透しておらず，児童生徒や保護者の関心が評定や学校における相対的な位置付けに集中し，評定を分析的に捉えることにより，学習の改善を要する点がどこにあるかをきめ細かに示す観点別学習状況の評価に本来的に期待される役割が十分発揮されていないと指摘されている。

また，評定が入学者選抜や奨学金の審査等に利用される際に，観点別学習状況の評価を評定として総括する際の観点ごとの重み付けが学校によって異なるため，児童生徒一人一人をきめ細かく評価するためには，「観点別学習状況の評価」を活用することが重要との指摘もある。

○ こうした指摘等を踏まえると，国においては，評定を引き続き指導要録上に位置付けることとした上で，指摘されている課題に留意しながら，観点別学習状況の評価と評定の双方の本来の役割が発揮されるようにすることが重要である。具体的には，今後発出する指導要録の通知において，様式等の工夫を含めた改善を行い，その趣旨を関係者にしっかりと周知していく必要がある。

また，指導要録の改善に伴い，高等学校入学者選抜や大学入学者選抜等において用いられる調査書を見直す際には，観点別学習状況の評価について記載することで，一人一人に着目した，よりきめの細かい入学者選抜のために活用していくことが考えられる。

○ 観点別学習状況の評価をどのように評定に総括するかについては，従来より，評定の決定方法は，各学校で定めることとされてきたところであり（※16），今後もその方針を継承することとした上で，国立教育政策研究所が作成する学習評価の参考資料において，その取扱いの考え方を示すことが適当である。

なお，評定をどのように用いるのかについては，通知表における扱いについては各学校において，また，入学者選抜における扱いについては選抜を行う大学や高等学校等において，評定の役割や指摘されている課題等を十分に踏まえた上で，観点別学習状況の評価を活用することも考慮しながら，適切な在り方を検討することが求められる（※17）。

(8) 学習評価の高等学校入学者選抜・大学入学者選抜での利用について

> 答申では,「評価にあたっての留意点等」として「次期学習指導要領等の趣旨を踏まえ,高等学校入学者選抜,大学入学者選抜の質的改善が図られるようにする必要がある」としている。

○ 学校教育法施行規則第90条第1項においては「高等学校の入学は,第78条の規定により送付された調査書その他必要な書類,選抜のための学力検査(以下この条において「学力検査」という。)の成績等を資料として行う入学者の選抜に基づいて,校長が許可する。」と規定されており,同規定に基づき,高等学校入学者選抜においては,中学校において指導要録の記載に基づいて作成される調査書及び学力検査の成績等の資料が利用されている。

○ 平成30年度公立高等学校入学者選抜の改善等に関する状況調査によると,調査書の利用の比重は選抜方法によって異なるが,推薦入試における学力把握の重要な資料となっているほか,一般入試においても学力検査と同程度の比重で位置付けられるなど,入学者選抜に大きな影響を与えている。

○ 高等学校入学者選抜において調査書に基づき中学校の学習評価を利用することについては,主に以下のメリットがあると考えられる。
- 学力検査を実施しない教科等の学力を把握することができること。
- 学力検査当日の一時点での成績だけでなく,中学校の一定期間における学習評価を踏まえることで,当該生徒の学力をより正確・公平に把握することができること。
- 学力検査では把握することが難しい観点も含め,「知識・技能」,「思考・判断・表現」,「主体的に学習に取り組む態度」の各観点をバランスよく把握することができること。

○ 一方,地域によっては,以下のような課題も指摘されている。
- 中学校の通常の授業で行われる日常的な評価が,厳格な公平性が求められる入学者選抜に利用されるため,教師が評価材料の収集や記録,保護者への説明責任を果たすことに労力を費やす一方で,学習評価を児童生徒の学習改善や教師の指導の改善につなげていくという点がおろそかになっている場合もある。
- 例えば,中学校の途中まで成績が不振であった生徒が学習改善に取り組んだ場合でも,それまでの成績が入学者選抜において考慮される場合,成績不振だった期間が調査書に影響し,高等学校入学者選抜時の学力が十分評価されることが難しい仕組み(※18)となっている場合もある。
- 中学生が,入学時から常に「内申点をいかに上げるか」を意識した学校生活を送らざるを得なくなっている状況もあり,例えば,授業中の話合いや生徒会で意見を述べるときに教師の意向を踏まえたり,本意でないまま授業中に挙手したり,生徒会の役員に立候補したりするなど,自由な議論や行動の抑制につながっている場合もある。

○ 中学校における学習評価は,学習や指導の改善を目的として行われているものであり,高等学校入学者選抜に用いることを一義的な目的として行われるものではない。しかしながら,高等学校入学者選抜において調査書が大きな比重を占めていることから,これが中学校における学習評価やひいては学習活動に大きな影響を与えていると考えられる。

○ 高等学校及びその設置者においては,このような現状も踏まえ,以下の観点から入学者選抜について改善を図っていく必要がある。
- 高等学校入学者選抜については,答申において「中学校における学びの成果を高等学校につなぐものであるとの認識に立ち,知識の理解の質を重視し,資質・能力を育んでいく新しい学習指導要領の趣旨を踏まえた改善を図ること」が求められている。新しい学習指導要領の趣旨を踏まえた各高等学校の教育

目標の実現に向け，入学者選抜の質的改善を図るため，改めて入学者選抜の方針や選抜方法の組合せ，調査書の利用方法，学力検査の内容等について見直しを図ることが必要である。
・　調査書の利用に当たっては，そのねらいを明らかにし，学力検査の成績との比重や，学年ごとの学習評価の重み付け等について検討することが必要である。例えば，都道府県教育委員会等において，所管の高等学校に一律の比重で調査書の利用を義務付けているような場合には，各高等学校の入学者選抜の方針に基づいた適切な調査書の利用となるよう改善を図っていくことが必要である。
・　入学者選抜の改善に当たっては，新しい学習指導要領の趣旨等も踏まえつつ，働き方改革の観点からは，調査書の作成のために中学校の教職員に過重な負担がかかったり，生徒の主体的な学習活動に悪影響を及ぼしたりすることのないよう，高等学校入学者選抜のために必要な情報の整理や市町村教育委員会及び中学校等との情報共有・連携を図ることが重要である。

○　また，大学の入学者選抜においても，今後の議論を通じて，各大学のアドミッション・ポリシーに基づいて，多面的・多角的な評価が行われるよう，調査書を適切に活用することが必要である。その際，指導要録の簡素化の議論を踏まえ，指導要録を基に作成される調査書についても，観点別学習状況の評価の活用を含めて，大学入学者選抜で必要となる情報を整理した上で，検討していくことが求められる。

(9) 外部試験や検定等の学習評価への利用について

○　学習評価を進めていく上では，通常の授業で教師が自ら行う評価だけでなく，全国学力・学習状況調査や高校生のための学びの基礎診断の認定を受けた試験等，その他外部試験等の結果についても，児童生徒の学習状況を把握するために用いることで，教師が自らの評価を補完したり，必要に応じて修正したりしていくことは重要である。例えば，平素の学習評価を指導の改善につなげることはもとより，児童生徒が受検した検定試験の結果等から，児童生徒の課題等を把握し，自らの指導や評価の改善につなげることも考えられる。
　　その際，学習評価は学習指導要領に規定する目標及び内容に照らして，「知識・技能」，「思考・判断・表現」，「主体的に学習に取り組む態度」の各観点から行われるものであることに十分留意する。すなわち，各種の試験や検定等については，学習指導要領とは必ずしも目標や評価の視点が同じではなかったり，学習指導要領に示す各教科の内容を網羅的に問うものではなかったりすることもあることから，それらを考慮する際には，両者の相違を十分に踏まえることが必要であり，外部試験等の結果は，教師が学習評価を行う際の補完材料であることに十分留意すべきである。

○　なお，例えば，地域のスポーツクラブにおける活動や各種の習い事，趣味に関する活動等，児童生徒が学校外で行う多様な活動については，必ずしも教師が把握することが求められるものではなく，在籍する学校における評価の対象になるものではない。そのため，こうした事項については，同じ資格等であっても，学校によって指導要録や調査書への記載の有無が異なる等の指摘もある。生徒が在籍する学校から提出される調査書は，あくまでも学校における活動の記録であることに留意した上で，入学者選抜を行う高等学校や大学等は，これに過度に依存することなく，生徒一人一人の多面的・多角的な姿を考慮するよう，本人からの提出書類（※19），申告等を通じて確認するなどの工夫が求められる。

（※1）　一方で，入学者選抜等においては，学校の教育活動にとどまらない，児童生徒の多面的・多角的な評価が求められている。この点については，下記 p.22（本書 pp.191-192，日本標準編集部注）参照。
（※2）　例えば，芸術系教科の「知識」については，一人一人が感性などを働かせて様々なことを感じ取りながら考え，自分なりに理解し，表現したり鑑賞したりする喜びにつながっていくものであることに留意することが重要である。
（※3）　その際，小学校学習指導要領解説総則編（平成29年7月 文部科学省37ページ）における以下の指摘を踏まえることが重要である。
　　　『知識及び技能を活用して課題を解決する』という過程については，中央教育審議会答申が指摘するように，大きく分類して次の三つがあると考えられる。
・　物事の中から問題を見いだし，その問題を定義し解決の方向性を決定し，解決方法を探して計画を立て，結果を予測しながら実行し，振り返って次の問題発見・解決につなげていく過程

・　精査した情報を基に自分の考えを形成し，文章や発話によって表現したり，目的や場面，状況等に応じて互いの考えを適切に伝え合い，多様な考えを理解したり，集団としての考えを形成したりしていく過程
・　思いや考えを基に構想し，意味や価値を創造していく過程
　各教科等において求められる「思考力，判断力，表現力等」を育成していく上では，こうした学習過程の違いに留意することが重要である。

（※4）　各教科等によって，評価の対象に特性があることに留意する必要がある。例えば，体育・保健体育科の運動に関する領域においては，公正や協力などを，育成する「態度」として学習指導要領に位置付けており，各教科等の目標や内容に対応した学習評価が行われることとされている。

（※5）　これら①②の姿は実際の教科等の学びの中では別々ではなく相互に関わり合いながら立ち現れるものと考えられることから，実際の評価の場面においては，双方の側面を一体的に見取ることも想定される。例えば，自らの学習を全く調整しようとせず粘り強く取り組み続ける姿や，粘り強さが全くない中で自らの学習を調整する姿は一般的ではない。

（※6）　前述のように，知識・技能や思考・判断・表現の観点との関係を十分に考慮した上で，学習の調整が適切に行われているか検討する必要がある。

（※7）　例えば，知識・技能や思考・判断・表現の観点が十分満足できるものであれば，基本的には，学習の調整も適切に行われていると考えられることから，指導や評価に際して，かえって個々人の学習の進め方（学習方略）を損なうことがないよう留意すべきである。

（※8）　ただし，指導内容が学年ごとに示されていない教科においては，学年にまたがって指導する場合などが考えられる。

（※9）　「学習指導と学習評価に対する意識調査報告書」（平成29年度文部科学省委託調査）によれば，学習のねらいや評価の観点について，事前に児童生徒や保護者に伝えていない教師の割合（どちらかと言えば伝えていないと回答した教師を含む）は，小学校で40.2%，中学校で20.9%，高等学校で43.9%である。

（※10）　日本語指導を必要とする児童生徒に対しては，例えば，小学校学習指導要領解説総則編（平成29年7月）では「ゆっくりはっきり話す，児童の日本語による発話を促すなどの配慮，絵や図などの視覚的支援の活用，教材の工夫」などの学習参加のための支援が例示されており，各学校においては，児童生徒の実態や学習評価の対象となる指導事項に照らして適切な方法を工夫して指導と評価を行うことが求められる。また，「特別の教育課程」による日本語指導の学習評価の際には，「学校教育法施行規則の一部を改正する省令等の施行について（通知）」（25文科初第928号）において，個々の児童生徒の日本語の能力や学校生活への適応状況を含めた生活・学習の状況，学習への姿勢・態度等の多面的な把握に基づき，指導の目標及び指導内容を明確にした指導計画を作成し，学習評価を行うこととしている。こうした学習評価の結果については，児童生徒の担任や教科担当とも共有し，在籍学級における各教科等の指導や学習評価にも考慮されることが望ましい。

（※11）　「不登校への対応の在り方について」（15文科初第255号）では，不登校児童生徒について，学習状況の把握に努めることが学習支援や進路指導を行う上で重要であり，学校が把握した学習計画や内容がその学校の教育課程に照らし適切と判断される場合には，当該学習の評価を適切に行い，児童生徒や保護者等に伝えることが児童生徒の学習意欲に応え，自立を支援する上で意義が大きいとしている。その上で，評価の指導要録への記載については，必ずしもすべての教科・観点について観点別学習状況及び評定を記載することが求められるものではないとし，学習状況の把握の状況に応じてそれを文章記述するなど，次年度以降の児童生徒の指導の改善に生かすという観点に立った適切な記載に努めることが求められるとしている。

（※12）　障害のある児童生徒の指導については，例えば，小学校学習指導要領においても，「障害のある児童などについては，特別支援学校等の助言又は援助を活用しつつ，個々の児童の障害の状態等に応じた指導内容や指導方法の工夫を組織的かつ計画的に行うものとする」（第1章総則第4の2（1）ア），「障害のある児童などについては，学習活動を行う場合に生じる困難さに応じた指導内容や指導方法の工夫を計画的，組織的に行うこと」（同第2章各教科の「第3　指導計画と内容の取扱い」）とされている。

（※13）　知的障害者である児童生徒に対する教育を行う特別支援学校の各教科については，今回の特別支援学校学習指導要領の改訂において，小・中学校等との学びの連続性を重視する観点から，小・中学校等の各教科と同様に，育成を目指す資質・能力の三つの柱で目標及び内容が整理されたところ。

（※14）　「学習指導と学習評価に対する意識調査報告書」（平成29年度文部科学省委託調査）

（※15）　現在，評定は観点別学習状況の評価を教科全体の学習状況を段階別に（小学校では1から3の三段階，中学校以上では1～5の五段階）総括したものであるが，観点別学習状況の評価自体も，各教科の単元や題材などのまとまりごとの学習状況を段階別に（A，B，Cの三段階）総括したものである。したがって，何らかの学習状況を段階別に総括する点においては，観点別学習状況の評価も評定の一種であることには留意が必要である。

（※16）　平成22年5月11日文部科学省初等中等教育局長通知「小学校，中学校，高等学校及び特別支援学校等における児童生徒の学習評価及び指導要録の改善等について（通知）」では，「（観点別学習状況）において掲げられた観点は，分析的な評価を行うものとして，各教科の評定を行う場合において基本的な要素となるものであることに十分留意する。その際，評定の適切な決定方法等については，各学校において定める」とされている。

（※17）　調査書等に従来の総合的な評定だけでなく，観点別学習状況の評価を記載することにより，例えば，大学入学者選抜において，大学のアドミッション・ポリシーに基づいて，特に「思考・判断・表現」を重視して，この観点に傾斜をつけた評定を算出することなども可能となる。

（※18）　平成30年に文部科学省が聴取した結果によれば，高等学校入学者選抜に係る調査書において，中学校第3学年にわたる評定を記入（比重が均等でない場合を含む）することとしている都道府県は41件であり，全体の87%を占めている。

（※19）　「平成33年度大学入学者選抜実施要項の見直しに係る予告」では，志願者本人の記載する資料等において，大学は「活動報告書」等の積極的な活用に努めることとしており，その内容には「学校内外で意欲的に取り組んだ活動」等が把握できる様式イメージを例示している。

4. 学習評価の円滑な改善に向けた条件整備

> 答申では,「学習指導要領改訂を受けて作成される,学習評価の工夫改善に関する参考資料についても,詳細な基準ではなく,資質・能力を基に再整理された学習指導要領を手掛かりに,教員が評価規準を作成し見取っていくために必要な手順を示すものとなることが望ましい。」としている。また「教員が学習評価の質を高めることができる環境づくり」の観点からの研修の充実等,学習指導要領等の実施に必要な諸条件の整備として,教員の養成や研修を通じた教員の資質・能力の向上,指導体制の整備・充実等を求めている。

(1) 国立教育政策研究所に求められる取組について

○ 国立教育政策研究所が作成する「評価規準の作成,評価方法等の工夫改善のための参考資料(以下「参考資料」という。)について,以下のような視点で改善を図る。

- 今回の学習指導要領改訂では,各教科等の目標及び内容が資質・能力の三つの柱に再整理されたことを踏まえ,評価規準の作成に関わっては,現行の参考資料のように評価規準の設定例を詳細に示すのではなく,各教科等の特質に応じて,学習指導要領の規定から評価規準を作成する際の手順を示すことを基本とする。
- 参考資料に示す評価方法については,例えば観点別学習状況の評価を判断した参考例を適切に示すなど各学校における学習評価の信頼性及び妥当性の向上を促すことが重要である。その際,参考資料に示す事例を参考にしつつも各学校において創意工夫ある学習指導や学習評価が行われるよう,その柔軟性に配慮した取扱いや周知を考えることも併せて重要である。
- 現行の参考資料では,学習評価の事例が単元や題材ごとに整理されているが,各教科等の指導内容の特質に照らした場合,単元や題材を超えた長期的な視点で学習評価を考える必要がある場合も生じ得ることから,学期や年間など単元や題材を越えた長期的な視点に立った評価事例を掲載することも検討する。
- 学習評価については,学校全体で組織として学習評価やその結果を受けた学習指導の工夫改善の取組を促すとともに,教育課程や校内体制の改善などを促すカリキュラム・マネジメントも併せて重要であり,このような点に配慮した参考資料の示し方も検討する。

(2) 教育委員会,学校,教員養成課程等に求められる取組について

○ 各教育委員会等においては,本報告や今後,国が示す学習評価及び指導要録の改善の通知等を踏まえつつ,教員研修や各種参考資料の作成に努めることが求められる。

○ 各学校においては,学習評価の妥当性や信頼性が高められるよう,例えば,評価規準や評価方法等を事前に教師同士で検討し明確化することや評価に関する実践事例を蓄積し共有していくこと,評価結果についての検討を通じて評価に関する教師の力量の向上を図ることや,教務主任や研究主任を中心に学年会や教科等部会等の校内組織を活用するなどして,組織的かつ計画的な取組に努めることが求められる。

○ また,学校の実態に応じ,効果的・効率的に評価を行っていく観点から,デジタル教科書やタブレット,コンピュータ,録音・録画機器等のEdtechを適切に活用することで,例えば,グループに分かれたディスカッションでの発言や共同作業におけるグループへの貢献,単元を通じた理解状況の推移など,教師一人で十分に見取ることが困難な児童生徒の様々な活動や状況を記録したり,共有したりしていくことも重要である。その際,教師にとって使い勝手の良いデジタル機器やソフトウェア等の導入を進めることは,評価の質を高める観点から有効である。各地方公共団体や教育委員会等においては,現場のニーズを十分に反映できるような発注の仕方を考えていくとともに,それらの前提となるICT環境の整備を進めていくことが求められる。また,民間事業者においても,学校や教師のニーズを十分に踏まえた技術の開発が期待される。(※1)

○ また,教員養成課程においては,新しい学習指導要領下での学習評価が円滑に実施されるよう,学習評価を位置付けたカリキュラムや各教科指導における学習評価に関する指導の充実などが必要である。

(3) 教職員や保護者等の学校関係者,社会一般への周知について

> 答申では,「社会に開かれた教育課程」を目指す学習指導要領の理念の共有に向け,あらゆる媒体を通じて,新学習指導要領等の内容を社会全体に広く周知することを求めている。

○ 「社会に開かれた教育課程」の実現を目指す観点からは,国において,今回の学習評価の意義やその改善の趣旨について,パンフレットの作成などを通じて学校の教職員や保護者はもとより広く一般に周知をしていくことも重要である。

○ 冒頭に述べたとおり,学習評価の改善は,教育課程の改善並びにそれに基づく授業改善の一連のサイクルに適切に位置付くことが重要であり,周知に当たっては,そうした点に十分配慮することが求められる。

(※1) なお,第6回の本ワーキンググループにおいて,タブレット等を活用して,児童一人一人の学習の履歴を踏まえた指導や評価を可能にする仕組みについて,奈良教育大学及び富士通株式会社による発表が行われた。

〔表 1〕各教科の観点（小学校）

改　正	現　行
国　語	**国　語**
知識・技能 思考・判断・表現 主体的に学習に取り組む態度	国語への関心・意欲・態度 話す・聞く能力 書く能力 読む能力 言語についての知識・理解・技能
社　会	**社　会**
知識・技能 思考・判断・表現 主体的に学習に取り組む態度	社会的事象への関心・意欲・態度 社会的な思考・判断・表現 観察・資料活用の技能 社会的事象についての知識・理解
算　数	**算　数**
知識・技能 思考・判断・表現 主体的に学習に取り組む態度	算数への関心・意欲・態度 数学的な考え方 数量や図形についての技能 数量や図形についての知識・理解
理　科	**理　科**
知識・技能 思考・判断・表現 主体的に学習に取り組む態度	自然事象への関心・意欲・態度 科学的な思考・表現 観察・実験の技能 自然事象についての知識・理解
生　活	**生　活**
知識・技能 思考・判断・表現 主体的に学習に取り組む態度	生活への関心・意欲・態度 活動や体験についての思考・表現 身近な環境や自分についての気付き
音　楽	**音　楽**
知識・技能 思考・判断・表現 主体的に学習に取り組む態度	音楽への関心・意欲・態度 音楽表現の創意工夫 音楽表現の技能 鑑賞の能力
図画工作	**図画工作**
知識・技能 思考・判断・表現 主体的に学習に取り組む態度	造形への関心・意欲・態度 発想や構想の能力 創造的な技能 鑑賞の能力
家　庭	**家　庭**
知識・技能 思考・判断・表現 主体的に学習に取り組む態度	家庭生活への関心・意欲・態度 生活を創意工夫する能力 生活の技能 家庭生活についての知識・理解
体　育	**体　育**
知識・技能 思考・判断・表現 主体的に学習に取り組む態度	運動や健康・安全への関心・意欲・態度 運動や健康・安全についての思考・判断 運動の技能 健康・安全についての知識・理解
外 国 語	
知識・技能 思考・判断・表現 主体的に学習に取り組む態度	

〔表2〕各教科の観点（中学校）

改　　正	現　　行
国　語 知識・技能 思考・判断・表現 主体的に学習に取り組む態度	**国　語** 国語への関心・意欲・態度 話す・聞く能力 書く能力 読む能力 言語についての知識・理解・技能
社　会 知識・技能 思考・判断・表現 主体的に学習に取り組む態度	**社　会** 社会的事象への関心・意欲・態度 社会的な思考・判断・表現 資料活用の技能 社会的事象についての知識・理解
数　学 知識・技能 思考・判断・表現 主体的に学習に取り組む態度	**数　学** 数学への関心・意欲・態度 数学的な見方や考え方 数学的な技能 数量や図形などについての知識・理解
理　科 知識・技能 思考・判断・表現 主体的に学習に取り組む態度	**理　科** 自然事象への関心・意欲・態度 科学的な思考・表現 観察・実験の技能 自然事象についての知識・理解
音　楽 知識・技能 思考・判断・表現 主体的に学習に取り組む態度	**音　楽** 音楽への関心・意欲・態度 音楽表現の創意工夫 音楽表現の技能 鑑賞の能力
美　術 知識・技能 思考・判断・表現 主体的に学習に取り組む態度	**美　術** 美術への関心・意欲・態度 発想や構想の能力 創造的な技能 鑑賞の能力
保健体育 知識・技能 思考・判断・表現 主体的に学習に取り組む態度	**保健体育** 運動や健康・安全への関心・意欲・態度 運動や健康・安全についての思考・判断 運動の技能 運動や健康・安全についての知識・理解
技術・家庭 知識・技能 思考・判断・表現 主体的に学習に取り組む態度	**技術・家庭** 生活や技術への関心・意欲・態度 生活を工夫し創造する能力 生活の技能 生活や技術についての知識・理解
外　国　語 知識・技能 思考・判断・表現 主体的に学習に取り組む態度	**外　国　語** コミュニケーションへの関心・意欲・態度 外国語表現の能力 外国語理解の能力 言語や文化についての知識・理解

小学校,中学校,高等学校及び特別支援学校等における児童生徒の学習評価及び指導要録の改善等について(通知)

30 文科初第 1845 号
平成 31 年 3 月 29 日
文部科学省初等中等教育局長

　この度,中央教育審議会初等中等教育分科会教育課程部会において,「児童生徒の学習評価の在り方について(報告)」(平成31年1月21日)(以下「報告」という。)がとりまとめられました。
　報告においては,新学習指導要領の下での学習評価の重要性を踏まえた上で,その基本的な考え方や具体的な改善の方向性についてまとめられています。
　文部科学省においては,報告を受け,新学習指導要領の下での学習評価が適切に行われるとともに,各設置者による指導要録の様式の決定や各学校における指導要録の作成の参考となるよう,学習評価を行うに当たっての配慮事項,指導要録に記載する事項及び各学校における指導要録作成に当たっての配慮事項等を別紙1~5及び参考様式のとおりとりまとめました。
　ついては,下記に示す学習評価を行うに当たっての配慮事項及び指導要録に記載する事項の見直しの要点並びに別紙について十分に御了知の上,各都道府県教育委員会におかれては,所管の学校及び域内の市区町村教育委員会に対し,各指定都市教育委員会におかれては,所管の学校に対し,各都道府県知事及び小中高等学校を設置する学校設置会社を所轄する構造改革特別区域法第12条第1項の認定を受けた各地方公共団体の長におかれては,所轄の学校及び学校法人等に対し,附属学校を置く各国公立大学長におかれては,その管下の学校に対し,新学習指導要領の下で,報告の趣旨を踏まえた学習指導及び学習評価並びに指導要録の様式の設定等が適切に行われるよう,これらの十分な周知及び必要な指導等をお願いします。さらに,幼稚園,特別支援学校幼稚部,保育所及び幼保連携型認定こども園(以下「幼稚園等」という。)と小学校(義務教育学校の前期課程を含む。以下同じ。)及び特別支援学校小学部との緊密な連携を図る観点から,幼稚園等においてもこの通知の趣旨の理解が図られるようお願いします。
　なお,平成22年5月11日付け22文科初第1号「小学校,中学校,高等学校及び特別支援学校等における児童生徒の学習評価及び指導要録の改善等について」のうち,小学校及び特別支援学校小学部に関する部分は2020年3月31日をもって,中学校(義務教育学校の後期課程及び中等教育学校の前期課程を含む。以下同じ。)及び特別支援学校中学部に関する部分は2021年3月31日をもって廃止することとし,また高等学校(中等教育学校の後期課程を含む。以下同じ。)及び特別支援学校高等部に関する部分は2022年4月1日以降に高等学校及び特別支援学校高等部に入学する生徒(編入学による場合を除く。)について順次廃止することとします。
　なお,本通知に記載するところのほか,小学校,中学校及び特別支援学校小学部・中学部における特別の教科である道徳(以下「道徳科」という。)の学習評価等については,引き続き平成28年7月29日付け28文科初第604号「学習指導要領の一部改正に伴う小学校,中学校及び特別支援学校小学部・中学部における児童生徒の学習評価及び指導要録の改善等について」によるところとし,特別支援学校(知的障害)高等部における道徳科の学習評価等については,同通知に準ずるものとします。

記

1. 学習評価についての基本的な考え方

(1) カリキュラム・マネジメントの一環としての指導と評価
「学習指導」と「学習評価」は学校の教育活動の根幹であり，教育課程に基づいて組織的かつ計画的に教育活動の質の向上を図る「カリキュラム・マネジメント」の中核的な役割を担っていること。

(2) 主体的・対話的で深い学びの視点からの授業改善と評価
指導と評価の一体化の観点から，新学習指導要領で重視している「主体的・対話的で深い学び」の視点からの授業改善を通して各教科等における資質・能力を確実に育成する上で，学習評価は重要な役割を担っていること。

(3) 学習評価について指摘されている課題
学習評価の現状としては，(1) 及び (2) で述べたような教育課程の改善や授業改善の一連の過程に学習評価を適切に位置付けた学校運営の取組がなされる一方で，例えば，学校や教師の状況によっては，
・ 学期末や学年末などの事後での評価に終始してしまうことが多く，評価の結果が児童生徒の具体的な学習改善につながっていない，
・ 現行の「関心・意欲・態度」の観点について，挙手の回数や毎時間ノートをとっているかなど，性格や行動面の傾向が一時的に表出された場面を捉える評価であるような誤解が払拭しきれていない，
・ 教師によって評価の方針が異なり，学習改善につなげにくい，
・ 教師が評価のための「記録」に労力を割かれて，指導に注力できない，
・ 相当な労力をかけて記述した指導要録が，次の学年や学校段階において十分に活用されていない，
といった課題が指摘されていること。

(4) 学習評価の改善の基本的な方向性
(3) で述べた課題に応えるとともに，学校における働き方改革が喫緊の課題となっていることも踏まえ，次の基本的な考え方に立って，学習評価を真に意味のあるものとすることが重要であること。
【1】 児童生徒の学習改善につながるものにしていくこと
【2】 教師の指導改善につながるものにしていくこと
【3】 これまで慣行として行われてきたことでも，必要性・妥当性が認められないものは見直していくこと
これに基づく主な改善点は次項以降に示すところによること。

2. 学習評価の主な改善点について

(1) 各教科等の目標及び内容を「知識及び技能」，「思考力，判断力，表現力等」，「学びに向かう力，人間性等」の資質・能力の三つの柱で再整理した新学習指導要領の下での指導と評価の一体化を推進する観点から，観点別学習状況の評価の観点についても，これらの資質・能力に関わる「知識・技能」，「思考・判断・表現」，「主体的に学習に取り組む態度」の3観点に整理して示し，設置者において，これに基づく適切な観点を設定することとしたこと。その際，「学びに向かう力，人間性等」については，「主体的に学習に取り組む態度」として観点別学習状況の評価を通じて見取ることができる部分と観点別学習状況の評価にはなじまず，個人内評価等を通じて見取る部分があることに留意する必要があることを明確にしたこと。

(2) 「主体的に学習に取り組む態度」については，各教科等の観点の趣旨に照らし，知識及び技能を獲得したり，思考力，判断力，表現力等を身に付けたりすることに向けた粘り強い取組の中で，自らの学習を調整しようとしているかどうかを含めて評価することとしたこと（各教科等の観点の趣旨は，本通知の別紙4及び別紙5に示している）。

(3) 学習評価の結果の活用に際しては，各教科等の児童生徒の学習状況を観点別に捉え，各教科等における学習状況を分析的に把握することが可能な観点別学習状況の評価と，各教科等の児童生徒の学習状況を総括的に捉え，教育課程全体における各教科等の学習状況を把握することが可能な評定の双方の特長を踏まえつつ，その後の指導の改善等を図ることが重要であることを明確にしたこと。

(4) 特に高等学校及び特別支援学校（視覚障害，聴覚障害，肢体不自由又は病弱）高等部における各教科・科目の評価について，学習状況を分析的に捉える観点別学習状況の評価と，これらを総括的に捉える評定の両方について，学習指導要領に示す各教科・科目の目標に基づき学校が地域や生徒の実態に即して定めた当該教科・科目の目標や内容に照らし，その実現状況を評価する，目標に準拠した評価として実施することを明確にしたこと。

3．指導要録の主な改善点について

指導要録の改善点は以下に示すほか，別紙1から別紙3まで及び参考様式に示すとおりであること。設置者や各学校においては，それらを参考に指導要録の様式の設定や作成に当たることが求められること。

(1) 小学校及び特別支援学校（視覚障害，聴覚障害，肢体不自由又は病弱）小学部における「外国語活動の記録」については，従来，観点別に設けていた文章記述欄を一本化した上で，評価の観点に即して，児童の学習状況に顕著な事項がある場合にその特徴を記入することとしたこと。

(2) 高等学校及び特別支援学校（視覚障害，聴覚障害，肢体不自由又は病弱）高等部における「各教科・科目等の学習の記録」については，観点別学習状況の評価を充実する観点から，各教科・科目の観点別学習状況を記載することとしたこと。

(3) 高等学校及び特別支援学校（視覚障害，聴覚障害，肢体不自由又は病弱）高等部における「特別活動の記録」については，教師の勤務負担軽減を図り，観点別学習状況の評価を充実する観点から，文章記述を改め，各学校が設定した観点を記入した上で，各活動・学校行事ごとに，評価の観点に照らして十分満足できる活動の状況にあると判断される場合に，○印を記入することとしたこと。

(4) 特別支援学校（知的障害）各教科については，特別支援学校の新学習指導要領において，小・中・高等学校等との学びの連続性を重視する観点から小・中・高等学校の各教科と同様に育成を目指す資質・能力の三つの柱で目標及び内容が整理されたことを踏まえ，その学習評価においても観点別学習状況を踏まえて文章記述を行うこととしたこと。

(5) 教師の勤務負担軽減の観点から，【1】「総合所見及び指導上参考となる諸事項」については，要点を箇条書きとするなど，その記載事項を必要最小限にとどめるとともに，【2】通級による指導を受けている児童生徒について，個別の指導計画を作成しており，通級による指導に関して記載すべき事項が当該指導計画に記載されている場合には，その写しを指導要録の様式に添付することをもって指導要録への記入に替えることも可能とするなど，その記述の簡素化を図ることとしたこと。

4．学習評価の円滑な実施に向けた取組について

(1) 各学校においては，教師の勤務負担軽減を図りながら学習評価の妥当性や信頼性が高められるよう，学校全体としての組織的かつ計画的な取組を行うことが重要であること。具体的には，例えば以下の取組が考えられること。
   ・ 評価規準や評価方法を事前に教師同士で検討し明確化することや評価に関する実践事例を蓄積し共有すること。
   ・ 評価結果の検討等を通じて評価に関する教師の力量の向上を図ること。
   ・ 教務主任や研究主任を中心として学年会や教科等部会等の校内組織を活用すること。

(2) 学習評価については，日々の授業の中で児童生徒の学習状況を適宜把握して指導の改善に生かすことに重点を置くことが重要であること。したがって観点別学習状況の評価の記録に用いる評価については，毎回の授業ではなく原則として単元や題材など内容や時間のまとまりごとに，それぞれの実現状況を把握できる段階で行うなど，その場面を精選することが重要であること。

(3) 観点別学習状況の評価になじまず個人内評価の対象となるものについては，児童生徒が学習したことの意義や価値を実感できるよう，日々の教育活動等の中で児童生徒に伝えることが重要であること。特に「学びに向かう力，人間性等」のうち「感性や思いやり」など児童生徒一人一人のよい点や可能性，進歩の状況などを積極的に評価し児童生徒に伝えることが重要であること。

(4) 言語能力，情報活用能力や問題発見・解決能力など教科等横断的な視点で育成を目指すこととされた資質・能力は，各教科等における「知識・技能」，「思考・判断・表現」，「主体的に学習に取り組む態度」の評価に反映することとし，各教科等の学習の文脈の中で，これらの資質・能力が横断的に育成・発揮されることが重要であること。

(5) 学習評価の方針を事前に児童生徒と共有する場面を必要に応じて設けることは，学習評価の妥当性や信頼性を高めるとともに，児童生徒自身に学習の見通しをもたせる上で重要であること。その際，児童生徒の発達の段階等を踏まえ，適切な工夫が求められること。

(6) 全国学力・学習状況調査や高校生のための学びの基礎診断の認定を受けた測定ツールなどの外部試験や検定等の結果は，児童生徒の学習状況を把握するために用いることで，教師が自らの評価を補完したり，必要に応じて修正したりしていく上で重要であること。

このような外部試験や検定等の結果の利用に際しては，それらが学習指導要領に示す目標に準拠したものでない場合や，学習指導要領に示す各教科の内容を網羅的に扱うものではない場合があることから，これらの結果は教師が行う学習評価の補完材料であることに十分留意が必要であること。

(7) 法令に基づく文書である指導要録について，書面の作成，保存，送付を情報通信技術を用いて行うことは現行の制度上も可能であり，その活用を通して指導要録等に係る事務の改善を推進することが重要であること。特に，統合型校務支援システムの整備により文章記述欄などの記載事項が共通する指導要録といわゆる通知表のデータの連動を図ることは教師の勤務負担軽減に不可欠であり，設置者等においては統合型校務支援システムの導入を積極的に推進すること。仮に統合型校務支援システムの整備が直ちに困難な場合であっても，校務用端末を利用して指導要録等に係る事務を電磁的に処理することも効率的であること。

これらの方法によらない場合であっても，域内の学校が定めるいわゆる通知表の記載事項が，当該学校の設置者が様式を定める指導要録の「指導に関する記録」に記載する事項を全て満たす場合には，設置者の判断により，指導要録の様式を通知表の様式と共通のものとすることが現行の制度上も可能であること。その際，例えば次のような工夫が考えられるが，様式を共通のものとする際には，指導要録と通知表のそれぞれの役割を踏まえることも重要であること。

・ 通知表に，学期ごとの学習評価の結果の記録に加え，年度末の評価結果を追記することとすること。
・ 通知表の文章記述の評価について，指導要録と同様に，学期ごとにではなく年間を通じた学習状況をまとめて記載することとすること。
・ 指導要録の「指導に関する記録」の様式を，通知表と同様に学年ごとに記録する様式とすること。

(8) 今後，国においても学習評価の参考となる資料を作成することとしているが，都道府県教育委員会等においても，学習評価に関する研究を進め，学習評価に関する参考となる資料を示すとともに，具体的な事例の収集・提示を行うことが重要であること。特に高等学校については，今般の指導要録の改善において，観点別学習状況の評価が一層重視されたこと等を踏まえ，教員研修の充実など学習評価の改善に向けた取組に一層，重点を置くことが求められること。国が作成する高等学校の参考資料についても，例えば，定期考査や実技など現在の高等学校で取り組んでいる学習評価の場面で活用可能な事例を盛り込むなど，高等学校の実態や教師の勤務負担軽減に配慮しつつ学習評価の充実を図ることを可能とする内容とする予定であること。

5．学習評価の改善を受けた高等学校入学者選抜，大学入学者選抜の改善について

「1．学習評価についての基本的な考え方」に示すとおり，学習評価は，学習や指導の改善を目的として行われているものであり，入学者選抜に用いることを一義的な目的として行われるものではないこと。したがって，学習評価の結果を入学者選抜に用いる際には，このような学習評価の特性を踏まえつつ適切に行うことが重要であること。

(1) 高等学校入学者選抜の改善について

報告を踏まえ，高等学校及びその設置者において今般の学習評価の改善を受けた入学者選抜の在り方について検討を行う際には，以下に留意すること。

- 新学習指導要領の趣旨を踏まえた各高等学校の教育目標の実現に向け，入学者選抜の質的改善を図るため，改めて入学者選抜の方針や選抜方法の組合せ，調査書の利用方法，学力検査の内容等について見直すこと。
- 調査書の利用に当たっては，そのねらいを明らかにし，学力検査の成績との比重や，学年ごとの学習評価の重み付け等について検討すること。例えば都道府県教育委員会等において，所管の高等学校に一律の比重で調査書の利用を義務付けているような場合には，各高等学校の入学者選抜の方針に基づいた適切な調査書の利用となるよう改善を図ること。
- 入学者選抜の改善に当たっては，新学習指導要領の趣旨等も踏まえつつ，学校における働き方改革の観点から，調査書の作成のために中学校の教職員に過重な負担がかかったり，生徒の主体的な学習活動に悪影響を及ぼしたりすることのないよう，入学者選抜のために必要な情報の整理や市区町村教育委員会及び中学校等との情報共有・連携を図ること。

(2) 大学入学者選抜の改善について

　国においては新高等学校学習指導要領の下で学んだ生徒に係る「2025年度大学入学者選抜実施要項」の内容について2021年度に予告することとしており，予告に向けた検討に際しては，報告及び本通知の趣旨を踏まえ以下に留意して検討を行う予定であること。

- 各大学において，特に学校外で行う多様な活動については，調査書に過度に依存することなく，それぞれのアドミッション・ポリシーに基づいて，生徒一人一人の多面的・多角的な評価が行われるよう，各学校が作成する調査書や志願者本人の記載する資料，申告等を適切に組み合わせるなどの利用方法を検討すること。
- 学校における働き方改革の観点から，指導要録を基に作成される調査書についても，観点別学習状況の評価の活用を含めて，入学者選抜で必要となる情報を整理した上で検討すること。

〔別紙1〕小学校及び特別支援学校小学部の指導要録に記載する事項等

〔別紙2〕中学校及び特別支援学校中学部の指導要録に記載する事項等

〔別紙3〕高等学校及び特別支援学校高等部の指導要録に記載する事項等

〔別紙4〕各教科等・各学年等の評価の観点等及びその趣旨（小学校及び特別支援学校小学部並びに中学校及び特別支援学校中学部）【平成31年4月4日付け31文科初第13号初等中等教育局長通知による一部修正（小学校理科）】

〔別紙5〕各教科等の評価の観点及びその趣旨（高等学校及び特別支援学校高等部）

〔参考1〕中央教育審議会初等中等教育分科会教育課程部会「児童生徒の学習評価の在り方について（報告）」平成31年1月21日

〔参考2〕指導要録に関連して文部科学省が発出した主な通知等

〔参考3〕各設置者における指導要録の様式の設定に当たっての検討に資するため，別添として指導要録の「参考様式」を示している。

[別紙1]

小学校及び特別支援学校小学部の指導要録に記載する事項等

〔1〕 学籍に関する記録

学籍に関する記録については,原則として学齢簿の記載に基づき,学年当初及び異動の生じたときに記入する。

1 児童の氏名,性別,生年月日及び現住所
2 保護者の氏名及び現住所
3 入学前の経歴

　小学校及び特別支援学校小学部(以下「小学校等」という。)に入学するまでの教育・保育関係の略歴(在籍していた幼稚園,特別支援学校幼稚部,保育所又は幼保連携型認定こども園等の名称及び在籍期間等)を記入する。なお,外国において受けた教育の実情なども記入する。

4 入学・編入学等

(1) 入学
　　児童が第1学年に入学した年月日を記入する。
(2) 編入学等
　　第1学年の中途又は第2学年以上の学年に,在外教育施設や外国の学校等から編入学した場合,又は就学義務の猶予・免除の事由の消滅により就学義務が発生した場合について,その年月日,学年及び事由等を記入する。

5 転入学

　他の小学校等から転入学してきた児童について,転入学年月日,転入学年,前に在学していた学校名,所在地及び転入学の事由等を記入する。

6 転学・退学等

　他の小学校等に転学する場合には,転学先の学校が受け入れた日の前日に当たる年月日,転学先の学校名,所在地,転入学年及びその事由等を記入する。また,学校を去った年月日についても併記する。
　在外教育施設や外国の学校に入るために退学する場合又は学齢(満15歳に達した日の属する学年の終わり)を超過している児童が退学する場合は,校長が退学を認めた年月日及びその事由等を記入する。
　なお,就学義務が猶予・免除される場合又は児童の居所が1年以上不明である場合は,在学しない者として取り扱い,在学しない者と認めた年月日及びその事由等を記入する。

7 卒業

　校長が卒業を認定した年月日を記入する。

8 進学先

　進学先の学校名及び所在地を記入する。

9 学校名及び所在地

　分校の場合は,本校名及び所在地を記入するとともに,分校名,所在地及び在学した学年を併記する。

10　校長氏名印，学級担任者氏名印

　　各年度に，校長の氏名，学級担任者の氏名を記入し，それぞれ押印する。(同一年度内に校長又は学級担任者が代わった場合には，その都度後任者の氏名を併記する。)
　　なお，氏名の記入及び押印については，電子署名（電子署名及び認証業務に関する法律（平成12年法律第102号）第2条第1項に定義する「電子署名」をいう。）を行うことで替えることも可能である。

〔2〕　指導に関する記録

　　小学校における指導に関する記録については，以下に示す記載することが適当な事項に留意しながら，各教科の学習の記録（観点別学習状況及び評定），道徳科の記録，外国語活動の記録，総合的な学習の時間の記録，特別活動の記録，行動の記録，総合所見及び指導上参考となる諸事項並びに出欠の記録について学年ごとに作成する。
　　特別支援学校（視覚障害，聴覚障害，肢体不自由又は病弱）小学部における指導に関する記録については，小学校における指導に関する記録に記載する事項に加えて，自立活動の記録について学年ごとに作成するほか，入学時の障害の状態について作成する。
　　特別支援学校（知的障害）小学部における指導に関する記録については，各教科の学習の記録，特別活動の記録，自立活動の記録，道徳科の記録，外国語活動の記録，行動の記録，総合所見及び指導上参考となる諸事項並びに出欠の記録について学年ごとに作成するほか，入学時の障害の状態について作成する。
　　特別支援学校小学部に在籍する児童については，個別の指導計画を作成する必要があることから，指導に関する記録を作成するに当たって，個別の指導計画における指導の目標，指導内容等を踏まえた記述となるよう留意する。また，児童の障害の状態等に即して，学校教育法施行規則第130条の規定に基づき各教科の全部若しくは一部について合わせて授業を行った場合又は各教科，道徳科，外国語活動，特別活動及び自立活動の全部若しくは一部について合わせて授業を行った場合並びに特別支援学校小学部・中学部学習指導要領（平成29年文部科学省告示第73号）第1章第8節の規定（重複障害者等に関する教育課程の取扱い）を適用した場合にあっては，その教育課程や観点別学習状況を考慮し，必要に応じて様式等を工夫して，その状況を適切に端的に記入する。
　　特別支援学級に在籍する児童の指導に関する記録については，必要がある場合，特別支援学校小学部の指導要録に準じて作成する。
　　なお，障害のある児童について作成する個別の指導計画に指導要録の指導に関する記録と共通する記載事項がある場合には，当該個別の指導計画の写しを指導要録の様式に添付することをもって指導要録への記入に替えることも可能である。

1　各教科の学習の記録

　　小学校及び特別支援学校（視覚障害，聴覚障害，肢体不自由又は病弱）小学部における各教科の学習の記録については，観点別学習状況及び評定について記入する。
　　特別支援学校（知的障害）小学部における各教科の学習の記録については，特別支援学校小学部・中学部学習指導要領（平成29年文部科学省告示第73号）に示す小学部の各教科の目標，内容に照らし，別紙4の各教科の評価の観点及びその趣旨を踏まえ，具体的に定めた指導内容，実現状況等を箇条書き等により文章で端的に記述する。
(1)　観点別学習状況
　　　小学校及び特別支援学校（視覚障害，聴覚障害，肢体不自由又は病弱）小学部における観点別学習状況については，小学校学習指導要領（平成29年文部科学省告示第63号）及び特別支援学校小学部・中学部学習指導要領（平成29年文部科学省告示第73号）（以下「小学校学習指導要領等」という。）に示す各教科の目標に照らして，その実現状況を観点ごとに評価し記入する。その際，「十分満足できる」状況と判断

されるものをA,「おおむね満足できる」状況と判断されるものをB,「努力を要する」状況と判断されるものをCのように区別して評価を記入する。

　　小学校及び特別支援学校（視覚障害，聴覚障害，肢体不自由又は病弱）小学部における各教科の評価の観点について，設置者は，小学校学習指導要領等を踏まえ，別紙4を参考に設定する。
(2)　評定

　　小学校及び特別支援学校（視覚障害，聴覚障害，肢体不自由又は病弱）小学部における評定については，第3学年以上の各学年の各教科の学習の状況について，小学校学習指導要領等に示す各教科の目標に照らして，その実現状況を総括的に評価し記入する。

　　各教科の評定は，小学校学習指導要領等に示す各教科の目標に照らして，その実現状況を「十分満足できる」状況と判断されるものを3,「おおむね満足できる」状況と判断されるものを2,「努力を要する」状況と判断されるものを1のように区別して評価を記入する。

　　評定に当たっては，評定は各教科の学習の状況を総括的に評価するものであり，「(1) 観点別学習状況」において掲げられた観点は，分析的な評価を行うものとして，各教科の評定を行う場合において基本的な要素となるものであることに十分留意する。その際，評定の適切な決定方法等については，各学校において定める。

2　特別の教科　道徳

　　小学校等における道徳科の評価については，28文科初第604号「学習指導要領の一部改正に伴う小学校，中学校及び特別支援学校小学部・中学部における児童生徒の学習評価及び指導要録の改善等について（通知）」に基づき，学習活動における児童の学習状況や道徳性に係る成長の様子を個人内評価として文章で端的に記述する。

3　外国語活動の記録

　　小学校及び特別支援学校（視覚障害，聴覚障害，肢体不自由又は病弱）小学部における外国語活動の記録については，評価の観点を記入した上で，それらの観点に照らして，児童の学習状況に顕著な事項がある場合にその特徴を記入する等，児童にどのような力が身に付いたかを文章で端的に記述する。

　　評価の観点については，設置者は，小学校学習指導要領等に示す外国語活動の目標を踏まえ，別紙4を参考に設定する。

4　総合的な学習の時間の記録

　　小学校及び特別支援学校（視覚障害，聴覚障害，肢体不自由又は病弱）小学部における総合的な学習の時間の記録については，この時間に行った学習活動及び各学校が自ら定めた評価の観点を記入した上で，それらの観点のうち，児童の学習状況に顕著な事項がある場合などにその特徴を記入する等，児童にどのような力が身に付いたかを文章で端的に記述する。

　　評価の観点については，小学校学習指導要領等に示す総合的な学習の時間の目標を踏まえ，各学校において具体的に定めた目標，内容に基づいて別紙4を参考に定める。

5　特別活動の記録

　　小学校及び特別支援学校（視覚障害，聴覚障害，肢体不自由又は病弱）小学部における特別活動の記録については，各学校が自ら定めた特別活動全体に係る評価の観点を記入した上で，各活動・学校行事ごとに，評価の観点に照らして十分満足できる活動の状況にあると判断される場合に，○印を記入する。

　　評価の観点については，小学校学習指導要領等に示す特別活動の目標を踏まえ，各学校において別紙4を参考に定める。その際，特別活動の特質や学校として重点化した内容を踏まえ，例えば「主体的に生活や人間関係をよりよくしようとする態度」などのように，より具体的に定めることも考えられる。記入に当たっては，特別活動の学習が学校や学級における集団活動や生活を対象に行われるという特質に留意する。

特別支援学校（知的障害）小学部における特別活動の記録については，小学校及び特別支援学校（視覚障害，聴覚障害，肢体不自由又は病弱）小学部における特別活動の記録に関する考え方を参考としながら文章で端的に記述する。

6 自立活動の記録

特別支援学校小学部における自立活動の記録については，個別の指導計画を踏まえ，以下の事項等を端的に記入する。
- 【1】 指導目標，指導内容，指導の成果の概要に関すること
- 【2】 障害の状態等に変化が見られた場合，その状況に関すること
- 【3】 障害の状態を把握するため又は自立活動の成果を評価するために検査を行った場合，その検査結果に関すること

7 行動の記録

小学校及び特別支援学校（視覚障害，聴覚障害，肢体不自由又は病弱）小学部における行動の記録については，各教科，道徳科，外国語活動，総合的な学習の時間，特別活動やその他学校生活全体にわたって認められる児童の行動について，設置者は，小学校学習指導要領等の総則及び道徳科の目標や内容，内容の取扱いで重点化を図ることとしている事項等を踏まえて示している別紙4を参考にして，項目を適切に設定する。また，各学校において，自らの教育目標に沿って項目を追加できるようにする。

各学校における評価に当たっては，各項目の趣旨に照らして十分満足できる状況にあると判断される場合に，○印を記入する。

特別支援学校（知的障害）小学部における行動の記録については，小学校及び特別支援学校（視覚障害，聴覚障害，肢体不自由又は病弱）小学部における行動の記録に関する考え方を参考としながら文章で端的に記述する。

8 総合所見及び指導上参考となる諸事項

小学校等における総合所見及び指導上参考となる諸事項については，児童の成長の状況を総合的にとらえるため，以下の事項等を文章で箇条書き等により端的に記述すること。特に【4】のうち，児童の特徴・特技や学校外の活動等については，今後の学習指導等を進めていく上で必要な情報に精選して記述する。
- 【1】 各教科や外国語活動，総合的な学習の時間の学習に関する所見
- 【2】 特別活動に関する事実及び所見
- 【3】 行動に関する所見
- 【4】 児童の特徴・特技，学校内外におけるボランティア活動など社会奉仕体験活動，表彰を受けた行為や活動，学力について標準化された検査の結果等指導上参考となる諸事項
- 【5】 児童の成長の状況にかかわる総合的な所見

記入に際しては，児童の優れている点や長所，進歩の状況などを取り上げることに留意する。ただし，児童の努力を要する点などについても，その後の指導において特に配慮を要するものがあれば端的に記入する。

さらに，障害のある児童や日本語の習得に困難のある児童のうち，通級による指導を受けている児童については，通級による指導を受けた学校名，通級による指導の授業時数，指導期間，指導の内容や結果等を端的に記入する。通級による指導の対象となっていない児童で，教育上特別な支援を必要とする場合については，必要に応じ，効果があったと考えられる指導方法や配慮事項を端的に記入する。なお，これらの児童について個別の指導計画を作成している場合において当該指導計画に上記にかかわる記載がなされている場合には，その写しを指導要録の様式に添付することをもって指導要録への記入に替えることも可能である。

特別支援学校小学部においては，交流及び共同学習を実施している児童について，その相手先の学校名や学級名，実施期間，実施した内容や成果等を端的に記入する。

9　入学時の障害の状態

特別支援学校小学部における入学時の障害の状態について，障害の種類及び程度等を記入する。

10　出欠の記録

以下の事項を記入する。

(1)　授業日数

児童の属する学年について授業を実施した年間の総日数を記入する。学校保健安全法第20条の規定に基づき，臨時に，学校の全部又は学年の全部の休業を行うこととした日数は授業日数には含めない。

この授業日数は，原則として，同一学年のすべての児童につき同日数とすることが適当である。ただし，転学又は退学等をした児童については，転学のため学校を去った日又は退学等をした日までの授業日数を記入し，転入学又は編入学等をした児童については，転入学又は編入学等をした日以後の授業日数を記入する。

(2)　出席停止・忌引等の日数

以下の日数を合算して記入する。

【1】　学校教育法第35条による出席停止日数，学校保健安全法第19条による出席停止日数並びに感染症の予防及び感染症の患者に対する医療に関する法律第19条，第20条，第26条及び第46条による入院の場合の日数

【2】　学校保健安全法第20条により，臨時に学年の中の一部の休業を行った場合の日数

【3】　忌引日数

【4】　非常変災等児童又は保護者の責任に帰すことのできない事由で欠席した場合などで，校長が出席しなくてもよいと認めた日数

【5】　その他教育上特に必要な場合で，校長が出席しなくてもよいと認めた日数

(3)　出席しなければならない日数

授業日数から出席停止・忌引等の日数を差し引いた日数を記入する。

(4)　欠席日数

出席しなければならない日数のうち病気又はその他の事故で児童が欠席した日数を記入する。

(5)　出席日数

出席しなければならない日数から欠席日数を差し引いた日数を記入する。

なお，学校の教育活動の一環として児童が運動や文化などにかかわる行事等に参加したものと校長が認める場合には，指導要録の出欠の記録においては出席扱いとすることができる。

(6)　備考

出席停止・忌引等の日数に関する特記事項，欠席理由の主なもの，遅刻，早退等の状況その他の出欠に関する特記事項等を記入する。

[別紙2]

中学校及び特別支援学校中学部の指導要録に記載する事項等

〔1〕 学籍に関する記録

学籍に関する記録については，原則として学齢簿の記載に基づき，学年当初及び異動の生じたときに記入する。

1 生徒の氏名，性別，生年月日及び現住所

2 保護者の氏名及び現住所

3 入学前の経歴

中学校及び特別支援学校中学部（以下「中学校等」という。）に入学するまでの教育関係の略歴（在籍していた小学校又は特別支援学校小学部の学校名及び卒業時期等）を記入する。なお，外国において受けた教育の実情なども記入する。

4 入学・編入学等

(1) 入学
　　生徒が第1学年に入学した年月日を記入する。
(2) 編入学等
　　第1学年の中途又は第2学年以上の学年に，在外教育施設や外国の学校等から編入学した場合，又は就学義務の猶予・免除の事由の消滅により就学義務が発生した場合について，その年月日，学年及び事由等を記入する。

5 転入学

他の中学校等から転入学してきた生徒について，転入学年月日，転入学年，前に在学していた学校名，所在地及び転入学の事由等を記入する。

6 転学・退学等

他の中学校等に転学する場合には，転学先の学校が受け入れた日の前日に当たる年月日，転学先の学校名，所在地，転入学年及びその事由等を記入する。また，学校を去った年月日についても併記する。

在外教育施設や外国の学校に入るために退学する場合又は学齢（満15歳に達した日の属する学年の終わり）を超過している生徒が退学する場合は，校長が退学を認めた年月日及びその事由等を記入する。

なお，就学義務が猶予・免除される場合又は生徒の居所が1年以上不明である場合は，在学しない者として取り扱い，在学しない者と認めた年月日及びその事由等を記入する。

7 卒業

校長が卒業を認定した年月日を記入する。

8 進学先・就職先等

進学先の学校名及び所在地，就職先の事業所名及び所在地等を記入する。

9 学校名及び所在地

　　分校の場合は，本校名及び所在地を記入するとともに，分校名，所在地及び在学した学年を併記する。

10 校長氏名印，学級担任者氏名印

　　各年度に，校長の氏名，学級担任者の氏名を記入し，それぞれ押印する。(同一年度内に校長又は学級担任者が代わった場合には，その都度後任者の氏名を併記する。)

　　なお，氏名の記入及び押印については，電子署名（電子署名及び認証業務に関する法律（平成12年法律第102号）第2条第1項に定義する「電子署名」をいう。）を行うことで替えることも可能である。

〔2〕 指導に関する記録

　　中学校における指導に関する記録については，以下に示す記載することが適当な事項に留意しながら，各教科の学習の記録（観点別学習状況及び評定），道徳科の記録，総合的な学習の時間の記録，特別活動の記録，行動の記録，総合所見及び指導上参考となる諸事項並びに出欠の記録について学年ごとに作成する。

　　特別支援学校（視覚障害，聴覚障害，肢体不自由又は病弱）中学部における指導に関する記録については，中学校における指導に関する記録に記載する事項に加えて，自立活動の記録について学年ごとに作成するほか，入学時の障害の状態について作成する。

　　特別支援学校（知的障害）中学部における指導に関する記録については，各教科の学習の記録，特別活動の記録，自立活動の記録，道徳科の記録，総合的な学習の時間の記録，行動の記録，総合所見及び指導上参考となる諸事項並びに出欠の記録について学年ごとに作成するほか，入学時の障害の状態について作成する。

　　特別支援学校中学部に在籍する生徒については，個別の指導計画を作成する必要があることから，指導に関する記録を作成するに当たって，個別の指導計画における指導の目標，指導内容等を踏まえた記述となるよう留意する。また，生徒の障害の状態等に即して，学校教育法施行規則第130条の規定に基づき各教科の全部若しくは一部について合わせて授業を行った場合又は各教科，道徳科，特別活動及び自立活動の全部若しくは一部について合わせて授業を行った場合並びに特別支援学校小学部・中学部学習指導要領（平成29年文部科学省告示第73号）第1章第8節の規定（重複障害者等に関する教育課程の取扱い）を適用した場合にあっては，その教育課程や観点別学習状況を考慮し，必要に応じて様式等を工夫して，その状況を適切に端的に記入する。

　　特別支援学級に在籍する生徒の指導に関する記録については，必要がある場合，特別支援学校中学部の指導要録に準じて作成する。

　　なお，障害のある生徒について作成する個別の指導計画に指導要録の指導に関する記録と共通する記載事項がある場合には，当該個別の指導計画の写しを指導要録の様式に添付することをもって指導要録への記入に替えることも可能である。

1 各教科の学習の記録

　　中学校及び特別支援学校（視覚障害，聴覚障害，肢体不自由又は病弱）中学部における各教科の学習の記録については，観点別学習状況及び評定について記入する。

　　特別支援学校（知的障害）中学部における各教科の学習の記録については，特別支援学校小学部・中学部学習指導要領（平成29年文部科学省告示第73号）に示す中学部の各教科の目標，内容に照らし，別紙4の各教科の評価の観点及びその趣旨を踏まえ，具体的に定めた指導内容，実現状況等を箇条書き等により文章で端的に記述する。

　(1) 観点別学習状況

　　　中学校及び特別支援学校（視覚障害，聴覚障害，肢体不自由又は病弱）中学部における観点別学習状況については，中学校学習指導要領（平成29年文部科学省告示第64号）及び特別支援学校小学部・中学部学習指導要領（平成29年文部科学省告示第73号）（以下「中学校学習指導要領等」という。）に示す各教

科の目標に照らして，その実現状況を観点ごとに評価し記入する。その際，「十分満足できる」状況と判断されるものをA，「おおむね満足できる」状況と判断されるものをB，「努力を要する」状況と判断されるものをCのように区別して評価を記入する。

中学校及び特別支援学校（視覚障害，聴覚障害，肢体不自由又は病弱）中学部における各教科の評価の観点について，設置者は，中学校学習指導要領等を踏まえ，別紙4を参考に設定する。

選択教科を実施する場合は，各学校において観点を定め，記入する。

(2) 評定

中学校及び特別支援学校（視覚障害，聴覚障害，肢体不自由又は病弱）中学部における評定については，各学年における各教科の学習の状況について，中学校学習指導要領等に示す各教科の目標に照らして，その実現状況を総括的に評価し記入する。

必修教科の評定は，中学校学習指導要領等に示す各教科の目標に照らして，その実現状況を「十分満足できるもののうち，特に程度が高い」状況と判断されるものを5,「十分満足できる」状況と判断されるものを4,「おおむね満足できる」状況と判断されるものを3,「努力を要する」状況と判断されるものを2,「一層努力を要する」状況と判断されるものを1のように区別して評価を記入する。

選択教科を実施する場合は，各学校が評定の段階を決定し記入する。

評定に当たっては，評定は各教科の学習の状況を総括的に評価するものであり，「(1) 観点別学習状況」において掲げられた観点は，分析的な評価を行うものとして，各教科の評定を行う場合において基本的な要素となるものであることに十分留意する。その際，評定の適切な決定方法等については，各学校において定める。

2 特別の教科 道徳

中学校等における道徳科の評価については，28文科初第604号「学習指導要領の一部改正に伴う小学校，中学校及び特別支援学校小学部・中学部における児童生徒の学習評価及び指導要録の改善等について（通知）」に基づき，学習活動における生徒の学習状況や道徳性に係る成長の様子を個人内評価として文章で端的に記述する。

3 総合的な学習の時間の記録

中学校等における総合的な学習の時間の記録については，この時間に行った学習活動及び各学校が自ら定めた評価の観点を記入した上で，それらの観点のうち，生徒の学習状況に顕著な事項がある場合などにその特徴を記入する等，生徒にどのような力が身に付いたかを文章で端的に記述する。

評価の観点については，中学校学習指導要領等に示す総合的な学習の時間の目標を踏まえ，各学校において具体的に定めた目標，内容に基づいて別紙4を参考に定める。

4 特別活動の記録

中学校及び特別支援学校（視覚障害，聴覚障害，肢体不自由又は病弱）中学部における特別活動の記録については，各学校が自ら定めた特別活動全体に係る評価の観点を記入した上で，各活動・学校行事ごとに，評価の観点に照らして十分満足できる活動の状況にあると判断される場合に，〇印を記入する。

評価の観点については，中学校学習指導要領等に示す特別活動の目標を踏まえ，各学校において別紙4を参考に定める。その際，特別活動の特質や学校として重点化した内容を踏まえ，例えば「主体的に生活や人間関係をよりよくしようとする態度」などのように，より具体的に定めることも考えられる。記入に当たっては，特別活動の学習が学校や学級における集団活動や生活を対象に行われるという特質に留意する。

特別支援学校（知的障害）中学部における特別活動の記録については，中学校及び特別支援学校（視覚障害，聴覚障害，肢体不自由又は病弱）中学部における特別活動の記録に関する考え方を参考としながら文章で端的に記述する。

5　自立活動の記録

特別支援学校中学部における自立活動の記録については，個別の指導計画を踏まえ，以下の事項等を端的に記入する。
【1】　指導目標，指導内容，指導の成果の概要に関すること
【2】　障害の状態等に変化が見られた場合，その状況に関すること
【3】　障害の状態を把握するため又は自立活動の成果を評価するために検査を行った場合，その検査結果に関すること

6　行動の記録

中学校及び特別支援学校（視覚障害，聴覚障害，肢体不自由又は病弱）中学部における行動の記録については，各教科，道徳科，総合的な学習の時間，特別活動やその他学校生活全体にわたって認められる生徒の行動について，設置者は，中学校学習指導要領等の総則及び道徳科の目標や内容，内容の取扱いで重点化を図ることとしている事項等を踏まえて示している別紙4を参考にして，項目を適切に設定する。また，各学校において，自らの教育目標に沿って項目を追加できるようにする。

各学校における評価に当たっては，各項目の趣旨に照らして十分満足できる状況にあると判断される場合に，○印を記入する。

特別支援学校（知的障害）中学部における行動の記録については，中学校及び特別支援学校（視覚障害，聴覚障害，肢体不自由又は病弱）中学部における行動の記録に関する考え方を参考にしながら文章で端的に記述する。

7　総合所見及び指導上参考となる諸事項

中学校等における総合所見及び指導上参考となる諸事項については，生徒の成長の状況を総合的にとらえるため，以下の事項等を文章で箇条書き等により端的に記述すること。特に【5】のうち，生徒の特徴・特技や学校外の活動等については，今後の学習指導等を進めていく上で必要な情報に精選して記述する。
【1】　各教科や総合的な学習の時間の学習に関する所見
【2】　特別活動に関する事実及び所見
【3】　行動に関する所見
【4】　進路指導に関する事項
【5】　生徒の特徴・特技，部活動，学校内外におけるボランティア活動など社会奉仕体験活動，表彰を受けた行為や活動，学力について標準化された検査の結果等指導上参考となる諸事項
【6】　生徒の成長の状況にかかわる総合的な所見

記入に際しては，生徒の優れている点や長所，進歩の状況などを取り上げることに留意する。ただし，生徒の努力を要する点などについても，その後の指導において特に配慮を要するものがあれば端的に記入する。

さらに，障害のある生徒や日本語の習得に困難のある生徒のうち，通級による指導を受けている生徒については，通級による指導を受けた学校名，通級による指導の授業時数，指導期間，指導の内容や結果等を端的に記入する。通級による指導の対象となっていない生徒で，教育上特別な支援を必要とする場合については，必要に応じ，効果があったと考えられる指導方法や配慮事項を端的に記入する。なお，これらの生徒について個別の指導計画を作成している場合において当該指導計画に上記にかかわる記載がなされている場合には，その写しを指導要録の様式に添付することをもって指導要録への記入に替えることも可能である。

特別支援学校中学部においては，交流及び共同学習を実施している生徒について，その相手先の学校名や学級名，実施期間，実施した内容や成果等を端的に記入する。

8　入学時の障害の状態

特別支援学校中学部における入学時の障害の状態について，障害の種類及び程度等を記入する。

9 出欠の記録

以下の事項を記入する。
(1) 授業日数
　生徒の属する学年について授業を実施した年間の総日数を記入する。学校保健安全法第20条の規定に基づき，臨時に，学校の全部又は学年の全部の休業を行うこととした日数は授業日数には含めない。
　この授業日数は，原則として，同一学年のすべての生徒につき同日数とすることが適当である。ただし，転学又は退学等をした生徒については，転学のため学校を去った日又は退学等をした日までの授業日数を記入し，転入学又は編入学等をした生徒については，転入学又は編入学等をした日以後の授業日数を記入する。
(2) 出席停止・忌引等の日数
　以下の日数を合算して記入する。
　【1】 学校教育法第35条による出席停止日数，学校保健安全法第19条による出席停止日数並びに感染症の予防及び感染症の患者に対する医療に関する法律第19条，第20条，第26条及び第46条による入院の場合の日数
　【2】 学校保健安全法第20条により，臨時に学年の中の一部の休業を行った場合の日数
　【3】 忌引日数
　【4】 非常変災等生徒又は保護者の責任に帰すことのできない事由で欠席した場合などで，校長が出席しなくてもよいと認めた日数
　【5】 選抜のための学力検査の受検その他教育上特に必要な場合で，校長が出席しなくてもよいと認めた日数
(3) 出席しなければならない日数
　授業日数から出席停止・忌引等の日数を差し引いた日数を記入する。
(4) 欠席日数
　出席しなければならない日数のうち病気又はその他の事故で生徒が欠席した日数を記入する。
(5) 出席日数
　出席しなければならない日数から欠席日数を差し引いた日数を記入する。
　なお，学校の教育活動の一環として生徒が運動や文化などにかかわる行事等に参加したものと校長が認める場合には，指導要録の出欠の記録においては出席扱いとすることができる。
(6) 備考
　出席停止・忌引等の日数に関する特記事項，欠席理由の主なもの，遅刻，早退等の状況その他の出欠に関する特記事項等を記入する。

[別紙4]

各教科等・各学年等の評価の観点等及びその趣旨
（小学校及び特別支援学校小学部並びに中学校及び特別支援学校中学部）

1－1．小学校及び特別支援学校（視覚障害，聴覚障害，肢体不自由又は病弱）小学部並びに中学校及び特別支援学校（視覚障害，聴覚障害，肢体不自由又は病弱）中学部における各教科の学習の記録

国　語

（1）評価の観点及びその趣旨

＜小学校 国語＞

観点	知識・技能	思考・判断・表現	主体的に学習に取り組む態度
趣旨	日常生活に必要な国語について，その特質を理解し適切に使っている。	「話すこと・聞くこと」，「書くこと」，「読むこと」の各領域において，日常生活における人との関わりの中で伝え合う力を高め，自分の思いや考えを広げている。	言葉を通じて積極的に人と関わったり，思いや考えを広げたりしながら，言葉がもつよさを認識しようとしているとともに，言語感覚を養い，言葉をよりよく使おうとしている。

＜中学校 国語＞

観点	知識・技能	思考・判断・表現	主体的に学習に取り組む態度
趣旨	社会生活に必要な国語について，その特質を理解し適切に使っている。	「話すこと・聞くこと」，「書くこと」，「読むこと」の各領域において，社会生活における人との関わりの中で伝え合う力を高め，自分の思いや考えを広げたり深めたりしている。	言葉を通じて積極的に人と関わったり，思いや考えを深めたりしながら，言葉がもつ価値を認識しようとしているとともに，言語感覚を豊かにし，言葉を適切に使おうとしている。

（2）学年別の評価の観点の趣旨

＜小学校 国語＞

観点／学年	知識・技能	思考・判断・表現	主体的に学習に取り組む態度
第1学年及び第2学年	日常生活に必要な国語の知識や技能を身に付けているとともに，我が国の言語文化に親しんだり理解したりしている。	「話すこと・聞くこと」，「書くこと」，「読むこと」の各領域において，順序立てて考える力や感じたり想像したりする力を養い，日常生活における人との関わりの中で伝え合う力を高め，自分の思いや考えをもっている。	言葉を通じて積極的に人と関わったり，思いや考えをもったりしながら，言葉がもつよさを感じようとしているとともに，楽しんで読書をし，言葉をよりよく使おうとしている。

観点 \ 学年	知識・技能	思考・判断・表現	主体的に学習に取り組む態度
第3学年及び第4学年	日常生活に必要な国語の知識や技能を身に付けているとともに，我が国の言語文化に親しんだり理解したりしている。	「話すこと・聞くこと」，「書くこと」，「読むこと」の各領域において，筋道立てて考える力や豊かに感じたり想像したりする力を養い，日常生活における人との関わりの中で伝え合う力を高め，自分の思いや考えをまとめている。	言葉を通じて積極的に人と関わったり，思いや考えをまとめたりしながら，言葉がもつよさに気付こうとしているとともに，幅広く読書をし，言葉をよりよく使おうとしている。
第5学年及び第6学年	日常生活に必要な国語の知識や技能を身に付けているとともに，我が国の言語文化に親しんだり理解したりしている。	「話すこと・聞くこと」，「書くこと」，「読むこと」の各領域において，筋道立てて考える力や豊かに感じたり想像したりする力を養い，日常生活における人との関わりの中で伝え合う力を高め，自分の思いや考えを広げている。	言葉を通じて積極的に人と関わったり，思いや考えを広げたりしながら，言葉がもつよさを認識しようとしているとともに，進んで読書をし，言葉をよりよく使おうとしている。

＜中学校 国語＞

観点 \ 学年	知識・技能	思考・判断・表現	主体的に学習に取り組む態度
第1学年	社会生活に必要な国語の知識や技能を身に付けているとともに，我が国の言語文化に親しんだり理解したりしている。	「話すこと・聞くこと」，「書くこと」，「読むこと」の各領域において，筋道立てて考える力や豊かに感じたり想像したりする力を養い，日常生活における人との関わりの中で伝え合う力を高め，自分の思いや考えを確かなものにしている。	言葉を通じて積極的に人と関わったり，思いや考えを確かなものにしたりしながら，言葉がもつ価値に気付こうとしているとともに，進んで読書をし，言葉を適切に使おうとしている。
第2学年	社会生活に必要な国語の知識や技能を身に付けているとともに，我が国の言語文化に親しんだり理解したりしている。	「話すこと・聞くこと」，「書くこと」，「読むこと」の各領域において，論理的に考える力や共感したり想像したりする力を養い，社会生活における人との関わりの中で伝え合う力を高め，自分の思いや考えを広げたり深めたりしている。	言葉を通じて積極的に人と関わったり，思いや考えを広げたり深めたりしながら，言葉がもつ価値を認識しようとしているとともに，読書を生活に役立て，言葉を適切に使おうとしている。
第3学年	社会生活に必要な国語の知識や技能を身に付けているとともに，我が国の言語文化に親しんだり理解したりしている。	「話すこと・聞くこと」，「書くこと」，「読むこと」の各領域において，論理的に考える力や深く共感したり豊かに想像したりする力を養い，社会生活における人との関わりの中で伝え合う力を高め，自分の思いや考えを広げたり深めたりしている。	言葉を通じて積極的に人と関わったり，思いや考えを広げたり深めたりしながら，言葉がもつ価値を認識しようとしているとともに，読書を通して自己を向上させ，言葉を適切に使おうとしている。

社 会

(1) 評価の観点及びその趣旨

<小学校 社会>

観点	知識・技能	思考・判断・表現	主体的に学習に取り組む態度
趣旨	地域や我が国の国土の地理的環境，現代社会の仕組みや働き，地域や我が国の歴史や伝統と文化を通して社会生活について理解しているとともに，様々な資料や調査活動を通して情報を適切に調べまとめている。	社会的事象の特色や相互の関連，意味を多角的に考えたり，社会に見られる課題を把握して，その解決に向けて社会への関わり方を選択・判断したり，考えたことや選択・判断したことを適切に表現したりしている。	社会的事象について，国家及び社会の担い手として，よりよい社会を考え主体的に問題解決しようとしている。

<中学校 社会>

観点	知識・技能	思考・判断・表現	主体的に学習に取り組む態度
趣旨	我が国の国土と歴史，現代の政治，経済，国際関係等に関して理解しているとともに，調査や諸資料から様々な情報を効果的に調べまとめている。	社会的事象の意味や意義，特色や相互の関連を多面的・多角的に考察したり，社会に見られる課題の解決に向けて選択・判断したり，思考・判断したことを説明したり，それらを基に議論したりしている。	社会的事象について，国家及び社会の担い手として，よりよい社会の実現を視野に課題を主体的に解決しようとしている。

(2) 学年・分野別の評価の観点の趣旨

<小学校 社会>

観点／学年	知識・技能	思考・判断・表現	主体的に学習に取り組む態度
第3学年	身近な地域や市区町村の地理的環境，地域の安全を守るための諸活動や地域の産業と消費生活の様子，地域の様子の移り変わりについて，人々の生活との関連を踏まえて理解しているとともに，調査活動，地図帳や各種の具体的資料を通して，必要な情報を調べまとめている。	地域における社会的事象の特色や相互の関連，意味を考えたり，社会に見られる課題を把握して，その解決に向けて社会への関わり方を選択・判断したり，考えたことや選択・判断したことを表現したりしている。	地域における社会的事象について，地域社会に対する誇りと愛情をもつ地域社会の将来の担い手として，主体的に問題解決しようとしたり，よりよい社会を考え学習したことを社会生活に生かそうとしたりしている。
第4学年	自分たちの都道府県の地理的環境の特色，地域の人々の健康と生活環境を支える働きや自然災害から地域の安全を守るための諸活動，地域の伝統と文化や地域の発展に尽くした先人の働きなどについて，人々の生活との関連を踏まえて理解しているとともに，調査活動，地図帳や各種の具体的資料を通して，必要な情報を調べまとめている。	地域における社会的事象の特色や相互の関連，意味を考えたり，社会に見られる課題を把握して，その解決に向けて社会への関わり方を選択・判断したり，考えたことや選択・判断したことを表現したりしている。	地域における社会的事象について，地域社会に対する誇りと愛情をもつ地域社会の将来の担い手として，主体的に問題解決しようとしたり，よりよい社会を考え学習したことを社会生活に生かそうとしたりしている。

観点\学年	知識・技能	思考・判断・表現	主体的に学習に取り組む態度
第5学年	我が国の国土の地理的環境の特色や産業の現状,社会の情報化と産業の関わりについて,国民生活との関連を踏まえて理解しているとともに,地図帳や地球儀,統計などの各種の基礎的資料を通して,情報を適切に調べまとめている。	我が国の国土や産業の様子に関する社会的事象の特色や相互の関連,意味を多角的に考えたり,社会に見られる課題を把握して,その解決に向けて社会への関わり方を選択・判断したり,考えたことや選択・判断したことを説明したり,それらを基に議論したりしている。	我が国の国土や産業の様子に関する社会的事象について,我が国の国土に対する愛情をもち産業の発展を願う国家及び社会の将来の担い手として,主体的に問題解決しようとしたり,よりよい社会を考え学習したことを社会生活に生かそうとしたりしている。
第6学年	我が国の政治の考え方と仕組みや働き,国家及び社会の発展に大きな働きをした先人の業績や優れた文化遺産,我が国と関係の深い国の生活やグローバル化する国際社会における我が国の役割について理解しているとともに,地図帳や地球儀,統計や年表などの各種の基礎的資料を通して,情報を適切に調べまとめている。	我が国の政治と歴史及び国際理解に関する社会的事象の特色や相互の関連,意味を多角的に考えたり,社会に見られる課題を把握して,その解決に向けて社会への関わり方を選択・判断したり,考えたことや選択・判断したことを説明したり,それらを基に議論したりしている。	我が国の政治と歴史及び国際理解に関する社会的事象について,我が国の歴史や伝統を大切にして国を愛する心情をもち平和を願い世界の国々の人々と共に生きることを大切にする国家及び社会の将来の担い手として,主体的に問題解決しようとしたり,よりよい社会を考え学習したことを社会生活に生かそうとしたりしている。

＜中学校 社会＞

観点\学年	知識・技能	思考・判断・表現	主体的に学習に取り組む態度
地理的分野	我が国の国土及び世界の諸地域に関して,地域の諸事象や地域的特色を理解しているとともに,調査や諸資料から地理に関する様々な情報を効果的に調べまとめている。	地理に関わる事象の意味や意義,特色や相互の関連を,位置や分布,場所,人間と自然環境との相互依存関係,空間的相互依存作用,地域などに着目して,多面的・多角的に考察したり,地理的な課題の解決に向けて公正に選択・判断したり,思考・判断したことを説明したり,それらを基に議論したりしている。	日本や世界の地域に関わる諸事象について,国家及び社会の担い手として,よりよい社会の実現を視野にそこで見られる課題を主体的に追究,解決しようとしている。
歴史的分野	我が国の歴史の大きな流れを,世界の歴史を背景に,各時代の特色を踏まえて理解しているとともに,諸資料から歴史に関する様々な情報を効果的に調べまとめている。	歴史に関わる事象の意味や意義,伝統と文化の特色などを,時期や年代,推移,比較,相互の関連や現在とのつながりなどに着目して多面的・多角的に考察したり,歴史に見られる課題を把握し複数の立場や意見を踏まえて公正に選択・判断したり,思考・判断したことを説明したり,それらを基に議論したりしている。	歴史に関わる諸事象について,国家及び社会の担い手として,よりよい社会の実現を視野にそこで見られる課題を主体的に追究,解決しようとしている。

観点　学年	知識・技能	思考・判断・表現	主体的に学習に取り組む態度
公民的分野	個人の尊厳と人権の尊重の意義，特に自由・権利と責任・義務との関係を広い視野から正しく認識し，民主主義，民主政治の意義，国民の生活の向上と経済活動との関わり，現代の社会生活及び国際関係などについて，個人と社会との関わりを中心に理解を深めているとともに，諸資料から現代の社会的事象に関する情報を効果的に調べまとめている。	社会的事象の意味や意義，特色や相互の関連を現代の社会生活と関連付けて多面的・多角的に考察したり，現代社会に見られる課題について公正に判断したり，思考・判断したことを説明したり，それらを基に議論したりしている。	現代の社会的事象について，国家及び社会の担い手として，現代社会に見られる課題の解決を視野に主体的に社会に関わろうとしている。

[算数・数学]

（１）評価の観点及びその趣旨
＜小学校 算数＞

観点	知識・技能	思考・判断・表現	主体的に学習に取り組む態度
趣旨	・数量や図形などについての基礎的・基本的な概念や性質などを理解している。 ・日常の事象を数理的に処理する技能を身に付けている。	日常の事象を数理的に捉え，見通しをもち筋道を立てて考察する力，基礎的・基本的な数量や図形の性質などを見いだし統合的・発展的に考察する力，数学的な表現を用いて事象を簡潔・明瞭・的確に表したり目的に応じて柔軟に表したりする力を身に付けている。	数学的活動の楽しさや数学のよさに気付き粘り強く考えたり，学習を振り返ってよりよく問題解決しようとしたり，算数で学んだことを生活や学習に活用しようとしたりしている。

＜中学校 数学＞

観点	知識・技能	思考・判断・表現	主体的に学習に取り組む態度
趣旨	・数量や図形などについての基礎的な概念や原理・法則などを理解している。 ・事象を数学化したり，数学的に解釈したり，数学的に表現・処理したりする技能を身に付けている。	数学を活用して事象を論理的に考察する力，数量や図形などの性質を見いだし統合的・発展的に考察する力，数学的な表現を用いて事象を簡潔・明瞭・的確に表現する力を身に付けている。	数学的活動の楽しさや数学のよさを実感して粘り強く考え，数学を生活や学習に生かそうとしたり，問題解決の過程を振り返って評価・改善しようとしたりしている。

(2) 学年別の評価の観点の趣旨
<小学校 算数>

観点 学年	知識・技能	思考・判断・表現	主体的に学習に取り組む態度
第1学年	・数の概念とその表し方及び計算の意味を理解し，量，図形及び数量の関係についての理解の基礎となる経験を積み重ね，数量や図形についての感覚を豊かにしている。 ・加法及び減法の計算をしたり，形を構成したり，身の回りにある量の大きさを比べたり，簡単な絵や図などに表したりすることなどについての技能を身に付けている。	ものの数に着目し，具体物や図などを用いて数の数え方や計算の仕方を考える力，ものの形に着目して特徴を捉えたり，具体的な操作を通して形の構成について考えたりする力，身の回りにあるものの特徴を量に着目して捉え，量の大きさの比べ方を考える力，データの個数に着目して身の回りの事象の特徴を捉える力などを身に付けている。	数量や図形に親しみ，算数で学んだことのよさや楽しさを感じながら学ぼうとしている。
第2学年	・数の概念についての理解を深め，計算の意味と性質，基本的な図形の概念，量の概念，簡単な表とグラフなどについて理解し，数量や図形についての感覚を豊かにしている。 ・加法，減法及び乗法の計算をしたり，図形を構成したり，長さやかさなどを測定したり，表やグラフに表したりすることなどについての技能を身に付けている。	数とその表現や数量の関係に着目し，必要に応じて具体物や図などを用いて数の表し方や計算の仕方などを考察する力，平面図形の特徴を図形を構成する要素に着目して捉えたり，身の回りの事象を図形の性質から考察したりする力，身の回りにあるものの特徴を量に着目して捉え，量の単位を用いて的確に表現する力，身の回りの事象をデータの特徴に着目して捉え，簡潔に表現したり考察したりする力などを身に付けている。	数量や図形に進んで関わり，数学的に表現・処理したことを振り返り，数理的な処理のよさに気付き生活や学習に活用しようとしている。
第3学年	・数の表し方，整数の計算の意味と性質，小数及び分数の意味と表し方，基本的な図形の概念，量の概念，棒グラフなどについて理解し，数量や図形についての感覚を豊かにしている。 ・整数などの計算をしたり，図形を構成したり，長さや重さなどを測定したり，表やグラフに表したりすることなどについての技能を身に付けている。	数とその表現や数量の関係に着目し，必要に応じて具体物や図などを用いて数の表し方や計算の仕方などを考察する力，平面図形の特徴を図形を構成する要素に着目して捉えたり，身の回りの事象を図形の性質から考察したりする力，身の回りにあるものの特徴を量に着目して捉え，量の単位を用いて的確に表現する力，身の回りの事象をデータの特徴に着目して捉え，簡潔に表現したり適切に判断したりする力などを身に付けている。	数量や図形に進んで関わり，数学的に表現・処理したことを振り返り，数理的な処理のよさに気付き生活や学習に活用しようとしている。

観点　学年	知識・技能	思考・判断・表現	主体的に学習に取り組む態度
第4学年	・小数及び分数の意味と表し方，四則の関係，平面図形と立体図形，面積，角の大きさ，折れ線グラフなどについて理解している。 ・整数，小数及び分数の計算をしたり，図形を構成したり，図形の面積や角の大きさを求めたり，表やグラフに表したりすることなどについての技能を身に付けている。	数とその表現や数量の関係に着目し，目的に合った表現方法を用いて計算の仕方などを考察する力，図形を構成する要素及びそれらの位置関係に着目し，図形の性質や図形の計量について考察する力，伴って変わる二つの数量やそれらの関係に着目し，変化や対応の特徴を見いだして，二つの数量の関係を表や式を用いて考察する力，目的に応じてデータを収集し，データの特徴や傾向に着目して表やグラフに的確に表現し，それらを用いて問題解決したり，解決の過程や結果を多面的に捉え考察したりする力などを身に付けている。	数学的に表現・処理したことを振り返り，多面的に捉え検討してよりよいものを求めて粘り強く考えたり，数学のよさに気付き学習したことを生活や学習に活用しようとしたりしている。
第5学年	・整数の性質，分数の意味，小数と分数の計算の意味，面積の公式，図形の意味と性質，図形の体積，速さ，割合，帯グラフなどについて理解している。 ・小数や分数の計算をしたり，図形の性質を調べたり，図形の面積や体積を求めたり，表やグラフに表したりすることなどについての技能を身に付けている。	数とその表現や計算の意味に着目し，目的に合った表現方法を用いて数の性質や計算の仕方などを考察する力，図形を構成する要素や図形間の関係などに着目し，図形の性質や図形の計量について考察する力，伴って変わる二つの数量やそれらの関係に着目し，変化や対応の特徴を見いだして，二つの数量の関係を表や式を用いて考察する力，目的に応じてデータを収集し，データの特徴や傾向に着目して表やグラフに的確に表現し，それらを用いて問題解決したり，解決の過程や結果を多面的に捉え考察したりする力などを身に付けている。	数学的に表現・処理したことを振り返り，多面的に捉え検討してよりよいものを求めて粘り強く考えたり，数学のよさに気付き学習したことを生活や学習に活用しようとしたりしている。
第6学年	・分数の計算の意味，文字を用いた式，図形の意味，図形の体積，比例，度数分布を表す表などについて理解している。 ・分数の計算をしたり，図形を構成したり，図形の面積や体積を求めたり，表やグラフに表したりすることなどについての技能を身に付けている。	数とその表現や計算の意味に着目し，発展的に考察して問題を見いだすとともに，目的に応じて多様な表現方法を用いながら数の表し方や計算の仕方などを考察する力，図形を構成する要素や図形間の関係などに着目し，図形の性質や図形の計量について考察する力，伴って変わる二つの数量やそれらの関係に着目し，変化や対応の特徴を見いだして，二つの数量の関係を表や式，グラフを用いて考察する力，身の回りの事象から設定した問題について，目的に応じてデータを収集し，データの特徴や傾向に着目して適切な手法を選択して分析を行い，それらを用いて問題解決したり，解決の過程や結果を批判的に考察したりする力などを身に付けている。	数学的に表現・処理したことを振り返り，多面的に捉え検討してよりよいものを求めて粘り強く考えたり，数学のよさに気付き学習したことを生活や学習に活用しようとしたりしている。

<中学校 数学>

観点 学年	知識・技能	思考・判断・表現	主体的に学習に取り組む態度
第1学年	・正の数と負の数，文字を用いた式と一元一次方程式，平面図形と空間図形，比例と反比例，データの分布と確率などについての基礎的な概念や原理・法則などを理解している。 ・事象を数理的に捉えたり，数学的に解釈したり，数学的に表現・処理したりする技能を身に付けている。	数の範囲を拡張し，数の性質や計算について考察したり，文字を用いて数量の関係や法則などを考察したりする力，図形の構成要素や構成の仕方に着目し，図形の性質や関係を直観的に捉え論理的に考察する力，数量の変化や対応に着目して関数関係を見いだし，その特徴を表，式，グラフなどで考察する力，データの分布に着目し，その傾向を読み取り批判的に考察して判断したり，不確定な事象の起こりやすさについて考察したりする力を身に付けている。	数学的活動の楽しさや数学のよさに気付いて粘り強く考え，数学を生活や学習に生かそうとしたり，問題解決の過程を振り返って検討しようとしたり，多面的に捉え考えようとしたりしている。
第2学年	・文字を用いた式と連立二元一次方程式，平面図形と数学的な推論，一次関数，データの分布と確率などについての基礎的な概念や原理・法則などを理解している。 ・事象を数学化したり，数学的に解釈したり，数学的に表現・処理したりする技能を身に付けている。	文字を用いて数量の関係や法則などを考察する力，数学的な推論の過程に着目し，図形の性質や関係を論理的に考察し表現する力，関数関係に着目し，その特徴を表，式，グラフを相互に関連付けて考察する力，複数の集団のデータの分布に着目し，その傾向を比較して読み取り批判的に考察して判断したり，不確定な事象の起こりやすさについて考察したりする力を身に付けている。	数学的活動の楽しさや数学のよさを実感して粘り強く考え，数学を生活や学習に生かそうとしたり，問題解決の過程を振り返って評価・改善しようとしたり，多様な考えを認め，よりよく問題解決しようとしたりしている。
第3学年	・数の平方根，多項式と二次方程式，図形の相似，円周角と中心角の関係，三平方の定理，関数 $y=ax^2$，標本調査などについての基礎的な概念や原理・法則などを理解している。 ・事象を数学化したり，数学的に解釈したり，数学的に表現・処理したりする技能を身に付けている。	数の範囲に着目し，数の性質や計算について考察したり，文字を用いて数量の関係や法則などを考察したりする力，図形の構成要素の関係に着目し，図形の性質や計量について論理的に考察し表現する力，関数関係に着目し，その特徴を表，式，グラフを相互に関連付けて考察する力，標本と母集団の関係に着目し，母集団の傾向を推定し判断したり，調査の方法や結果を批判的に考察したりする力を身に付けている。	数学的活動の楽しさや数学のよさを実感して粘り強く考え，数学を生活や学習に生かそうとしたり，問題解決の過程を振り返って評価・改善しようとしたり，多様な考えを認め，よりよく問題解決しようとしたりしている。

理 科

(1) 評価の観点及びその趣旨

<小学校 理科>

観点	知識・技能	思考・判断・表現	主体的に学習に取り組む態度
趣旨	自然の事物・現象についての性質や規則性などについて理解しているとともに、器具や機器などを目的に応じて工夫して扱いながら観察、実験などを行い、それらの過程や得られた結果を適切に記録している。	自然の事物・現象から問題を見いだし、見通しをもって観察、実験などを行い、得られた結果を基に考察し、それらを表現するなどして問題解決している。	自然の事物・現象に進んで関わり、粘り強く、他者と関わりながら問題解決しようとしているとともに、学んだことを学習や生活に生かそうとしている。

<中学校 理科>

観点	知識・技能	思考・判断・表現	主体的に学習に取り組む態度
趣旨	自然の事物・現象についての基本的な概念や原理・法則などを理解しているとともに、科学的に探究するために必要な観察、実験などに関する基本操作や記録などの基本的な技能を身に付けている。	自然の事物・現象から問題を見いだし、見通しをもって観察、実験などを行い、得られた結果を分析して解釈し、表現するなど、科学的に探究している。	自然の事物・現象に進んで関わり、見通しをもったり振り返ったりするなど、科学的に探究しようとしている。

(2) 学年・分野別の評価の観点の趣旨

<小学校 理科>【平成 31 年 4 月 4 日一部修正】

観点 学年	知識・技能	思考・判断・表現	主体的に学習に取り組む態度
第3学年	物の性質、風とゴムの力の働き、光と音の性質、磁石の性質、電気の回路、身の回りの生物及び太陽と地面の様子について理解しているとともに、器具や機器などを正しく扱いながら調べ、それらの過程や得られた結果を分かりやすく記録している。	物の性質、風とゴムの力の働き、光と音の性質、磁石の性質、電気の回路、身の回りの生物及び太陽と地面の様子について、観察、実験などを行い、主に差異点や共通点を基に、問題を見いだし、表現するなどして問題解決している。	物の性質、風とゴムの力の働き、光と音の性質、磁石の性質、電気の回路、身の回りの生物及び太陽と地面の様子についての事物・現象に進んで関わり、他者と関わりながら問題解決しようとしているとともに、学んだことを学習や生活に生かそうとしている。
第4学年	空気、水及び金属の性質、電流の働き、人の体のつくりと運動、動物の活動や植物の成長と環境との関わり、雨水の行方と地面の様子、気象現象及び月や星について理解しているとともに、器具や機器などを正しく扱いながら調べ、それらの過程や得られた結果を分かりやすく記録している。	空気、水及び金属の性質、電流の働き、人の体のつくりと運動、動物の活動や植物の成長と環境との関わり、雨水の行方と地面の様子、気象現象及び月や星について、観察、実験などを行い、主に既習の内容や生活経験を基に、根拠のある予想や仮説を発想し、表現するなどして問題解決している。	空気、水及び金属の性質、電流の働き、人の体のつくりと運動、動物の活動や植物の成長と環境との関わり、雨水の行方と地面の様子、気象現象及び月や星についての事物・現象に進んで関わり、他者と関わりながら問題解決しようとしているとともに、学んだことを学習や生活に生かそうとしている。

観点 / 学年	知識・技能	思考・判断・表現	主体的に学習に取り組む態度
第5学年	物の溶け方，振り子の運動，電流がつくる磁力，生命の連続性，流れる水の働き及び気象現象の規則性について理解しているとともに，観察，実験などの目的に応じて，器具や機器などを選択して，正しく扱いながら調べ，それらの過程や得られた結果を適切に記録している。	物の溶け方，振り子の運動，電流がつくる磁力，生命の連続性，流れる水の働き及び気象現象の規則性について，観察，実験などを行い，主に予想や仮説を基に，解決の方法を発想し，表現するなどして問題解決している。	物の溶け方，振り子の運動，電流がつくる磁力，生命の連続性，流れる水の働き及び気象現象の規則性についての事物・現象に進んで関わり，粘り強く，他者と関わりながら問題解決しようとしているとともに，学んだことを学習や生活に生かそうとしている。
第6学年	燃焼の仕組み，水溶液の性質，てこの規則性，電気の性質や働き，生物の体のつくりと働き，生物と環境との関わり，土地のつくりと変化及び月の形の見え方と太陽との位置関係について理解しているとともに，観察，実験などの目的に応じて，器具や機器などを選択して，正しく扱いながら調べ，それらの過程や得られた結果を適切に記録している。	燃焼の仕組み，水溶液の性質，てこの規則性，電気の性質や働き，生物の体のつくりと働き，生物と環境との関わり，土地のつくりと変化及び月の形の見え方と太陽との位置関係について，観察，実験などを行い，主にそれらの仕組みや性質，規則性，働き，関わり，変化及び関係について，より妥当な考えをつくりだし，表現するなどして問題解決している。	燃焼の仕組み，水溶液の性質，てこの規則性，電気の性質や働き，生物の体のつくりと働き，生物と環境との関わり，土地のつくりと変化及び月の形の見え方と太陽との位置関係についての事物・現象に進んで関わり，粘り強く，他者と関わりながら問題解決しようとしているとともに，学んだことを学習や生活に生かそうとしている。

<中学校 理科>

観点 / 学年	知識・技能	思考・判断・表現	主体的に学習に取り組む態度
第1分野	物質やエネルギーに関する事物・現象についての基本的な概念や原理・法則などを理解しているとともに，科学的に探究するために必要な観察，実験などに関する基本操作や記録などの基本的な技能を身に付けている。	物質やエネルギーに関する事物・現象から問題を見いだし，見通しをもって観察，実験などを行い，得られた結果を分析して解釈し，表現するなど，科学的に探究している。	物質やエネルギーに関する事物・現象に進んで関わり，見通しをもったり振り返ったりするなど，科学的に探究しようとしている。
第2分野	生命や地球に関する事物・現象についての基本的な概念や原理・法則などを理解しているとともに，科学的に探究するために必要な観察，実験などに関する基本操作や記録などの基本的な技能を身に付けている。	生命や地球に関する事物・現象から問題を見いだし，見通しをもって観察，実験などを行い，得られた結果を分析して解釈し，表現するなど，科学的に探究している。	生命や地球に関する事物・現象に進んで関わり，見通しをもったり振り返ったりするなど，科学的に探究しようとしている。

生　活

（1）評価の観点及びその趣旨
＜小学校　生活＞

観点	知識・技能	思考・判断・表現	主体的に学習に取り組む態度
趣旨	活動や体験の過程において，自分自身，身近な人々，社会及び自然の特徴やよさ，それらの関わり等に気付いているとともに，生活上必要な習慣や技能を身に付けている。	身近な人々，社会及び自然を自分との関わりで捉え，自分自身や自分の生活について考え，表現している。	身近な人々，社会及び自然に自ら働きかけ，意欲や自信をもって学ぼうとしたり，生活を豊かにしたりしようとしている。

音　楽

（1）評価の観点及びその趣旨
＜小学校　音楽＞

観点	知識・技能	思考・判断・表現	主体的に学習に取り組む態度
趣旨	・曲想と音楽の構造などとの関わりについて理解している。 ・表したい音楽表現をするために必要な技能を身に付け，歌ったり，演奏したり，音楽をつくったりしている。	音楽を形づくっている要素を聴き取り，それらの働きが生み出すよさや面白さ，美しさを感じ取りながら，聴き取ったことと感じ取ったこととの関わりについて考え，どのように表すかについて思いや意図をもったり，曲や演奏のよさなどを見いだし，音楽を味わって聴いたりしている。	音や音楽に親しむことができるよう，音楽活動を楽しみながら主体的・協働的に表現及び鑑賞の学習活動に取り組もうとしている。

＜中学校　音楽＞

観点	知識・技能	思考・判断・表現	主体的に学習に取り組む態度
趣旨	・曲想と音楽の構造や背景などとの関わり及び音楽の多様性について理解している。 ・創意工夫を生かした音楽表現をするために必要な技能を身に付け，歌唱，器楽，創作で表している。	音楽を形づくっている要素や要素同士の関連を知覚し，それらの働きが生み出す特質や雰囲気を感受しながら，知覚したことと感受したこととの関わりについて考え，どのように表すかについて思いや意図をもったり，音楽を評価しながらよさや美しさを味わって聴いたりしている。	音や音楽，音楽文化に親しむことができるよう，音楽活動を楽しみながら主体的・協働的に表現及び鑑賞の学習活動に取り組もうとしている。

（2）学年別の評価の観点の趣旨
<小学校 音楽>

観点 学年	知識・技能	思考・判断・表現	主体的に学習に取り組む態度
第1学年及び第2学年	・曲想と音楽の構造などとの関わりについて気付いている。 ・音楽表現を楽しむために必要な技能を身に付け、歌ったり、演奏したり、音楽をつくったりしている。	音楽を形づくっている要素を聴き取り、それらの働きが生み出すよさや面白さ、美しさを感じ取りながら、聴き取ったことと感じ取ったこととの関わりについて考え、どのように表すかについて思いをもったり、曲や演奏の楽しさを見いだし、音楽を味わって聴いたりしている。	音や音楽に親しむことができるよう、音楽活動を楽しみながら主体的・協働的に表現及び鑑賞の学習活動に取り組もうとしている。
第3学年及び第4学年	・曲想と音楽の構造などとの関わりについて気付いている。 ・表したい音楽表現をするために必要な技能を身に付け、歌ったり、演奏したり、音楽をつくったりしている。	音楽を形づくっている要素を聴き取り、それらの働きが生み出すよさや面白さ、美しさを感じ取りながら、聴き取ったことと感じ取ったこととの関わりについて考え、どのように表すかについて思いや意図をもったり、曲や演奏のよさなどを見いだし、音楽を味わって聴いたりしている。	音や音楽に親しむことができるよう、音楽活動を楽しみながら主体的・協働的に表現及び鑑賞の学習活動に取り組もうとしている。
第5学年及び第6学年	・曲想と音楽の構造などとの関わりについて理解している。 ・表したい音楽表現をするために必要な技能を身に付け、歌ったり、演奏したり、音楽をつくったりしている。	音楽を形づくっている要素を聴き取り、それらの働きが生み出すよさや面白さ、美しさを感じ取りながら、聴き取ったことと感じ取ったこととの関わりについて考え、どのように表すかについて思いや意図をもったり、曲や演奏のよさなどを見いだし、音楽を味わって聴いたりしている。	音や音楽に親しむことができるよう、音楽活動を楽しみながら主体的・協働的に表現及び鑑賞の学習活動に取り組もうとしている。

<中学校 音楽>

観点 学年	知識・技能	思考・判断・表現	主体的に学習に取り組む態度
第1学年	・曲想と音楽の構造などとの関わり及び音楽の多様性について理解している。 ・創意工夫を生かした音楽表現をするために必要な技能を身に付け、歌唱、器楽、創作で表している。	音楽を形づくっている要素や要素同士の関連を知覚し、それらの働きが生み出す特質や雰囲気を感受しながら、知覚したことと感受したこととの関わりについて考え、どのように表すかについて思いや意図をもったり、音楽を自分なりに評価しながらよさや美しさを味わって聴いたりしている。	音や音楽、音楽文化に親しむことができるよう、音楽活動を楽しみながら主体的・協働的に表現及び鑑賞の学習活動に取り組もうとしている。

観点 学年	知識・技能	思考・判断・表現	主体的に学習に取り組む態度
第2学年及び第3学年	・曲想と音楽の構造や背景などとの関わり及び音楽の多様性について理解している。 ・創意工夫を生かした音楽表現をするために必要な技能を身に付け,歌唱,器楽,創作で表している。	音楽を形づくっている要素や要素同士の関連を知覚し,それらの働きが生み出す特質や雰囲気を感受しながら,知覚したことと感受したこととの関わりについて考え,曲にふさわしい音楽表現としてどのように表すかについて思いや意図をもったり,音楽を評価しながらよさや美しさを味わって聴いたりしている。	音や音楽,音楽文化に親しむことができるよう,音楽活動を楽しみながら主体的・協働的に表現及び鑑賞の学習活動に取り組もうとしている。

図画工作・美術

(1) 評価の観点及びその趣旨

＜小学校 図画工作＞

観点	知識・技能	思考・判断・表現	主体的に学習に取り組む態度
趣旨	・対象や事象を捉える造形的な視点について自分の感覚や行為を通して理解している。 ・材料や用具を使い,表し方などを工夫して,創造的につくったり表したりしている。	形や色などの造形的な特徴を基に,自分のイメージをもちながら,造形的なよさや美しさ,表したいこと,表し方などについて考えるとともに,創造的に発想や構想をしたり,作品などに対する自分の見方や感じ方を深めたりしている。	つくりだす喜びを味わい主体的に表現及び鑑賞の学習活動に取り組もうとしている。

＜中学校 美術＞

観点	知識・技能	思考・判断・表現	主体的に学習に取り組む態度
趣旨	・対象や事象を捉える造形的な視点について理解している。 ・表現方法を創意工夫し,創造的に表している。	造形的なよさや美しさ,表現の意図と工夫,美術の働きなどについて考えるとともに,主題を生み出し豊かに発想し構想を練ったり,美術や美術文化に対する見方や感じ方を深めたりしている。	美術の創造活動の喜びを味わい主体的に表現及び鑑賞の幅広い学習活動に取り組もうとしている。

(2) 学年別の評価の観点の趣旨

＜小学校 図画工作＞

観点 学年	知識・技能	思考・判断・表現	主体的に学習に取り組む態度
第1学年及び第2学年	・対象や事象を捉える造形的な視点について自分の感覚や行為を通して気付いている。 ・手や体全体の感覚などを働かせ材料や用具を使い,表し方などを工夫して,創造的につくったり表したりしている。	形や色などを基に,自分のイメージをもちながら,造形的な面白さや楽しさ,表したいこと,表し方などについて考えるとともに,楽しく発想や構想をしたり,身の回りの作品などから自分の見方や感じ方を広げたりしている。	つくりだす喜びを味わい楽しく表現したり鑑賞したりする学習活動に取り組もうとしている。

観点 学年	知識・技能	思考・判断・表現	主体的に学習に取り組む態度
第3学年及び第4学年	・対象や事象を捉える造形的な視点について自分の感覚や行為を通して分かっている。 ・手や体全体を十分に働かせ材料や用具を使い，表し方などを工夫して，創造的につくったり表したりしている。	形や色などの感じを基に，自分のイメージをもちながら，造形的なよさや面白さ，表したいこと，表し方などについて考えるとともに，豊かに発想や構想をしたり，身近にある作品などから自分の見方や感じ方を広げたりしている。	つくりだす喜びを味わい進んで表現したり鑑賞したりする学習活動に取り組もうとしている。
第5学年及び第6学年	・対象や事象を捉える造形的な視点について自分の感覚や行為を通して理解している。 ・材料や用具を活用し，表し方などを工夫して，創造的につくったり表したりしている。	形や色などの造形的な特徴を基に，自分のイメージをもちながら，造形的なよさや美しさ，表したいこと，表し方などについて考えるとともに，創造的に発想や構想をしたり，親しみのある作品などから自分の見方や感じ方を深めたりしている。	つくりだす喜びを味わい主体的に表現したり鑑賞したりする学習活動に取り組もうとしている。

<中学校 美術>

観点 学年	知識・技能	思考・判断・表現	主体的に学習に取り組む態度
第1学年	・対象や事象を捉える造形的な視点について理解している。 ・意図に応じて表現方法を工夫して表している。	自然の造形や美術作品などの造形的なよさや美しさ，表現の意図と工夫，機能性と美しさとの調和，美術の働きなどについて考えるとともに，主題を生み出し豊かに発想し構想を練ったり，美術や美術文化に対する見方や感じ方を広げたりしている。	美術の創造活動の喜びを味わい楽しく表現及び鑑賞の学習活動に取り組もうとしている。
第2学年及び第3学年	・対象や事象を捉える造形的な視点について理解している。 ・意図に応じて自分の表現方法を追求し，創造的に表している。	自然の造形や美術作品などの造形的なよさや美しさ，表現の意図と創造的な工夫，機能性と洗練された美しさとの調和，美術の働きなどについて独創的・総合的に考えるとともに，主題を生み出し豊かに発想し構想を練ったり，美術や美術文化に対する見方や感じ方を深めたりしている。	美術の創造活動の喜びを味わい主体的に表現及び鑑賞の学習活動に取り組もうとしている。

家庭，技術・家庭

（1）評価の観点及びその趣旨

＜小学校 家庭＞

観点	知識・技能	思考・判断・表現	主体的に学習に取り組む態度
趣旨	日常生活に必要な家族や家庭，衣食住，消費や環境などについて理解しているとともに，それらに係る技能を身に付けている。	日常生活の中から問題を見いだして課題を設定し，様々な解決方法を考え，実践を評価・改善し，考えたことを表現するなどして課題を解決する力を身に付けている。	家族の一員として，生活をよりよくしようと，課題の解決に主体的に取り組んだり，振り返って改善したりして，生活を工夫し，実践しようとしている。

＜中学校 技術・家庭＞

観点	知識・技能	思考・判断・表現	主体的に学習に取り組む態度
趣旨	生活と技術について理解しているとともに，それらに係る技能を身に付けている。	生活や社会の中から問題を見いだして課題を設定し，解決策を構想し，実践を評価・改善し，表現するなどして課題を解決する力を身に付けている。	よりよい生活の実現や持続可能な社会の構築に向けて，課題の解決に主体的に取り組んだり，振り返って改善したりして，生活を工夫し創造し，実践しようとしている。

（2）分野別の評価の観点の趣旨

＜中学校 技術・家庭（技術分野）＞

観点 学年	知識・技能	思考・判断・表現	主体的に学習に取り組む態度
技術分野	生活や社会で利用されている技術について理解しているとともに，それらに係る技能を身に付け，技術と生活や社会，環境との関わりについて理解している。	生活や社会の中から技術に関わる問題を見いだして課題を設定し，解決策を構想し，実践を評価・改善し，表現するなどして課題を解決する力を身に付けている。	よりよい生活や持続可能な社会の構築に向けて，課題の解決に主体的に取り組んだり，振り返って改善したりして，技術を工夫し創造しようとしている。

＜中学校 技術・家庭（家庭分野）＞

観点 学年	知識・技能	思考・判断・表現	主体的に学習に取り組む態度
家庭分野	家族・家庭の基本的な機能について理解を深め，生活の自立に必要な家族・家庭，衣食住，消費や環境などについて理解しているとともに，それらに係る技能を身に付けている。	これからの生活を展望し，家族・家庭や地域における生活の中から問題を見いだして課題を設定し，解決策を構想し，実践を評価・改善し，考察したことを論理的に表現するなどして課題を解決する力を身に付けている。	家族や地域の人々と協働し，よりよい生活の実現に向けて，課題の解決に主体的に取り組んだり，振り返って改善したりして，生活を工夫し創造し，実践しようとしている。

体育・保健体育

(1) 評価の観点及びその趣旨

<小学校 体育>

観点	知識・技能	思考・判断・表現	主体的に学習に取り組む態度
趣旨	各種の運動の行い方について理解しているとともに,基本的な動きや技能を身に付けている。また,身近な生活における健康・安全について実践的に理解しているとともに,基本的な技能を身に付けている。	自己の運動の課題を見付け,その解決のための活動を工夫しているとともに,それらを他者に伝えている。また,身近な生活における健康に関する課題を見付け,その解決を目指して思考し判断しているとともに,それらを他者に伝えている。	運動の楽しさや喜びを味わうことができるよう,運動に進んで取り組もうとしている。また,健康を大切にし,自己の健康の保持増進についての学習に進んで取り組もうとしている。

<中学校 保健体育>

観点	知識・技能	思考・判断・表現	主体的に学習に取り組む態度
趣旨	運動の合理的な実践に関する具体的な事項や生涯にわたって運動を豊かに実践するための理論について理解しているとともに,運動の特性に応じた基本的な技能を身に付けている。また,個人生活における健康・安全について科学的に理解しているとともに,基本的な技能を身に付けている。	自己や仲間の課題を発見し,合理的な解決に向けて,課題に応じた運動の取り組み方や目的に応じた運動の組み合わせ方を工夫しているとともに,それらを他者に伝えている。また,個人生活における健康に関する課題を発見し,その解決を目指して科学的に思考し判断しているとともに,それらを他者に伝えている。	運動の楽しさや喜びを味わうことができるよう,運動の合理的な実践に自主的に取り組もうとしている。また,健康を大切にし,自他の健康の保持増進や回復についての学習に自主的に取り組もうとしている。

(2) 学年・分野別の評価の観点の趣旨

<小学校 体育>

観点＼学年	知識・技能	思考・判断・表現	主体的に学習に取り組む態度
第1学年及び第2学年	各種の運動遊びの行い方について知っているとともに,基本的な動きを身に付けている。	各種の運動遊びの行い方を工夫しているとともに,考えたことを他者に伝えている。	各種の運動遊びの楽しさに触れることができるよう,各種の運動遊びに進んで取り組もうとしている。
第3学年及び第4学年	各種の運動の行い方について知っているとともに,基本的な動きや技能を身に付けている。また,健康で安全な生活や体の発育・発達について理解している。	自己の運動の課題を見付け,その解決のための活動を工夫しているとともに,考えたことを他者に伝えている。また,身近な生活における健康の課題を見付け,その解決のための方法を工夫しているとともに,考えたことを他者に伝えている。	各種の運動の楽しさや喜びに触れることができるよう,各種の運動に進んで取り組もうとしている。また,健康の大切さに気付き,自己の健康の保持増進についての学習に進んで取り組もうとしている。

観点＼学年	知識・技能	思考・判断・表現	主体的に学習に取り組む態度
第5学年及び第6学年	各種の運動の行い方について理解しているとともに，各種の運動の特性に応じた基本的な技能を身に付けている。また，心の健康やけがの防止，病気の予防について理解しているとともに，健康で安全な生活を営むための技能を身に付けている。	自己やグループの運動の課題を見付け，その解決のための活動を工夫しているとともに，自己や仲間の考えたことを他者に伝えている。また，身近な健康に関する課題を見付け，その解決のための方法や活動を工夫しているとともに，自己や仲間の考えたことを他者に伝えている。	各種の運動の楽しさや喜びを味わうことができるよう，各種の運動に積極的に取り組もうとしている。また，健康・安全の大切さに気付き，自己の健康の保持増進や回復についての学習に進んで取り組もうとしている。

＜中学校　保健体育＞

分野・学年		知識・技能	思考・判断・表現	主体的に学習に取り組む態度
体育分野	第1学年及び第2学年	各運動の特性や成り立ち，技の名称や行い方，伝統的な考え方，各領域に関連して高まる体力，健康・安全の留意点についての具体的な方法及び運動やスポーツの多様性，運動やスポーツの意義や効果と学び方や安全な行い方についての考え方を理解しているとともに，各領域の運動の特性に応じた基本的な技能を身に付けている。	運動を豊かに実践するための自己の課題を発見し，合理的な解決に向けて，課題に応じた運動の取り組み方や目的に応じた運動の組み合わせ方を工夫しているとともに，自己や仲間の考えたことを他者に伝えている。	運動の楽しさや喜びを味わうことができるよう，公正，協力，責任，共生などに対する意欲をもち，健康・安全に留意して，学習に積極的に取り組もうとしている。
	第3学年	選択した運動の技の名称や行い方，体力の高め方，運動観察の方法，スポーツを行う際の健康・安全の確保の仕方についての具体的な方法及び文化としてのスポーツの意義についての考え方を理解しているとともに，選択した領域の運動の特性に応じた基本的な技能を身に付けている。	生涯にわたって運動を豊かに実践するための自己や仲間の課題を発見し，合理的な解決に向けて，課題に応じた運動の取り組み方や目的に応じた運動の組み合わせ方を工夫しているとともに，自己や仲間の考えたことを他者に伝えている。	運動の楽しさや喜びを味わうことができるよう，公正，協力，責任，参画，共生などに対する意欲をもち，健康・安全を確保して，学習に自主的に取り組もうとしている。
保健分野		健康な生活と疾病の予防，心身の機能の発達と心の健康，傷害の防止，健康と環境について，個人生活を中心として科学的に理解しているとともに，基本的な技能を身に付けている。	健康な生活と疾病の予防，心身の機能の発達と心の健康，傷害の防止，健康と環境について，個人生活における健康に関する課題を発見し，その解決を目指して科学的に思考し判断しているとともに，それらを他者に伝えている。	健康な生活と疾病の予防，心身の機能の発達と心の健康，傷害の防止，健康と環境について，自他の健康の保持増進や回復についての学習に自主的に取り組もうとしている。

外国語

(1) 評価の観点及びその趣旨

<小学校 外国語>

観点	知識・技能	思考・判断・表現	主体的に学習に取り組む態度
趣旨	・外国語の音声や文字，語彙，表現，文構造，言語の働きなどについて，日本語と外国語との違いに気付き，これらの知識を理解している。 ・読むこと，書くことに慣れ親しんでいる。 ・外国語の音声や文字，語彙，表現，文構造，言語の働きなどの知識を，聞くこと，読むこと，話すこと，書くことによる実際のコミュニケーションにおいて活用できる基礎的な技能を身に付けている。	・コミュニケーションを行う目的や場面，状況などに応じて，身近で簡単な事柄について，聞いたり話したりして，自分の考えや気持ちなどを伝え合っている。 ・コミュニケーションを行う目的や場面，状況などに応じて，音声で十分慣れ親しんだ外国語の語彙や基本的な表現を推測しながら読んだり，語順を意識しながら書いたりして，自分の考えや気持ちなどを伝え合っている。	外国語の背景にある文化に対する理解を深め，他者に配慮しながら，主体的に外国語を用いてコミュニケーションを図ろうとしている。

<中学校 外国語>

観点	知識・技能	思考・判断・表現	主体的に学習に取り組む態度
趣旨	・外国語の音声や語彙，表現，文法，言語の働きなどを理解している。 ・外国語の音声や語彙，表現，文法，言語の働きなどの知識を，聞くこと，読むこと，話すこと，書くことによる実際のコミュニケーションにおいて活用できる技能を身に付けている。	コミュニケーションを行う目的や場面，状況などに応じて，日常的な話題や社会的な話題について，外国語で簡単な情報や考えなどを理解したり，これらを活用して表現したり伝え合ったりしている。	外国語の背景にある文化に対する理解を深め，聞き手，読み手，話し手，書き手に配慮しながら，主体的に外国語を用いてコミュニケーションを図ろうとしている。

1－2. 特別支援学校（知的障害）小学部及び特別支援学校（知的障害）中学部における各教科の学習の記録

生　活

(1) 評価の観点及びその趣旨

<小学部 生活>

観点	知識・技能	思考・判断・表現	主体的に学習に取り組む態度
趣旨	活動や体験の過程において，自分自身，身近な人々，社会及び自然の特徴やよさ，それらの関わり等に気付いているとともに，生活に必要な習慣や技能を身に付けている。	自分自身や身の回りの生活のことや，身近な人々，社会及び自然と自分との関わりについて理解し，考えたことを表現している。	自分のことに取り組もうとしたり，身近な人々，社会及び自然に自ら働きかけ，意欲や自信をもって学ぼうとしたり，生活を豊かにしようとしたりしている。

国 語

(1) 評価の観点及びその趣旨

＜小学部 国語＞

観点	知識・技能	思考・判断・表現	主体的に学習に取り組む態度
趣旨	日常生活に必要な国語について，その特質を理解し使っている。	「聞くこと・話すこと」，「書くこと」，「読むこと」の各領域において，日常生活における人との関わりの中で伝え合う力を身に付け，思い付いたり考えたりしている。	言葉を通じて積極的に人と関わったり，思い付いたり考えたりしながら，言葉で伝え合うよさを感じようとしているとともに，言語感覚を養い，言葉をよりよく使おうとしている。

＜中学部 国語＞

観点	知識・技能	思考・判断・表現	主体的に学習に取り組む態度
趣旨	日常生活や社会生活に必要な国語について，その特質を理解し適切に使っている。	「聞くこと・話すこと」，「書くこと」，「読むこと」の各領域において，日常生活や社会生活における人との関わりの中で伝え合う力を高め，自分の思いや考えをまとめている。	言葉を通じて積極的に人と関わったり，思いや考えをまとめたりしながら，言葉がもつよさに気付こうとしているとともに，言語感覚を養い，言葉をよりよく使おうとしている。

社 会

(1) 評価の観点及びその趣旨

＜中学部 社会＞

観点	知識・技能	思考・判断・表現	主体的に学習に取り組む態度
趣旨	地域や我が国の国土の地理的環境，現代社会の仕組みや役割，地域や我が国の歴史や伝統と文化及び外国の様子について，具体的な活動や体験を通して理解しているとともに，経験したことと関連付けて，調べまとめている。	社会的事象について，自分の生活と結び付けて具体的に考えたり，社会との関わりの中で，選択・判断したことを適切に表現したりしている。	社会的事象について，国家及び社会の担い手として，よりよい社会を考え主体的に問題解決しようとしている。

算数・数学

(1) 評価の観点及びその趣旨

<小学部 算数>

観点	知識・技能	思考・判断・表現	主体的に学習に取り組む態度
趣旨	・数量や図形などについての基礎的・基本的な概念や性質などに気付き理解している。 ・日常の事象を数量や図形に着目して処理する技能を身に付けている。	日常の事象の中から数量や図形を直感的に捉える力、基礎的・基本的な数量や図形の性質などに気付き感じ取る力、数学的な表現を用いて事象を簡潔・明瞭・的確に表したり目的に応じて柔軟に表したりする力を身に付けている。	数学的活動の楽しさに気付き、関心や興味をもち、学習したことを結び付けてよりよく問題を解決しようとしたり、算数で学んだことを学習や生活に活用しようとしたりしている。

<中学部 数学>

観点	知識・技能	思考・判断・表現	主体的に学習に取り組む態度
趣旨	・数量や図形などについての基礎的・基本的な概念や性質などを理解している。 ・日常の事象を数理的に処理する技能を身に付けている。	日常の事象を数理的に捉え見通しをもち筋道を立てて考察する力、基礎的・基本的な数量や図形の性質などを見いだし統合的・発展的に考察する力、数学的な表現を用いて事象を簡潔・明瞭・的確に表現したり目的に応じて柔軟に表したりする力を身に付けている。	数学的活動の楽しさや数学のよさに気付き、粘り強く考えたり、学習を振り返ってよりよく問題を解決しようとしたり、数学で学んだことを生活や学習に活用しようとしたりしている。

理 科

(1) 評価の観点及びその趣旨

<中学部 理科>

観点	知識・技能	思考・判断・表現	主体的に学習に取り組む態度
趣旨	自然の事物・現象についての基本的な性質や規則性などについて理解しているとともに、器具や機器などを目的に応じて扱いながら観察、実験などを行い、それらの過程や得られた結果を記録している。	自然の事物・現象について観察、実験などを行い、疑問をもつとともに、予想や仮説を立て、それらを表現するなどして問題解決している。	自然の事物・現象に進んで関わり、学んだことを学習や生活に生かそうとしている。

音 楽

（１）評価の観点及びその趣旨

＜小学部 音楽＞

観点	知識・技能	思考・判断・表現	主体的に学習に取り組む態度
趣旨	・曲名や曲想と音楽のつくりについて気付いている。 ・感じたことを音楽表現するために必要な技能を身に付け，歌ったり，演奏したり，音楽をつくったり，身体表現で表している。	音楽を形づくっている要素を聴き取り，それらの働きが生み出すよさや面白さ，美しさを感じ取りながら，聴き取ったことと感じ取ったこととの関わりについて考え，どのように表すかについて思いをもったり，曲や演奏の楽しさなどを見いだし，音や音楽を味わって聴いたりしている。	音や音楽に親しむことができるよう，音楽活動を楽しみながら主体的・協働的に表現及び鑑賞の学習活動に取り組もうとしている。

＜中学部 音楽＞

観点	知識・技能	思考・判断・表現	主体的に学習に取り組む態度
趣旨	・曲名や曲想と音楽の構造などとの関わりについて理解している。 ・表したい音楽表現をするために必要な技能を身に付け，歌ったり，演奏したり，音楽をつくったり，身体表現で表している。	音楽を形づくっている要素を聴き取り，それらの働きが生み出すよさや面白さ，美しさを感じ取りながら，聴き取ったことと感じ取ったこととの関わりについて考え，どのように表すかについて思いや意図をもったり，曲や演奏のよさなどを見いだし，音や音楽を味わって聴いたりしている。	音や音楽に親しむことができるよう，音楽活動を楽しみながら主体的・協働的に表現及び鑑賞の学習活動に取り組もうとしている。

図画工作・美術

（１）評価の観点及びその趣旨

＜小学部 図画工作＞

観点	知識・技能	思考・判断・表現	主体的に学習に取り組む態度
趣旨	・形や色などの造形的な視点に気付いている。 ・表したいことに合わせて材料や用具を使い，表し方を工夫してつくっている。	形や色などを基に，自分のイメージをもちながら，造形的なよさや美しさ，表したいことや表し方などについて考えるとともに，発想や構想をしたり，身の回りの作品などから自分の見方や感じ方を広げたりしている。	つくりだす喜びを味わい主体的に表現及び鑑賞の学習活動に取り組もうとしている。

<中学部 美術>

観点	知識・技能	思考・判断・表現	主体的に学習に取り組む態度
趣旨	・造形的な視点について理解している。 ・表したいことに合わせて材料や用具を使い,表し方を工夫する技能を身に付けている。	造形的な特徴などからイメージを捉えながら,造形的なよさや面白さ,美しさ,表したいことや表し方などについて考えるとともに,経験したことや材料などを基に,発想し構想したり,造形や作品などを鑑賞し,自分の見方や感じ方を深めたりしている。	創造活動の喜びを味わい主体的に表現及び鑑賞の学習活動に取り組もうとしている。

体育・保健体育

(1) 評価の観点及びその趣旨

<小学部 体育>

観点	知識・技能	思考・判断・表現	主体的に学習に取り組む態度
趣旨	遊びや基本的な運動の行い方について知っているとともに,基本的な動きを身に付けている。また,身近な生活における健康について知っているとともに,健康な生活に必要な事柄を身に付けている。	遊びや基本的な運動についての自分の課題に気付き,その解決に向けて自ら行動し,考えているとともに,それらを他者に伝えている。また,健康についての自分の課題に気付き,その解決に向けて自ら考えているとともに,それらを他者に伝えている。	遊びや基本的な運動に楽しく取り組もうとしている。また,健康に必要な事柄に取り組もうとしている。

<中学部 保健体育>

観点	知識・技能	思考・判断・表現	主体的に学習に取り組む態度
趣旨	各種の運動の特性に応じた技能等を理解しているとともに,基本的な技能を身に付けている。また,自分の生活における健康・安全について理解しているとともに,基本的な技能を身に付けている。	各種の運動についての自分の課題を見付け,その解決に向けて自ら思考し判断しているとともに,それらを他者に伝えている。また,健康・安全についての自分の課題を見付け,その解決に向けて自ら思考し判断しているとともに,それらを他者に伝えている。	運動の楽しさや喜びを味わうことができるよう,運動に進んで取り組もうとしている。また,健康を大切にし,自己の健康の保持増進に進んで取り組もうとしている。

職業・家庭

（1）評価の観点及びその趣旨
＜中学部 職業・家庭＞

観点	知識・技能	思考・判断・表現	主体的に学習に取り組む態度
趣旨	将来の家庭生活や職業生活に係る基礎的な知識や技能を身に付けている。	将来の家庭生活や職業生活に必要な事柄を見いだして課題を設定し，解決策を考え，実践を評価・改善し，自分の考えを表現するなどして，課題を解決する力を身に付けている。	よりよい家庭生活や将来の職業生活の実現に向けて，生活を工夫し考えようとしたりして，実践しようとしている。

外国語

（1）評価の観点及びその趣旨
＜中学部 外国語＞

観点	知識・技能	思考・判断・表現	主体的に学習に取り組む態度
趣旨	外国語を用いた体験的な活動を通して，外国語の音声や基本的な表現に慣れ親しんでいる。	身近で簡単な事柄について，外国語で聞いたり話したりして自分の考えや気持ちなどを伝え合っている。	外国語を通して，外国語やその背景にある文化の多様性を知り，相手に配慮しながらコミュニケーションを図ろうとしている。

2－1．小学校及び特別支援学校（視覚障害，聴覚障害，肢体不自由又は病弱）小学部における外国語活動の記録

（1）評価の観点及びその趣旨
＜小学校 外国語活動の記録＞

観点	知識・技能	思考・判断・表現	主体的に学習に取り組む態度
趣旨	・外国語を通して，言語や文化について体験的に理解を深めている。 ・日本語と外国語の音声の違い等に気付いている。 ・外国語の音声や基本的な表現に慣れ親しんでいる。	身近で簡単な事柄について，外国語で聞いたり話したりして自分の考えや気持ちなどを伝え合っている。	外国語を通して，言語やその背景にある文化に対する理解を深め，相手に配慮しながら，主体的に外国語を用いてコミュニケーションを図ろうとしている。

２－２．特別支援学校（知的障害）小学部における外国語活動の記録

（１）評価の観点及びその趣旨
＜小学部 外国語活動の記録＞

観点	知識・技能	思考・判断・表現	主体的に学習に取り組む態度
趣旨	・外国語を用いた体験的な活動を通して，日本語と外国語の音声の違いなどに気付いている。 ・外国語の音声に慣れ親しんでいる。	身近で簡単な事柄について，外国語に触れ，自分の気持ちを伝え合っている。	外国語を通して，外国の文化などに触れながら，言語への関心を高め，進んでコミュニケーションを図ろうとしている。

３．総合的な学習の時間の記録

（１）評価の観点及びその趣旨
＜小学校 総合的な学習の時間の記録＞

観点	知識・技能	思考・判断・表現	主体的に学習に取り組む態度
趣旨	探究的な学習の過程において，課題の解決に必要な知識や技能を身に付け，課題に関わる概念を形成し，探究的な学習のよさを理解している。	実社会や実生活の中から問いを見いだし，自分で課題を立て，情報を集め，整理・分析して，まとめ・表現している。	探究的な学習に主体的・協働的に取り組もうとしているとともに，互いのよさを生かしながら，積極的に社会に参画しようとしている。

＜中学校 総合的な学習の時間の記録＞

観点	知識・技能	思考・判断・表現	主体的に学習に取り組む態度
趣旨	探究的な学習の過程において，課題の解決に必要な知識や技能を身に付け，課題に関わる概念を形成し，探究的な学習のよさを理解している。	実社会や実生活の中から問いを見いだし，自分で課題を立て，情報を集め，整理・分析して，まとめ・表現している。	探究的な学習に主体的・協働的に取り組もうとしているとともに，互いのよさを生かしながら，積極的に社会に参画しようとしている。

4. 特別活動の記録

（1）評価の観点及びその趣旨
＜小学校 特別活動の記録＞

観点	知識・技能	思考・判断・表現	主体的に学習に取り組む態度
趣旨	多様な他者と協働する様々な集団活動の意義や，活動を行う上で必要となることについて理解している。 自己の生活の充実・向上や自分らしい生き方の実現に必要となることについて理解している。 よりよい生活を築くための話合い活動の進め方，合意形成の図り方などの技能を身に付けている。	所属する様々な集団や自己の生活の充実・向上のため，問題を発見し，解決方法について考え，話し合い，合意形成を図ったり，意思決定をしたりして実践している。	生活や社会，人間関係をよりよく築くために，自主的に自己の役割や責任を果たし，多様な他者と協働して実践しようとしている。 主体的に自己の生き方についての考えを深め，自己実現を図ろうとしている。

＜中学校 特別活動の記録＞

観点	知識・技能	思考・判断・表現	主体的に学習に取り組む態度
趣旨	多様な他者と協働する様々な集団活動の意義や，活動を行う上で必要となることについて理解している。 自己の生活の充実・向上や自己実現に必要となる情報及び方法を理解している。 よりよい生活を構築するための話合い活動の進め方，合意形成の図り方などの技能を身に付けている。	所属する様々な集団や自己の生活の充実・向上のため，問題を発見し，解決方法を話し合い，合意形成を図ったり，意思決定をしたりして実践している。	生活や社会，人間関係をよりよく構築するために，自主的に自己の役割や責任を果たし，多様な他者と協働して実践しようとしている。 主体的に人間としての生き方について考えを深め，自己実現を図ろうとしている。

5. 行動の記録

（1）評価項目及びその趣旨
＜小学校 行動の記録＞

項　　目	学　　年	趣　　旨
基本的な生活習慣	第1学年及び第2学年	安全に気を付け，時間を守り，物を大切にし，気持ちのよいあいさつを行い，規則正しい生活をする。
	第3学年及び第4学年	安全に努め，物や時間を有効に使い，礼儀正しく節度のある生活をする。
	第5学年及び第6学年	自他の安全に努め，礼儀正しく行動し，節度を守り節制に心掛ける。
健康・体力の向上	第1学年及び第2学年	心身の健康に気を付け，進んで運動をし，元気に生活をする。
	第3学年及び第4学年	心身の健康に気を付け，運動をする習慣を身に付け，元気に生活をする。
	第5学年及び第6学年	心身の健康の保持増進と体力の向上に努め，元気に生活をする。
自主・自律	第1学年及び第2学年	よいと思うことは進んで行い，最後までがんばる。
	第3学年及び第4学年	自らの目標をもって進んで行い，最後までねばり強くやり通す。
	第5学年及び第6学年	夢や希望をもってより高い目標を立て，当面の課題に根気強く取り組み，努力する。
責任感	第1学年及び第2学年	自分でやらなければならないことは，しっかりと行う。
	第3学年及び第4学年	自分の言動に責任をもち，課せられた役割を誠意をもって行う。
	第5学年及び第6学年	自分の役割と責任を自覚し，信頼される行動をする。
創意工夫	第1学年及び第2学年	自分で進んで考え，工夫しながら取り組む。
	第3学年及び第4学年	自分でよく考え，課題意識をもって工夫し取り組む。
	第5学年及び第6学年	進んで新しい考えや方法を求め，工夫して生活をよりよくしようとする。
思いやり・協力	第1学年及び第2学年	身近にいる人々に温かい心で接し，親切にし，助け合う。
	第3学年及び第4学年	相手の気持ちや立場を理解して思いやり，仲よく助け合う。
	第5学年及び第6学年	思いやりと感謝の心をもち，異なる意見や立場を尊重し，力を合わせて集団生活の向上に努める。
生命尊重・自然愛護	第1学年及び第2学年	生きているものに優しく接し，自然に親しむ。
	第3学年及び第4学年	自他の生命を大切にし，生命や自然のすばらしさに感動する。
	第5学年及び第6学年	自他の生命を大切にし，自然を愛護する。
勤労・奉仕	第1学年及び第2学年	手伝いや仕事を進んで行う。
	第3学年及び第4学年	働くことの大切さを知り，進んで働くようにする。
	第5学年及び第6学年	働くことの意義を理解し，人や社会の役に立つことを考え，進んで仕事や奉仕活動をする。

項　目	学　年	趣　旨
公正・公平	第1学年及び第2学年	自分の好き嫌いや利害にとらわれないで行動する。
	第3学年及び第4学年	相手の立場に立って公正・公平に行動する。
	第5学年及び第6学年	だれに対しても差別をすることや偏見をもつことなく，正義を大切にし，公正・公平に行動する。
公共心・公徳心	第1学年及び第2学年	約束やきまりを守って生活し，みんなが使うものを大切にする。
	第3学年及び第4学年	約束や社会のきまりを守って公徳を大切にし，人に迷惑をかけないように心掛け，のびのびと生活する。
	第5学年及び第6学年	規則を尊重し，公徳を大切にするとともに，我が国や郷土の伝統と文化を大切にし，学校や人々の役に立つことを進んで行う。

＜中学校 行動の記録＞

項　目	学　年	趣　旨
基本的な生活習慣	第1学年，第2学年及び第3学年	自他の安全に努め，礼儀正しく節度を守り節制に心掛け調和のある生活をする。
健康・体力の向上	第1学年，第2学年及び第3学年	活力ある生活を送るための心身の健康の保持増進と体力の向上に努めている。
自主・自律	第1学年，第2学年及び第3学年	自分で考え，的確に判断し，自制心をもって自律的に行動するとともに，より高い目標の実現に向けて計画を立て根気強く努力する。
責任感	第1学年，第2学年及び第3学年	自分の役割を自覚して誠実にやり抜き，その結果に責任を負う。
創意工夫	第1学年，第2学年及び第3学年	探究的な態度をもち，進んで新しい考えや方法を見付け，自らの個性を生かした生活を工夫する。
思いやり・協力	第1学年，第2学年及び第3学年	だれに対しても思いやりと感謝の心をもち，自他を尊重し広い心で共に協力し，よりよく生きていこうとする。
生命尊重・自然愛護	第1学年，第2学年及び第3学年	自他の生命を尊重し，進んで自然を愛護する。
勤労・奉仕	第1学年，第2学年及び第3学年	勤労の尊さや意義を理解して望ましい職業観をもち，進んで仕事や奉仕活動をする。
公正・公平	第1学年，第2学年及び第3学年	正と不正を見極め，誘惑に負けることなく公正な態度がとれ，差別や偏見をもつことなく公平に行動する。
公共心・公徳心	第1学年，第2学年及び第3学年	規則を尊重し，公徳を大切にするとともに，我が国の伝統と文化を大切にし，国際的視野に立って公共のために役に立つことを進んで行う。

小学校児童指導要録（参考様式）

様式1（学籍に関する記録）

区分	学年	1	2	3	4	5	6
	学級						
	整理番号						

学籍の記録

児童	ふりがな		性別	
	氏名			
	生年月日	年　月　日生		
	現住所			

保護者	ふりがな	
	氏名	
	現住所	

入学前の経歴	

入学・編入学等	第1学年　入学　年　月　日 第　学年編入学　年　月　日
転入学	年　月　日
転学・退学等	（　　年　月　日） 　　年　月　日
卒業	年　月　日
進学先	

学校名及び所在地 （分校名・所在地等）	

年度		年度		年度	
区分 学年	1		2		3
校長氏名印					
学級担任者 氏名印					

年度		年度		年度	
区分 学年	4		5		6
校長氏名印					
学級担任者 氏名印					

様式2（指導に関する記録）

児童氏名		学校名		区分 学年	1	2	3	4	5	6
				学級						
				整理番号						

各教科の学習の記録

教科	観点	学年	1	2	3	4	5	6
国語	知識・技能							
	思考・判断・表現							
	主体的に学習に取り組む態度							
	評定							
社会	知識・技能							
	思考・判断・表現							
	主体的に学習に取り組む態度							
	評定							
算数	知識・技能							
	思考・判断・表現							
	主体的に学習に取り組む態度							
	評定							
理科	知識・技能							
	思考・判断・表現							
	主体的に学習に取り組む態度							
	評定							
生活	知識・技能							
	思考・判断・表現							
	主体的に学習に取り組む態度							
	評定							
音楽	知識・技能							
	思考・判断・表現							
	主体的に学習に取り組む態度							
	評定							
図画工作	知識・技能							
	思考・判断・表現							
	主体的に学習に取り組む態度							
	評定							
家庭	知識・技能							
	思考・判断・表現							
	主体的に学習に取り組む態度							
	評定							
体育	知識・技能							
	思考・判断・表現							
	主体的に学習に取り組む態度							
	評定							
外国語	知識・技能							
	思考・判断・表現							
	主体的に学習に取り組む態度							
	評定							

特別の教科　道徳

学年	学習状況及び道徳性に係る成長の様子
1	
2	
3	
4	
5	
6	

外国語活動の記録

学年	知識・技能	思考・判断・表現	主体的に学習に取り組む態度
3			
4			

総合的な学習の時間の記録

学年	学習活動	観点	評価
3			
4			
5			
6			

特別活動の記録

内容	観点	学年	1	2	3	4	5	6
学級活動								
児童会活動								
クラブ活動								
学校行事								

[視覚障害者、聴覚障害者、肢体不自由者又は病弱者である児童に対する教育を行う特別支援学校]

小学部児童指導要録（参考様式）

様式1（学籍に関する記録）

区分	学年	1	2	3	4	5	6
学級							
整理番号							

学籍の記録

児童	ふりがな	
	氏名	性別
	生年月日	年　月　日生
	現住所	

保護者	ふりがな	
	氏名	
	現住所	

入学前の経歴	
学校名及び所在地（分校名・所在地等）	

	第1学年入学　年　月　日
入学・編入学等	第　学年編入学
転入学	年　月　日 第　学年転入学
転学・退学等	（　年　月　日）年　月　日
卒業	年　月　日
進学先	

年度	1	2	3
区分\学年			
校長氏名印			
学級担任者氏名印			

年度	4	5	6
区分\学年			
校長氏名印			
学級担任者氏名印			

児童氏名	

行動の記録

項目	学年	1	2	3	4	5	6
基本的な生活習慣							
健康・体力の向上							
自主・自律							
責任感							
創意工夫							
思いやり・協力							
生命尊重・自然愛護							
勤労・奉仕							
公正・公平							
公共心・公徳心							

総合所見及び指導上参考となる諸事項

第1学年	
第2学年	
第3学年	
第4学年	
第5学年	
第6学年	

出欠の記録

学年	区分	授業日数	出席停止・忌引等の日数	出席しなければならない日数	欠席日数	出席日数	備考
1							
2							
3							
4							
5							
6							

様式2（指導に関する記録）

児童氏名／学校名／区分・学年・学級・整理番号

児童氏名	学校名	区分\学年	1	2	3	4	5	6
		学級						
		整理番号						

各教科の学習の記録

教科	観点	学年	1	2	3	4	5	6
国語	知識・技能							
	思考・判断・表現							
	主体的に学習に取り組む態度							
	評定							
社会	知識・技能							
	思考・判断・表現							
	主体的に学習に取り組む態度							
	評定							
算数	知識・技能							
	思考・判断・表現							
	主体的に学習に取り組む態度							
	評定							
理科	知識・技能							
	思考・判断・表現							
	主体的に学習に取り組む態度							
	評定							
生活	知識・技能							
	思考・判断・表現							
	主体的に学習に取り組む態度							
	評定							
音楽	知識・技能							
	思考・判断・表現							
	主体的に学習に取り組む態度							
	評定							
図画工作	知識・技能							
	思考・判断・表現							
	主体的に学習に取り組む態度							
	評定							
家庭	知識・技能							
	思考・判断・表現							
	主体的に学習に取り組む態度							
	評定							
体育	知識・技能							
	思考・判断・表現							
	主体的に学習に取り組む態度							
	評定							
外国語	知識・技能							
	思考・判断・表現							
	主体的に学習に取り組む態度							
	評定							

特別の教科 道徳

学年	学習状況及び道徳性に係る成長の様子
1	
2	
3	
4	
5	
6	

外国語活動の記録

学年	知識・技能	思考・判断・表現	主体的に学習に取り組む態度
3			
4			

総合的な学習の時間の記録

学年	学習活動	観点	評価
3			
4			
5			
6			

特別活動の記録

内容	観点	学年	1	2	3	4	5	6
学級活動								
児童会活動								
クラブ活動								
学校行事								

行動の記録

項目	学年	1	2	3	4	5	6	項目	学年	1	2	3	4	5	6
基本的な生活習慣								思いやり・協力							
健康・体力の向上								生命尊重・自然愛護							
自主・自律								勤労・奉仕							
責任感								公正・公平							
創意工夫								公共心・公徳心							

自立活動の記録

第1学年	
第2学年	
第3学年	
第4学年	
第5学年	
第6学年	

入学時の障害の状態

総合所見及び指導上参考となる諸事項

第1学年	第4学年
第2学年	第5学年
第3学年	第6学年

出欠の記録

区分\学年	授業日数	出席停止・忌引等の日数	出席しなければならない日数	欠席日数	出席日数	備考
1						
2						
3						
4						
5						
6						

[知的障害者である児童に対する教育を行う特別支援学校]

小学部児童指導要録（参考様式）

様式1（学籍に関する記録）

区分	学年	1	2	3	4	5	6
	学級						
	整理番号						

学籍の記録

児童	ふりがな		性別	
	氏名			
	生年月日	年　月　日生		
	現住所			
保護者	ふりがな			
	氏名			
	現住所			
入学前の経歴				
学校名及び所在地（分校名・所在地等）				
入学・編入学等	年　月　日　第1学年入学 年　月　日　第　学年編入学			
転入学	年　月　日　第　学年転入学			
転学・退学等	（　年　月　日） 　年　月　日			
卒業	年　月　日			
進学先				

年度	1	2	3
区分　学年			
校長氏名印			
学級担任者氏名印			

年度	4	5	6
区分　学年			
校長氏名印			
学級担任者氏名印			

様式2（指導に関する記録）

児童氏名	学校名	区分　学年	1	2	3	4	5	6
		学級						
		整理番号						

各教科・特別活動・自立活動の記録

教科等＼学年	1	2	3	4	5	6
生活						
国語						
算数						
音楽						
図画工作						
体育						
特別活動						
自立活動						

児童氏名	

	特別の教科 道徳
学習状況及び道徳性に係る成長の様子	

	第1学年	第2学年	第3学年	第4学年	第5学年	第6学年

行動の記録						
	第1学年	第2学年	第3学年	第4学年	第5学年	第6学年

入学時の障害の状態	

総合所見及び指導上参考となる諸事項	
第1学年	
第2学年	
第3学年	
第4学年	
第5学年	
第6学年	

出欠の記録					
区分 学年	授業日数	出席停止・忌引等の日数	出席しなければならない日数	出席日数	備考
1					
2					
3					
4					
5					
6					

執筆者紹介（執筆順）

石井英真（いしい　てるまさ）編者，はじめに，第Ⅰ部1
　京都大学大学院教育学研究科准教授

次橋秀樹（つぎはし　ひでき）第Ⅰ部2
　京都大学大学院教育学研究科研究員

西岡加名恵（にしおか　かなえ）編者，第Ⅰ部3
　京都大学大学院教育学研究科教授

福嶋祐貴（ふくしま　ゆうき）第Ⅰ部4
　盛岡大学文学部児童教育学科助教

遠藤貴広（えんどう　たかひろ）第Ⅰ部コラム1
　福井大学教育・人文社会系部門准教授

山本はるか（やまもと　はるか）第Ⅰ部コラム2
　大阪成蹊大学教育学部講師

八田幸恵（はった　さちえ）第Ⅱ部1
　大阪教育大学教育学部准教授

赤沢早人（あかざわ　はやと）第Ⅱ部2
　奈良教育大学教育学部教授

大下卓司（おおした　たくじ）第Ⅱ部3
　神戸松蔭女子学院大学教育学部准教授

大貫 守（おおぬき　まもる）第Ⅱ部4
　愛知県立大学教育福祉学部講師

若林身歌（わかばやし　みか）第Ⅱ部5
　大阪府立大学高等教育推進機構准教授

本宮裕示郎（ほんぐう　ゆうじろう）第Ⅱ部コラム3
　千里金蘭大学生活科学部児童教育学科助教

小山英恵（こやま　はなえ）第Ⅱ部6
　東京学芸大学教育学部准教授

徳永俊太（とくなが　しゅんた）第Ⅱ部7
　京都教育大学大学院連合教職実践研究科准教授

森 枝美（もり　えみ）第Ⅱ部8
　京都橘大学発達教育学部准教授

徳島祐彌（とくしま　ゆうや）第Ⅱ部9
　兵庫教育大学教員養成・研修高度化センター助教

赤沢真世（あかざわ　まさよ）第Ⅱ部10
　大阪成蹊大学教育学部准教授

荒木寿友（あらき　かずとも）第Ⅱ部 11
　立命館大学大学院教職研究科教授

木村 裕（きむら　ゆたか）第Ⅱ部コラム 4
　滋賀県立大学人間文化学部准教授

中西修一朗（なかにし　しゅういちろう）第Ⅱ部 12, 13
　大阪教育大学教育学部講師

川地亜弥子（かわじ　あやこ）第Ⅱ部 14
　神戸大学大学院人間発達環境学研究科准教授

二宮衆一（にのみや　しゅういち）第Ⅱ部 15
　和歌山大学教育学部准教授

羽山裕子（はやま　ゆうこ）第Ⅱ部 16
　滋賀大学教育学部講師

窪田知子（くぼた　ともこ）第Ⅱ部 16
　滋賀大学教育学部准教授

趙 卿我（チョウ　ギョンア　JO Gyeonga）第Ⅱ部コラム 5
　愛知教育大学教育学部准教授

本所 恵（ほんじょ　めぐみ）第Ⅱ部コラム 6
　金沢大学人間社会学域学校教育学類准教授

樋口とみ子（ひぐち　とみこ）第Ⅲ部 1
　京都教育大学教職キャリア高度化センター准教授

樋口太郎（ひぐち　たろう）第Ⅲ部 2
　大阪経済大学経済学部准教授

鄭 谷心（てい　こくしん　ZHENG Guxin）第Ⅲ部コラム 7
　琉球大学教育学部講師

吉永紀子（よしなが　のりこ）第Ⅲ部 3
　同志社女子大学現代社会学部現代子ども学科准教授

奥村好美（おくむら　よしみ）第Ⅲ部 4
　兵庫教育大学大学院学校教育研究科准教授

伊藤実歩子（いとう　みほこ）第Ⅲ部コラム 8
　立教大学文学部教育学科教授

細尾萌子（ほそお　もえこ）第Ⅲ部コラム 9
　立命館大学文学部准教授

田中耕治（たなか　こうじ）編者，第Ⅳ部
　佛教大学教育学部教授，京都大学名誉教授

（2019 年 7 月現在）

編著者紹介

石井英真（いしい　てるまさ）
京都大学大学院教育学研究科准教授
日本教育方法学会理事，日本カリキュラム学会理事，中央教育審議会初等中等教育分科会教育課程部会「児童生徒の学習評価に関するワーキンググループ」委員など。主な著書に，『増補版　現代アメリカにおける学力形成論の展開』（東信堂，2015年），『授業改善8つのアクション』（編著，東洋館出版社，2018年），『今求められる学力と学びとは』（2015年），『中教審「答申」を読み解く』（2017年），『資質・能力を育てるカリキュラム・マネジメント』（共著，2017年），『教科の「深い学び」を実現するパフォーマンス評価』（共編著，2019年）〈以上，日本標準〉など。

西岡加名恵（にしおか　かなえ）
京都大学大学院教育学研究科教授
日本教育方法学会常任理事，日本カリキュラム学会理事，文部科学省「育成すべき資質・能力を踏まえた教育目標・内容と評価の在り方に関する検討会」委員など。主な著書に，『教科と総合学習のカリキュラム設計』（図書文化，2016年），『「資質・能力」を育てるパフォーマンス評価』（編著，明治図書，2016年），『新しい教育評価入門』（共編著，有斐閣，2015年），『グローバル化時代の教育評価改革』（共著，2016年），『教科の「深い学び」を実現するパフォーマンス評価』（共編著，2019年），G・ウィギンズ＆J・マクタイ『理解をもたらすカリキュラム設計』（訳，2012年）〈以上，日本標準〉など。

田中耕治（たなか　こうじ）
佛教大学教育学部教授，京都大学名誉教授
日本教育方法学会理事，日本カリキュラム学会理事，日本教育学会近畿地区理事
主な著書に，『学力評価論の新たな地平』（1999年），『指導要録の改訂と学力問題』（2002年）〈以上，三学出版〉，『教育評価の未来を拓く』（編著，2003年），『よくわかる教育評価』（編著，2005年），『戦後日本教育方法論史』上・下（編著，2017年）〈以上，ミネルヴァ書房〉，『教育評価』（岩波書店，2008年），『新しい教育評価の理論と方法』Ⅰ・Ⅱ（編著，2002年），『学力と評価の"今"を読みとく』（2004年），『時代を拓いた教師たち』Ⅰ・Ⅱ（編著，2005年，2009年），『新しい「評価のあり方」を拓く』（2010年），『グローバル化時代の教育評価改革』（編著，2016年），『教育評価研究の回顧と展望』（2017年）〈以上，日本標準〉など。

小学校 新指導要録 改訂のポイント
新3観点による資質・能力の評価がわかる!

2019年8月25日　第1刷発行

編 著 者	石井英真・西岡加名恵・田中耕治
発 行 者	伊藤 潔
発 行 所	株式会社 日本標準
	〒167-0052　東京都杉並区南荻窪3-31-18
	電　話　　03-3334-2640［編集］
	03-3334-2620［営業］
	http://www.nipponhyojun.co.jp/
印刷・製本	株式会社 リーブルテック

Ⓒ Ishii Terumasa　Nishioka Kanae　Tanaka Koji
ISBN978-4-8208-0656-1

◆乱丁・落丁の場合はお取り替えいたします。
◆定価はカバーに表示してあります。